AF534786

JOHANNES DUNS SCOTUS

Über die Erkennbarkeit Gottes

Texte zur Philosophie und Theologie

Lateinisch–deutsch

Herausgegeben und übersetzt von

HANS KRAML

GERHARD LEIBOLD

VLADIMIR RICHTER

FELIX MEINER VERLAG
HAMBURG

PHILOSOPHISCHE BIBLIOTHEK BAND 529

Im Digitaldruck »on demand« hergestelltes, inhaltlich mit der ursprünglichen Ausgabe identisches Exemplar. Wir bitten um Verständnis für unvermeidliche Abweichungen in der Ausstattung, die der Einzelfertigung geschuldet sind.

Bibliographische Information der Deutschen Nationalbibliothek

Die Deutsche Nationalbibliothek verzeichnet diese Publikation in der Deutschen Nationalbibliographie; detaillierte bibliographische Daten sind im Internet abrufbar über ‹http://portal.dnb.de›.

ISBN 978-3-7873-4076-7

ISBN eBook: 978-3-7873-3288-5

www.meiner.de

Gesamtherstellung: BoD, Norderstedt. Gedruckt auf alterungsbeständigem Werkdruckpapier. Printed in Germany.

INHALT

ABKÜRZUNGEN

a. Articulus

c. Capitulum

d. Distinctio

t. Textus

f Ioannis Duns Scoti Commentaria Oxoniensia 1,2, ed. M. Fernández García, Quaracchi 1912–14.

v Ioannis Duns Scoti Opera omnia, ed. Com. Scotistica (praes. C. Balić), Civitas Vaticana 1950ff.

w Ioannis Duns Scoti Opera omnia, ed. L. Wadding, Lyon 1639, repr. Hildesheim 1968, Bd. 5–10.

Durch Kleinbuchstaben des Alphabets hinter den Nummern aus den Ausgaben von Fernández García, Wadding und Vaticana werden die Absätze unter den dortigen Nummern angegeben.

EINLEITUNG

1. Einführung

Anhänger und Gegner des Johannes Duns Scotus wußten schon in den ersten Jahrzehnten des 14. Jahrhunderts von der Unsicherheit seiner Texte, insbesondere des Opus Oxoniense.[1] Die Sorge um diesen bedeutenden Text, um seine Richtigkeit und Authentizität, ist bis heute trotz der gelehrten Untersuchungen in der ersten Hälfte unseres Jahrhunderts über diesen Gegenstand und auch trotz der staunenswerten Akribie der Editio Vaticana nicht ausgeräumt. Der hier vorgelegte Band steht an bescheidener Stelle in der Tradition der Versuche, auf die Komplexität der Entstehung und Überlieferung des Opus Oxoniense hinzuweisen. Es ist längst allgemeine Auffassung geworden, daß die Ordinatio, als welche das Opus Oxoniense heute meist gilt, in dem auf uns gekommenen Zustand keine Redaktion letzter Hand ist. Scotus hat dieses Werk, das direkt mit keiner Vorlesungstätigkeit in Zusammenhang steht, unvollendet hinterlassen und damit die Tür für vielfältige Bearbeitungen geöffnet, deren Undurchschaubarkeit die Frage der Authentizität einzelner Teile bis heute nicht hat zur Ruhe kommen lassen.

Die Schwierigkeit und Unübersichtlichkeit der überlieferten Texte hat zur Folge, daß Scotus trotz seiner nie bezweifelten Bedeutung für die Geschichte des abendländischen Denkens kaum in Seminaren behandelt werden kann. Die hier vorgelegten Texte sind selbst das Resultat einer zwanzig-

[1] A.M. Landgraf, Rezension von: Ioannis Duns Scoti Opera omnia, ed. Com. Scotistica (praes. C. Balić), Civitas Vaticana 1950ff., in: Theologische Revue 47 (1951) 217.

jährigen Beschäftigung mit Scotus, den textkritischen Problemen seiner Werke und ihrer Übersetzung. Es sind, so könnte man sagen, Generationen von Studierenden unter Leitung von Professor Vladimir Richter am Entstehen dieser Texte beteiligt gewesen. Angesichts des Zurückgehens der Lateinkenntnisse und der Schwierigkeiten der Lektüre des Werkes des Doctor subtilis denken wir mit Respekt an all diese Studierenden zurück und danken ihnen für ihre Leistung, durch beharrliches Nachfragen schließlich die Entwicklung eines deutschen Textes gefördert zu haben, den wir für verständlich und stilistisch erträglich halten. Unser Bemühen war es, bei aller Treue zum Text eine lesbare und verstehbare Übersetzung zu liefern. Trotzdem möchten wir darauf hinweisen, daß eine Übersetzung immer nur den Ausgangspunkt für die eigene Erarbeitung der Gedanken des Autors bildet. Für denjenigen, der sich mit dem lateinischen Text selbst nicht mehr beschäftigen kann, hoffen wir, eine Übersetzung zu bieten, die jedenfalls nicht irreführend ist. Doch auch darin sind wir fehlbar, und Korrekturen und Anregungen werden wir mit größter Dankbarkeit aufnehmen.

Für Seminare unter fachkundiger Anleitung schlagen wir vor, die bekannten Editionen immer neben unserem Text zu berücksichtigen. Die Angaben zu jeder Nummer in den Texten erlauben es, die Texte in den Ausgaben von Fernández García,[2] Luca Wadding[3] und in der modernen Editio Vaticana[4] aufzusuchen und einen Überblick über die Gestalt des Textes, der im Lauf der Geschichte wirksam geworden ist, zu gewinnen. Zur Entstehung des von uns gebotenen Textes wird weiter unten das Wichtigste gesagt werden. Die Heran-

[2] Ioannis Duns Scoti Commentaria Oxoniensia 1,2, ed. M. Fernández García, Quaracchi 1912–14.

[3] Ioannis Duns Scoti Opera omnia, ed. L. Wadding, Lyon 1639, repr. Hildesheim 1968, Bd. 5–10.

[4] Ioannis Duns Scoti Opera omnia, ed. Com. Scotistica (praes. C. Balić), Civitas Vaticana 1950ff.

ziehung der Editio Vaticana und ihres textkritischen Apparates erlaubt es auch, die Gründe für die von uns getroffenen Entscheidungen zu erkennen und diese wiederum einer kritischen Beurteilung zu unterziehen.[5] Insgesamt hoffen wir, auf diese Weise der Erforschung des Werkes von Johannes Duns Scotus und seines Einflusses auf das Geistesleben des Abendlandes dienlich zu sein.

Namentlich gilt unser Dank Dr. Klaus Rodler, Dr. Alexander Eichinger und DDDr. Clemens Sedmak, die als Assistenten an verschiedenen Phasen des Entstehens der Auswahl intensiv beteiligt waren. Dieses Buch ist aus der gemeinsamen Arbeit von Hans Kraml, Gerhard Leibold und Vladimir Richter hervorgegangen. Wie bei allen Gemeinschaftsprojekten hat es auch hier in gewissem Umfang eine Arbeitsteilung gegeben. Angesichts des Resultats erscheint es uns aber unangemessen, die jeweiligen Leistungen der einzelnen Autoren genauer anzuzeigen. Hingegen darf nicht verschwiegen werden, daß es Vladimir Richter ist, auf den die Idee zu diesem Buch und die Konstitution des lateinischen Textes zurückgehen.

Der vorzüglichen Übersetzung, die Wolfgang Kluxen von *De primo principio*[6] veranstaltet hat, verdanken wir sehr viel, auch wenn wir seiner Übersetzung und seinen terminologischen Vorschlägen nicht immer gefolgt sind.

[5] Detaillierte Überlegungen zu diesen Gründen finden sich bei V. Richter, Studien zum literarischen Werk von Johannes Duns Scotus (Veröffentlichungen der Komm. für die Herausgabe ungedr. Texte aus der mittelalt. Geisteswelt der Bayer. Akademie der Wissensch. Bd.14), München 1988, und ders., Das Werk von Johannes Duns Scotus im Lichte der Literarkritik, Teil 1, in: Filosofický Casopis XL (1992) 4, S.639–648; Teil 2: 5, S. 868–886, sowie in mehreren anderen Aufsätzen, neuestens ders., Zur Entwicklung philosophischer und theologischer Lehren bei Johannes Duns Scotus, in: Studia Mediewistyczne XXXIV (1999) 157–162.

[6] Johannes Duns Scotus, Abhandlung über das erste Prinzip, hrsg. u. übers. v. Wolfgang Kluxen, Darmstadt 1974.

2. Zum Leben und Werk des Johannes Duns Scotus

Vom Leben des Johannes Duns Scotus besitzen wir nur wenig sicheres Wissen. Das neuere Studium der Quellen, die für seine Biographie verwertbar sind, hat eher manche traditionellen Annahmen erschüttert als neue Wahrheiten ans Licht gebracht. Hinzu kommt, daß einige der vorliegenden historischen Zeugnisse für verschiedene Interpretationen offen sind. Außer dem Todestag (8.11.1308) kennen wir mit Sicherheit nur einige weitere Daten, so den Tag seiner Priesterweihe: Duns Scotus wurde am 17. März 1291 in Northampton vom Bischof von Lincoln, Oliver Sutton, ordiniert. Als Geburtsjahr wird daraus gewöhnlich das Jahr 1266 erschlossen. Wann und wo er in den Franziskanerorden eintrat, ist ebenfalls unbekannt. Sicher ist, daß Scotus im Juli 1300 in Oxford weilte: Er gehörte zu den Kandidaten, denen der Bischof von Lincoln die Beichtjurisdiktion verweigerte; außerdem ist bezeugt, daß Scotus an der vesperiae disputatio im Zusammenhang mit der inceptio[7] des Philip Bridlington teilnahm.

Auch von seinen frühen Studien wissen wir nicht viel. Die Vermutung eines Studienaufenthaltes in Paris in den neunziger Jahren findet heute kaum noch Unterstützung, so daß es naheliegt, Oxford als Studienort anzunehmen. Nach neueren Untersuchungen[8], die allerdings nicht unwidersprochen blieben, könnte die Oxforder Sentenzenvorlesung von Scotus vor 1300 angesetzt werden, nicht erst 1300–1301. Vielleicht schon im Herbst 1300, spätestens jedoch 1301 verließ Scotus Oxford und ging nach Paris, wo er im akademischen Jahr 1302–1303 zum zweitenmal über die Sentenzen las.

7 Üblicherweise wurden bei der Einführung eines neuen Magisters in sein Amt feierliche Disputationen abgehalten.

8 W.J. Courtenay, Scotus at Paris, in: Via Scoti. Methodologica ad mentem Ioannis Duns Scoti. Atti del Congresso Scotistico Internazionale, Roma 9–11 marzo 1993, ed. L. Sileo, Rom 1995, vol. I, S. 149–163. A.B. Wolter, Duns Scotus at Oxford, ebd. S. 183–192.

Ende Juni 1303 mußte er aus politischen Gründen seine Lehrtätigkeit unterbrechen und Paris verlassen, kehrte aber wahrscheinlich bald nach April 1304 zurück. Er erfüllte alle noch ausstehenden Verpflichtungen für den baccalaureus formatus und wurde wohl 1305 in Paris zum Magister der Theologie promoviert. Erst mit einer Verzögerung, 1306, erhielt er das Amt eines Magister actu regens, das er nur bis 1307 ausübte. Dies ist die allgemein verbreitete Auffassung. Uns ist aber klar, daß man den entsprechenden Text des Chartularium Parisiense II,117 auch so verstehen kann, daß Scotus zu diesem Zeitpunkt mit der Sentenzenvorlesung beginnen sollte. In diesem Jahr wurde er nach Köln als Lector principalis an den dortigen Franziskanerkonvent geschickt. Dort ist er am 8. November 1308 gestorben. Er liegt in der Kölner Minoritenkirche, wenige hundert Meter vom Grab Alberts des Großen entfernt, begraben.

Scotus hat demnach mit Sicherheit zweimal über die Sentenzen des Petrus Lombardus die zum Erwerb der Lehrbefugnis offiziell erforderliche Vorlesung abgehalten, und zwar in Oxford und in Paris. Eine Reihe von schriftlichen Zeugnissen dieser Tätigkeit ist uns erhalten geblieben, wobei das offenbar angestrebte Hauptwerk unvollendet geblieben ist. Es liegt uns als Opus Oxoniense vor, das als, wenn auch nicht fertiggestellte, Ordinatio eingeschätzt wird. Dieses Opus Oxoniense ist in unterschiedlichen Stadien seiner Bearbeitung in zahlreichen Handschriften und Drucken seit Anfang des 14. Jahrhunderts weit verbreitet. Es ist Gegenstand der von der Commissio Scotistica edierten Ordinatio.

In nur drei Handschriften bezeugt und nach 600 Jahren wiederentdeckt liegen heute zwei Bücher eines Sentenzenkommentars vor, der ebenfalls die Oxforder Vorlesung darstellt, kompakter und weniger umfangreich als das Opus Oxoniense.[9] Dieses Werk wird heute gewöhnlich »Lectura

[9] Das Werk wurde von C. Balić im Jahr 1926 aufgefunden. Vgl.

Oxoniensis« genannt. Es stellt nach Meinung der großen Mehrheit der Forscher die Endfassung der Vorlesungen in Oxford dar.[10]

Schließlich existieren mehrere Reportationen, also Vorlesungsnachschriften, aus der Pariser Sentenzenlesung, bekannt als »Reportata Parisiensia«. Diese Sentenzenlesung ist nicht in einheitlicher Form überliefert. Die verschiedenen Versionen geben sicher die Grundgedanken des Scotus wieder, es ist aber kaum anzunehmen, daß eine Version existiert, die eine abschließende schriftliche Bearbeitung durch Scotus selbst erfahren hat.

Zur Erstellung einer umfassenden Sammlung des von Scotus überlieferten Materials wurden Bestandteile seines Werkes zusammengetragen, um das Opus Oxoniense und die Pariser Reportationen jeweils zu vervollständigen. Unter dem Titel »Additiones magnae« stellen diese Texte Ergänzungen aus den auf Scotus zurückzuführenden Werken dar und sind in diesem Sinn authentisch, stammen aber nach einem handschriftlichen Zeugnis von Wilhelm von Alnwick.

Das Problem der sog. »Reportatio Cantabrigiensis«, die auf eine dritte Lectura der Sentenzen in Cambridge zurückgehen soll, betrachten wir seit den Arbeiten insbesondere von A. Pelzer[11] und K. Rodler[12] als erledigt.

Neben diesen zentralen, weil mit der akademischen Laufbahn direkt verbundenen Werken, sind unter dem Namen

C. Balić, Les commentaires de Jean Duns Scot sur les quatre livres des Sentences, in: Bibliothèque de la Revue d'histoire ecclésiastique I, Louvain 1927, 56–87.

[10] Selbst wenn jemand diese Meinung nicht teilt, stellt die Lectura eine ausgezeichnete Zusammenfassung dessen dar, was nach dem Ausweis des Opus Oxoniense die Lehre des Duns Scotus ist.

[11] Le premier livre des Reportata Parisiensia de Jean Duns Scotus, in: Annales de l'Institut supérieur de philosophie 5 (1923) 449–491.

[12] Der Prolog der Reportata Parisiensia des Johannes Duns Scotus. Untersuchungen zur Textüberlieferung und kritische Edition. (Diss., ungedr.), Innsbruck 1991.

von Scotus noch »De primo principio«[13] überliefert sowie eine Reihe von Schriften zum aristotelischen Organon und sog. »Quaestiones super Metaphysicam«.[14]

3. Zur Begründung der lateinischen Textfassung

Die für diesen Band ausgewählten Texte sollen einen ersten Einblick in einige grundlegende philosophische und theologische Lehren von Johannes Duns Scotus vermitteln. Folgende Themen werden behandelt: Die Notwendigkeit einer übernatürlichen Lehre, das erste Subjekt der Theologie, ihr praktischer Charakter, die Fruitio, der Gottesbeweis, die Einzigkeit Gottes, die Erkennbarkeit Gottes (mit dem wichtigen Problem der Univozität), die Besonderheit des Gottesbegriffs, der (trinitarische) Personbegriff und die Wirkursache des Willensakts. Mit dieser Textauswahl wenden wir uns, wie eingangs gesagt, nicht so sehr an die Fachgelehrten des mittelalterlichen Geisteslebens als vielmehr an philosophisch-theologisch interessierte Studierende. Es ist eine beklagenswerte, wenn auch verständliche Tatsache, daß etwa im universitären Seminarbetrieb das Hauptwerk von Scotus kaum gelesen wird. Die Gründe hierfür dürften hauptsächlich in der in den Editionen dargebotenen Textüberlieferung und -gestaltung liegen, die es schwer macht, die Übersicht über den Argumentationsgang in den einzelnen Quaestionen zu gewinnen. Dabei ist es aus unserer Sicht eine noch ungelöste Frage, ob Scotus selbst oder die komplexe, von verschiedenen Interessen begleitete Überlieferungsgeschichte für diesen Zustand verantwortlich ist.[15]

[13] S. Anm. 5.

[14] Johannes Duns Scotus, Quaestiones super Metaphysicam, 2 Bde., ed. G. Etzkorn, St. Bonaventure, N.Y. 1997 (Opera Philosophica III und IV).

[15] Es ist jedenfalls klar, daß Scotus sein Werk nicht in der von ihm gewünschten Weise beenden konnte, da er zu früh verstarb.

Die hier vorgelegte Textfassung verlangt nach einer Begründung. Sie folgt keiner der bisherigen Scotus-Editionen, also auch nicht der kritischen Edition der Commissio Scotistica, der seit 1950 erscheinenden sog. Editio Vaticana, ist andererseits aber auch keine bloße, etwa nach didaktischen Gesichtspunkten vorgehende und die Lektüre erleichternde Textauswahl. Unser Text beruht auf text- und literarkritischen Überlegungen, die zur hypothetischen Rekonstruktion eines Textes geführt haben, der sich erheblich von dem der Editio Vaticana unterscheidet.

Man kann davon ausgehen, daß Scotus von seiner Sentenzenlesung in Oxford einen schriftlichen Text, entweder in Form einer Reportatio oder als eigene schriftliche Vorbereitung, besaß. Diese Sentenzenlesung und deren schriftliche Fassung müssen als Grundlage aller weiteren Bearbeitungen des Kommentars und der Vorbereitung für die Pariser Sentenzenlesung betrachtet werden. Nach unserer Auffassung ist auch das als »Lectura Oxoniensis« bekannte Werk von dieser einen ursprünglichen Sentenzenlesung und ihren schriftlichen Unterlagen abhängig.[16] In der Folge hat Scotus sich beständig mit der Bearbeitung seiner ersten Sentenzenlesung beschäftigt, bald vor allem auch im Hinblick auf die Aufgabe einer zweiten Lesung in Paris. Darüber hinaus scheint er die Absicht gehabt zu haben, einen definitiven Text seines theologischen Bemühens auf der Basis der Vorlesungen von Oxford zu erzeugen. Die Ergebnisse dieser Beschäftigung sind in mehr oder weniger loser Form an den ursprünglichen Text angelagert oder in ihn eingearbeitet worden. Die zahlreichen »notae criticae« in vielen Handschriften sind beredte Zeugen dieses Prozesses. Das Resultat dürfte der in der Tra-

[16] Wir können uns hier kurz fassen und dürfen auf die Untersuchungen von V. Richter, vor allem: Studien zum literarischen Werk von Johannes Duns Scotus (Veröffentlichungen der Komm. für die Herausgabe ungedr. Texte aus der mittelalt. Geisteswelt der Bayer. Akademie der Wissensch. Bd.14), München 1988, verweisen.

dition genannte, leider verlorengegangene »Liber Ioannis« oder »Liber Duns« sein.[17] Dazu kommt noch, daß auf die Lehrtätigkeit des Duns Scotus sehr rasch eine Art von Schulbildung einsetzte, die ihrerseits dazu beigetragen hat, in den ursprünglich lückenhaften Text weitere Elemente, auch aus den sich anschließenden Kontroversen, hineinzuflechten.[18] Dies erklärt sicher einen Teil der oft weit verzweigten Argumentationen, die es so schwer machen, den eigentlichen Gedanken des Scotus im Opus Oxoniense zu folgen. Es gibt beim derzeitigen Stand unseres Wissens keinen einzigen Textzeugen, der von solchen weiteren Einflüssen und Zusätzen frei wäre.

Wer den Text, den die Editio Vaticana bietet, studiert und mühsam den fortlaufenden Gedanken im »Labyrinth« dieser Textfassung festhalten will, wird – so meinen wir – aufgeschlossen sein für die Frage, welches denn wohl der Grund- oder Kerntext war, um den herum sich weitere Bearbeitungen durch Scotus selbst und durch andere Redaktoren angesiedelt haben. Damit wird kein »neues« Werk von Scotus postuliert und auch nicht die Frage der Verfasserschaft der Lectura Oxoniensis, der von den meisten Forschern als authentisch angesehenen Textfassung der Oxforder Vorlesung,

[17] Die Existenz dieses Autographs ist u.a. durch Adam Wodeham bezeugt: W.J. Courtenay, Adam Wodeham. An Introduction to his Life and Writings, Leiden 1978, S. 44.

[18] »Im Laufe der Zeit liefert jede Schule ihre Kompendien, deren Zweck weniger in der allseitigen Ergründung der Ideen, als vielmehr in einer klaren und systematischen Darstellung derselben ad usum delphini besteht. Handbücher, excerpta, abbreviationes erschienen während des ganzen Mittelalters und wurden manchmal nicht dem Abbreviator, sondern jenem Magister, auf dessen Werk sie sich stützten, zugeschrieben«. C. Michalski, Die vielfachen Redaktionen einiger Kommentare zu Petrus Lombardus, in: Scritti di Storia e Paleografia. Miscellanea Francesco Ehrle Vol. 1, Rom 1924, S. 221. Michalski widmet dem Opus Oxoniense von Scotus einen großen Teil seines Aufsatzes (S. 244–258).

berührt. Vielmehr soll im Ausgang vom Opus Oxoniense, wie es uns durch eine Vielzahl erhaltener Textzeugen als Resultat einer komplexen Textgeschichte vorliegt, versucht werden, mit Hilfe ebendieser Textzeugen einen »hypothetischen« Text zu rekonstruieren, der auf jeden Fall von Scotus selbst stammt, klar den Gedankengang der einzelnen Quaestionen wiedergibt und ganz am Anfang seiner Sentenzenkommentierung in Oxford (also auch noch vor der sog. »Lectura Oxoniensis«) steht, ohne daß damit schon behauptet ist, genau so habe der Text ausgesehen, den Scotus in Oxford vorgetragen hat.

Die – freilich hypothetische – Rekonstruktion des hier vorgelegten Textes geschieht dadurch, daß allen Hinweisen auf Zusätze und Eingriffe in den Text sowie den textkritischen Problemen nachgegangen wird. Dabei werden die späteren Zusätze eliminiert. Praktisch alle Eingriffe in die überlieferten Texte sind ursprünglich auf diese Weise am Text selbst abgedeckt. Interessanterweise kommen mit diesem Verfahren tatsächlich Quaestionen nach dem in den Sentenzenkommentaren der damaligen Zeit üblichen Muster heraus. Sie haben insgesamt dann auch in etwa die Länge jener Quaestionen, die in den Scripta anderer Magistri am Ende des 13. Jahrhunderts zu finden sind.[19] Bei dem zusatzfreien Text wird sodann versucht, gemäß der Regel ›lectio difficilior probabilior‹ und anderen einschlägigen textkritischen Regeln die vermutlich ursprünglichen Lesarten zu ermitteln. Mit einigem Glück könnte man auf diese Weise den Kernbestand dessen zu fassen bekommen, was den Ausgangspunkt für den

[19] Die ausufernde Länge mancher Quaestionen seit Beginn des 14. Jahrhunderts geht auf die mehrfachen Redaktionen und die Ausarbeitung im Sinn einer Ordinatio zurück. Das hat eine enorme Kopflastigkeit der Kommentare zur Folge, die den Einleitungsfragen und den ersten Distinktionen ein beträchtliches Übergewicht verleiht unter oft völliger Vernachlässigung der weiteren Bücher des Petrus Lombardus.

uns heute überlieferten Textbestand des Oxforder Sentenzenkommentars darstellt. Es unterliegt jedoch keinem Zweifel, daß eine kritische Edition des Werkes von Duns Scotus auch jene Bestände erfassen muß, die von Scotus selbst hinzugefügt oder durch die Schule herangetragen wurden und geschichtlich wirksam geworden sind. Der von uns vorgelegte Text wird daher relativ zur Editio Vaticana, zur Ausgabe Waddings und zu der von Fernández García ausgewiesen. Die Angaben am Fuß des lateinischen Textes zu jeder Nummer unseres Textes sind als Führer durch diese Ausgaben zu lesen. Man kann so dem Gedanken der Quaestionen folgen und die Anlagerungen an den Text richtig zuordnen.

Bekanntermaßen hört der Hinweis auf die Textgenese durch die »notae criticae« nach den Anfangsquaestionen in den Handschriften auf. Das zwingt dazu, auf der Basis der vorliegenden »notae« für die weiteren Quaestionen Textteile hypothetisch als Erweiterungen anzunehmen, die nach unserer Auffassung nicht in den zu vermutenden ursprünglichen Quaestionenbestand passen. Da hier dann allerdings nur noch gelegentlich textkritische Probleme Hinweise geben können, ist die Erstellung dieser Texte besonders problematisch. Dementsprechend müssen die Texte mit noch größerer Vorsicht verwendet werden. Es empfiehlt sich daher immer die Beiziehung der Editio Vaticana. Dennoch ist der von uns verwendete und übersetzte Text grundsätzlich keine Art von (weiterer) Abbreviation oder Kontamination, sondern ein handschriftlich gesicherter Text, durch den lediglich bestimmte Textteile für eine erste Beschäftigung mit den Texten des Scotus in den Hintergrund gestellt werden, aus dem sie bei Bedarf durch Benützung der Editio Vaticana oder der Waddingschen Ausgabe wieder hervorgeholt werden können. Der gebotene Text stellt damit einerseits lediglich eine Textauswahl dar und darf daher nicht als neues Werk von Scotus angesehen werden, welches das ursprüngliche Wort des Scotus darstellte. Die Auswahl wird andererseits

aber nach Hinweisen im Text erzeugt und könnte in die Nähe eines Textes führen, der von Scotus selbst zum Ausganspunkt für seine verschiedenen Bearbeitungen genommen wurde. Nach unserer Auffassung hat Scotus bis zu seinem Lebensende am Opus Oxoniense gearbeitet, und die letzten Eingriffe von seiner Hand in diesen Text stellen das dar, was wir als seine zuletzt vertretene Auffassung ansehen können. Warum er bis zuletzt an der Oxforder Version seiner Sentenzenkommentierung gearbeitet hat, ist eines der vielen Rätsel um die Person des Johannes Duns Scotus.

Die in eckige Klammern ([ ]) gestellten Überschriften stammen aus den Gliederungsnotizen von M. Fernández García. Erforderliche Ergänzungen im Text haben wir in spitze Klammern ⟨ ⟩ gesetzt.

4. Zum Inhalt

A. PROLOG

a) Quaestio 1

Die erste Quaestio des Prologs zum Oxforder Sentenzenkommentar von Johannes Duns Scotus geht auf ein Zentralthema der philosophisch-theologischen Anthropologie ein: »Ist es für den Menschen in seinem gegenwärtigen Zustand notwendig, daß ihm eine Lehre auf übernatürliche Weise eingegeben wird?« Scotus exponiert das Problem durch die Gegenüberstellung von Philosophen und Theologen. Die Philosophen – zu denken ist hier vor allem an Aristoteles – vertreten die Vollkommenheit der Natur, die Theologen erkennen dagegen ihre Mangelhaftigkeit und die Notwendigkeit einer übernatürlichen Vollendung. Die Problemstellung ist nicht nur selbst theologischer Art, sondern setzt ein anderes theologisches Problem als gelöst voraus, an das Aristoteles nicht hatte denken können, nämlich das der gegenwärtigen Lage des Menschen in statu naturae lapsae. Aus rein philoso-

phischer Sicht haben wir nichts, was auf die Notwendigkeit übernatürlichen Wissens hinwiese. Aus christlicher Sicht dagegen entsteht die Frage, ob eine philosophische Erkenntnis allein, d. h. ohne Vervollkommnung durch eine übernatürlich geoffenbarte Wahrheit, für den Menschen ausreicht, um an sein letztes Ziel, sein ewiges Heil bei Gott, zu gelangen. Die Philosophie genügt nach Scotus für die Erkenntnis dieses Ziels nicht. Mit dieser Beurteilung wird der Philosophie nicht ein Mangel vorgehalten, sondern ihr wird eine Grenze gezogen gegenüber dem Wissen, das nur die übernatürliche Offenbarung mitteilen kann.

Damit steht Scotus bei der Frage, wie der Mensch in seinem gegenwärtigen Zustand verfaßt ist, so daß er überhaupt Adressat der übernatürlichen Offenbarung werden kann. Dazu ist eine Erläuterung der Unterscheidung von ›natürlich‹ und ›übernatürlich‹ notwendig. ›Natürlich‹ und ›übernatürlich‹ sind keine Begriffe, die Seienden in sich zukommen und diese voneinander unterscheiden. Was die beiden Begriffe meinen, wird deutlich, wenn man die Beziehung des aufnehmenden Intellekts zu dem Agens betrachtet, das den Intellekt zu einer Erkenntnis bewegt. Scotus gibt zwei terminologische Bestimmungen von ›übernatürlich‹. In einem ersten Sinn ist übernatürlich im gegenwärtigen Zustand des Menschen diejenige Erkenntnis, die durch ein Agens hervorgerufen wird, das ohne Rückgriff auf das sinnliche Vorstellungsbild (phantasma) und intellectus agens als konkurrierende Teilursachen auf den intellectus possibilis[20] einwirkt. Natürlich ist umgekehrt eine Erkenntnis dann, wenn diese eben durch die beiden Teilprinzipien im intellectus possibilis hervorgebracht wird. In einem zweiten Sinn kann übernatürlich diejenige Erkenntnis genannt werden, die dadurch entsteht, daß das übernatürliche Agens nicht in seiner eigentüm-

[20] Zu intellectus agens und intellectus possibilis siehe unten, Kommentar zu Prol. Q.1, n.5, S. 202f.

lichen Wesenheit (sub propria ratione) tätig wird, sondern über die Stellvertretung eines anderen Gegenstands. Dieses stellvertretende Agens ist Gott, insofern er die Offenbarung gewährt und zum Menschen spricht. Diese faktische Vermittlung schränkt, obwohl sie selbst übernatürlich ist, die Deutlichkeit der Erkenntnis ein. – Die Philosophen, die von einer Mangelhaftigkeit der Natur nichts wissen, behaupten, daß eine übernatürliche Lehre nicht notwendig ist, weil das natürliche Erkenntnisvermögen von sich aus jedem Erkennbaren in jeder Hinsicht entspricht. Das gilt nach Meinung der Theologen nicht uneingeschränkt: Für die im Glauben festzuhaltenden Wahrheiten bedarf es eines übernatürlichen Agens, das die Entsprechung von erkennendem Intellekt und erkannter Heilswahrheit herstellt. Es ist dies Gott selbst, der sich dem Menschen mitteilt, so weit es für das menschliche Heil erforderlich und wie es für ein menschliches Wesen faßbar ist. Es gibt daher keine übernatürliche Offenbarung im eigentlichen Sinn, die nicht Selbstmitteilung Gottes wäre.

b) Quaestio 2

Scotus ist Theologe und will Theologie treiben. Wovon handelt die Theologie? Anders gefragt: Was ist ihr erstes Subjekt? Subjekt ist der Gegenstand, über den ein Prädikat ausgesagt wird. Zum Begriff des ersten Subjekts gehört, virtuell alle Wahrheiten eines betreffenden Habitus in sich zu enthalten, d. h. über dieses Subjekt können alle Termini der betreffenden Wissenschaft prädiziert werden. Im Falle der Theologie ist nach Scotus das erste Subjekt Gott selber, und zwar Gott nicht unter einer bestimmten Rücksicht, sondern Gott in der Bestimmtheit seiner singulären Wesenheit. Nur in seiner Wesenheit, wie sie in sich ist, enthält Gott alle Sätze der Theologie. Die Einsicht in die Wesenheit Gottes kann auf natürlichem Weg nicht erbracht werden. Dafür ist die Theologie

angewiesen auf übernatürliche Offenbarung und auf Glauben. Kennzeichen einer geoffenbarten Wahrheit ist, daß sie auf ein übernatürliches Agens zurückgeht, das den Intellekt zu dieser Wahrheit geneigt macht. Ersichtlich entstehen aus diesen Bestimmungen unüberwindliche Schwierigkeiten mit dem Wissenschaftsverständnis des Aristoteles in den *Zweiten Analytiken*. Im weiteren, augustinisch geprägten Verständnis kann aber Theologie als sicheres Wissen gelten.

c) Quaestio 3

Charakteristisch für Scotus (und die franziskanische Tradition) ist die Auffassung, daß Theologie eine praktische Wissenschaft ist. Mit dem Begriff ›praktische Wissenschaft‹ bezieht sich Scotus auf die aristotelische Unterscheidung der Wissenschaften in theoretische, d. h. um ihrer selbst willen, und praktische, d. h. um des Handelns willen betriebene Disziplinen. Im Mittelpunkt der Quaestio steht Scotus' Definition von ›Praxis‹. Danach ist Praxis ein Akt des Willens, nicht des Intellekts. Wenn dieser Akt so gewählt wird, daß er der zuvor erkannten rechten Einsicht (recta ratio) entspricht, ist er ein rechter Akt. Jede Erkenntnis, die einem Akt des Wollens vorausgeht und die ihrem Inhalt nach geeignet ist, diesen in der rechten Weise zu leiten, ist eine praktische Erkenntnis. Die Hinordnung auf Praxis kommt der praktischen Erkenntnis vor jedem Akt des Wollens zu und hat ihren Grund im Inhalt (obiectum) des Erkannten.

Mit ihrer Hinordnung auf Praxis folgt die Theologie der Ordnung der Offenbarung, die ja als solche nicht darin aufgeht, unsere theoretische Kenntnis von Gott zu erweitern, sondern die uns zu einer dem göttlichen Willen entsprechenden Praxis führen soll.

B. 1. DISTINKTION

a) Quaestio 1

Im Mittelpunkt dieser Quaestio steht die Erörterung der Begriffe ›frui‹ und ›fruitio‹. Hierbei kommt der Zusammenhang mit der scotischen Auffassung von Theologie als praktischer Wissenschaft zum Ausdruck: Das höchste Ziel des Menschen, wie es die Offenbarung vorstellt, ist Gott. Dieses Ziel wird aber nicht durch eine bloße Erkenntnis, sondern durch rechte Praxis erreicht. Die Gott konforme Praxis ist in ihrer Vollgestalt die Gottesliebe, deren Vollendung in der ›fruitio Dei‹ besteht. ›Frui‹, traditionell mit ›genießen‹ übersetzt, ist etwas dem Willen, nicht dem Intellekt, Zugehöriges. Der Wille als natürliches Vermögen ist die Hinneigung der menschlichen Natur zur Selbstverwirklichung. Die Akte des Willens sind frei gewollt, unbeschadet der vorausgehenden, aber nicht bestimmenden (determinierenden) Akte des Intellekts. Der Mensch vollzieht also das ›frui‹, das ›Genießen‹, in voller Freiheit. ›Frui‹ besteht, nach der maßgeblichen Definition des Augustinus, darin, etwas um seiner selbst willen anzuhängen. Gegensatz dazu ist das ›uti‹, das ›Gebrauchen‹. Darin geschieht etwas um eines anderen Zwecks willen. In der Tradition wurde die Frage erörtert, ob das ›frui‹ ein Akt des Willens sei oder ein Genuß oder beides. Scotus führt verschiedene Autoritäten an und scheint der Auffassung den Vorzug zu geben, ›frui‹ sei beides, Akt und Genuß.

b) Quaestio 2

Der Wille ist frei, daher bringt er auch seine Akte frei hervor. Die Möglichkeit zur freien Entscheidung erhält der Wille nicht erst vom (notwendig wirkenden) Intellekt, sie liegt in ihm selbst. Der Wille wählt seine Ziele und Zwecke selbst. Zwar kann

der Wille nur ein Objekt wollen, das ihm zuvor der Intellekt darbietet. Aber im Objekt liegt nicht die Ursache des Wollens, sondern ausschließlich im Willen selbst. Weil dieser frei ist, kann er in bezug auf jedes Objekt, selbst auf das höchste, nämlich die beatitudo, ein Wollen oder Nichtwollen vollziehen. Was für die Ziele gilt, gilt auch für die Mittel, die zum Ziel führen: Auch diese kann der Wille frei wählen. Es ist gerechtfertigt, bei Scotus vom Primat des Willens gegenüber dem Intellekt zu sprechen.

C. 2. DISTINKTION

a) Quaestio 1

Der philosophische Gottesbeweis innerhalb der theologischen Synthese: Hier wird die Struktur des Verhältnisses von Philosophie und Theologie sichtbar. Scotus ist der Überzeugung, daß innerhalb der geoffenbarten Wahrheit ein gewisses natürliches Wissen als konstitutives Medium ihrer Verstehbarkeit anwesend ist. Daher muß Theologie bei ihrer Bemühung um Einsicht in die übernatürliche Wahrheit auch eine methodische Reflexion auf das in ihr enthaltene natürliche Wissen treiben. Der Theologe muß auch Philosoph sein. In seinem erbsündlich geschwächten Zustand vermag der Mensch die göttliche Wesenheit, wie sie in sich ist, nicht zu erkennen. Das unter den gegenwärtigen Bedingungen von Gott erste und vollkommenste Erkannte, von dem alle durch die Offenbarung vermittelten Wahrheiten des Habitus ›Theologie‹ ausgesagt werden können, ist der Begriff des ›unendlichen Seienden‹. Scotus will in dieser Quaestio zeigen, daß es ein aktual (also nicht nur potentiell) Unendliches gibt. Damit ist allerdings ein seinem Vermögen nach Unendliches (virtute infinitum), nicht ein quantitativ Unendliches gemeint. Quantitatives ist auch für Scotus im Anschluß an Aristoteles immer nur potentiell unendlich.

Zuerst wird bewiesen, daß es unter den Seienden ein schlechthin Erstes gibt, das durch eine dreifache Erstheit ausgezeichnet ist: ein Erstes gemäß der Wirkursächlichkeit, der Zielbestimmtheit und dem Vorrang. Die Beweise stützen sich darauf, daß es weder bei der wesentlich noch der beiläufig geordneten unendlichen Ursachenreihe ein erstes unabhängiges Glied gibt. Es muß, will man der Zirkelargumentation entgehen, eine unabhängige Ursache angenommen werden, die nicht innerhalb der Reihe steht. Die Unendlichkeit des Ersten wird dreifach bewiesen: aus der unendlichen Bewegung, der Zielbestimmtheit und dem Vorrang. Der Begriff des Unendlichen ist der Schlüssel zum Verständnis des Wesens Gott in der Fülle seiner Vollkommenheiten. Das Unendliche übertrifft jedes Endliche über jedes angebbare Verhältnis hinaus. Sein Begriff wird vom Endlichen her gewonnen und zeigt sich nur in der Negation des Endlichen.

b) Quaestio 2

Nachdem das Dasein eines unendlichen Seienden bewiesen ist, wird hier die Frage erörtert, ob dieses das einzige ist. Scotus verwendet hier wieder das Wort ›Gott‹, worauf er beim Beweis des Ersten verzichtet hat. Er fragt also: Gibt es nur einen einzigen Gott? Über die Antwort kann es keine Unschlüssigkeit geben. Daß es nur einen einzigen Gott gibt, wird in dieser Quaestio auf dreifachem Weg bewiesen: aus dem Begriff des unendlichen Gutes, des unendlichen Vermögens und der (im Glauben angenommenen) Allmacht. Der ›Nerv‹ der Beweise liegt im Begriff des Unendlichen, wie er in der vorangegangenen Quaestio dargelegt wurde: Die Natur des Unendlichen impliziert ihre Einzigkeit. Die Beweise folgen der Vernunft, ohne zu bestreiten, daß die Einzigkeit Gottes eine geoffenbarte Wahrheit ist.

D. 3. DISTINKTION

a) Quaestio 1

In der hier behandelten Frage nach der natürlichen Erkennbarkeit Gottes durch den Menschen in seinem jetzigen Zustand trägt Scotus eine seiner historisch wirksamsten Lehren vor: Der Mensch kann Gott natürlicherweise erkennen. Und zwar kann er nicht nur einen Begriff bilden, in dem Gott akzidentell, nämlich durch ein Attribut erkannt wird, sondern einen solchen, in dem Gott an sich und washeitlich erfaßt wird. Ein Attribut kann nur erkannt werden, wenn ein washeitlicher Begriff von dem vorliegt, als dessen Attribut es erfaßt wird. Der Begriff, unter dem Gott erkannt wird, ist ein ihm und den Geschöpfen univoker Begriff. Allerdings haben wir keinen Begriff, unter dem Gott im besonderen, d. h. unter dem Begriff seiner Wesenheit als dieser besonderen, erfaßt würde. Wir erkennen Gott gegenwärtig nur durch allgemeine Begriffe, die von den geschaffenen Dingen her durch Abstraktion gewonnen sind.

Bedeutsam ist vor allem die in Auseinandersetzung mit Heinrich von Gent entwickelte Forderung nach Univozität, also nicht Analogie, der über Gott aussagbaren Begriffe. Mit einer in dieser Form bislang in der christlichen Tradition unbekannten logischen Schärfe verlangt Scotus für die in einer Prädikation verwendeten Begriffe eine solche Einheit der Bedeutung, daß ein Widerspruch im Satz ebenso ausgeschlossen wird wie eine Mehrdeutigkeit des Mittelbegriffs im Syllogismus. Dabei sollen die über Gott und Kreatur in univoker Gemeinsamkeit aussagbaren Begriffe auf eben dieselbe natürliche Weise entstehen wie alle Begriffe, die für die bloß innerweltliche Prädikation zur Verfügung stehen, nämlich durch Abstraktion im Ausgang vom Phantasma, und dennoch die Transzendenz Gottes nicht gefährden.

b) Quaestio 2

Das Problem der natürlichen Erkennbarkeit Gottes wird fortgesetzt mit der Frage, ob sich in den Geschöpfen über die Erkennbarkeit des einen Gottes hinaus eine Spur der Dreifaltigkeit finden läßt. Jede Antwort auf diese (vor allem seit Augustinus erörterte) Frage muß allerdings das Theologoumenon berücksichtigen, daß das Wirken der Dreifaltigkeit nach außen allen drei göttlichen Personen ununterschieden gemeinsam ist, so daß die menschliche Erkenntnis nur die Einheit Gottes erfaßt. Dementsprechend kam die Tradition zu der Auffassung, daß die Dreifaltigkeit aus der Natur und den geschaffenen Dingen mit der Vernunft nicht erkannt werden könne. Dies aber besagt nicht, daß nach ergangener Offenbarung nicht doch im Glauben trinitarische Spuren ausfindig gemacht werden können.

Aufgrund der Beziehung der Geschöpfe zu Gott, und zwar insofern dieser deren Finalursache ist, vertritt Scotus die Auffassung, daß die Spur der Dreifaltigkeit in der Natur erkennbar ist. Dabei ist eine Spur mehr als Beziehung, nämlich etwas Selbständiges. Eine Spur stellt eine Ähnlichkeit mit einem Teil dessen dar, von dem sie Spur ist. Nur erschließend kann daraus das Ganze vergegenwärtigt werden. Alles in allem bleibt Scotus aber skeptisch: Das Besondere der einzelnen göttlichen Personen kann nicht erkannt werden, da der Begriff der Trinität eine Gesamtheit ist.

c) Quaestio 3

Für die Erkennbarkeit Gottes vielleicht eindrucksvoller als die Spuren in der gesamten Natur wirken die den geistigen Lebensvollzügen des Menschen entnommenen Abbilder der Dreifaltigkeit, die davon ausgehen, daß der Mensch als natürliches Ebenbild Gottes geschaffen ist. Wieder war es vor allem

Augustinus, der die Gleichnishaftigkeit zwischen der Dreifaltigkeit und dem geistig-seelischen Leben im Menschen durch die sog. Ternare herauszuarbeiten versuchte. Wichtig ist der Ternar der Seelenvermögen ›memoria – intellectus – voluntas‹, aus dem die Tradition Gewinn für das Verständnis des Dreifaltigkeitsgeheimnisses gezogen hat.

Scotus nutzt diese Quaestio für Ausführungen über das geistige Vermögen der memoria (Erinnerung, Gedächtnis) und dessen Rolle für das Ausgehen bzw. die Produktion intellektueller Erkenntnis aus der Seele. Vorrangig, besonders für eine Wissenschaft, ist die Erkenntnis des Allgemeinen. Scotus tritt für die Auffassung ein, daß dem Gedächtnisvermögen der Seele eine vernunftbestimmte Form (species intelligibilis) gegenwärtig ist, welche dem einzelnen Erkenntnisakt vorausliegt und für die Erkenntnis der Wesenheit eines Einzelnen entscheidend ist.

d) Quaestio 4

In diesem Zusammenhang stellt sich auch die Frage nach der Rolle des Intellekts bzw. der Seele im Erkenntnisprozeß: Was ist die Wirkursache der hervorgebrachten Erkenntnis, der Intellekt oder der Gegenstand? Auf dem Hintergrund der Auseinandersetzung mit verschiedenen Lösungen dieser klassischen Kontroverse begründet Scotus seine Auffassung, daß weder dem Intellekt noch dem Gegenstand die alleinige Aktivität noch die alleinige Passivität zugesprochen werden kann. Vielmehr sind beide auf je eigene Weise Wirkursachen, und zwar im Sinne zusammenlaufender, aber von einander unabhängiger Teilursachen. Dabei wird der äußere Gegenstand in der Seele repräsentiert durch das Phantasma, welches durch das Zusammenwirken der äußeren Sinnesvermögen mit dem sie affizierenden materiellen Einzelgegenstand hervorgerufen wird. Das Phantasma vergegenwärtigt den Gegenstand in seiner Singularität. Intelligibel wird ein Gegen-

stand aber nur durch seine indifferente, also allgemeine Artnatur. Es ist der (tätige) Intellekt, der in der Ordnung der Erkenntnis des Allgemeinen eine vom Phantasma verschiedene Form hervorbringt. Diese neue Form ist Ergebnis einer Abstraktion.

e) Quaestio 5

Es wurde schon gesagt, daß deutlicher noch als bei den in Quaestio 2 der dritten Distinktion abgehandelten ›Spuren‹ (vestigia) sich im Menschen eine Ähnlichkeit (similitudo) mit der Dreifaltigkeit auffinden läßt. In Anlehnung an den Ternar ›mens – notitia – amor‹ bei Augustinus wird hier gefragt, ob der Geist (mens) ein Bild (imago) der Dreifaltigkeit ist. Der Geist, sagt Scotus, ist in deutlicherer Weise als die übrige geschaffene Natur ein Bild des dreifaltigen Gottes. Im Unterschied zur Spur, die dem Äußeren verhaftet bleibt, ist ein Bild geeignet, nicht nur einen Teil, sondern ein Ganzes zu vergegenwärtigen und dasjenige nachzuahmen, wovon es ein Bild ist. Die Geistigkeit des Menschen schließt zwar keine Gleichheit (aequalitas) mit der Dreifaltigkeit ein, bringt aber deutlicher als alles andere Geschaffene die Beziehung zum Ursprung zum Ausdruck. Die ›Fruchtbarkeit‹ des Geistes, seine Hervorbringungen gemäß einer bestimmten Ordnung, stehen in einer Ähnlichkeitsbeziehung zur Fruchtbarkeit der Dreifaltigkeit im Zeugen und Hauchen.

E. 8. DISTINKTION

Die einzige Frage

Das hier behandelte Problem der Besonderheit des Gottesbegriffs steht in engem Zusammenhang mit der in der 3. Distinktion, Quaestio 1, entwickelten Lehre der univoken

Prädikation als Voraussetzung jeden wissenschaftlich-theologischen Argumentierens. Scotus vertritt die Auffassung, daß es mit der Einfachheit Gottes verträglich ist, daß ein Begriff Gott und dem Geschaffenen univok gemeinsam ist, jedoch nicht im Sinn einer Gemeinsamkeit des Gattungsbegriffs: Dem Endlichen und dem Unendlichen ist ein washeitlicher Begriff gemeinsam, der aber klarerweise nicht ein Gattungsbegriff sein kann.

F. 26. DISTINKTION

Die einzige Frage

Nach allgemeiner Auffassung der Tradition wird die Konstitution der göttlichen Personen mit Hilfe des Begriffs der Relation gedacht. Zur vollen Geltung verhalf Augustinus diesem Begriff, den er zunächst der aristotelischen Kategorienlehre entnahm, den er aber dann entscheidend umprägte. Die Kategorie der Relation schien ihm am ehesten der Forderung zu entsprechen, Differenzen im göttlichen Wesen zu markieren, ohne doch dessen Einheit zu zerstören. Die in Gott geschehenden Hervorgänge sollten nichts vom Wesen Gottes real Verschiedenes und nichts Hinzukommendes darstellen, sondern dieses Wesen sein, das relational vorgestellt wurde. Daraus ergab sich allerdings eine wichtige Veränderung für das Verständnis des ursprünglichen Akzidens ›Relation‹: Es konnte keine einer Substanz inhärierende Relation bleiben, sondern mußte als sog. subsistierende Beziehung verstanden werden.

Scotus ist – jedenfalls in der ursprünglichen Fassung seines Oxforder Scriptums – von der opinio communis abgewichen und hat sich dafür eingesetzt, die göttlichen Personen als absolut anzusehen. Diese Auffassung sei weder neu noch widerspreche sie der Hl. Schrift oder der kirchlichen Lehramtstradition. Gott ist erste Substanz im aristotelischen Sinn und

subsistiert daher an sich und nicht relational. Das gilt für jede göttliche Person: Gott und Person werden aufgrund desselben ausgesagt, und zwar an sich und nicht im Sinn des Bezogenseins.

ZWEITES BUCH
25. DISTINKTION

Die einzige Frage

Der Wille ist die einzige und vollständige Wirkursache seiner Akte: Das ist Scotus' ursprüngliche, im Oxforder Scriptum vertretene radikale Lehrmeinung. Der Willensentscheidung geht zwar eine intellektuelle Erkenntnis voraus. Aber der Intellekt verursacht den Willensakt nicht. Der Wille handelt nicht, wie der Intellekt, naturhaft, sondern frei. Er ist nicht wie der naturhaft wirkende Intellekt durch eine vorgegebene Natur determiniert, sondern bestimmt sich selbst zum Handeln. Freie Selbstbestimmung bedeutet: Der Wille besitzt das Vermögen, überhaupt zu handeln oder nicht zu handeln. Und er kann sich auf Gegensätzliches beziehen und diesen oder jenen Teil eines Gegensatzpaares wählen. Bei seiner Wahl unterliegt der Wille nicht der Einwirkung eines vom Intellekt dargebotenen Objekts.

JOHANNES DUNS SCOTUS

Über die Erkennbarkeit Gottes

Texte zur Philosophie und Theologie

PROLOGUS

v1.1ae
wf 1

Quaestio 1

1 Quaeritur utrum homini pro statu isto sit necessarium aliquam doctrinam supernaturaliter inspirari.

[Argumenta principalia]

2 Et videtur quod non et arguitur sic. Si aliqua talis doctrina est necessaria, hoc est quia potentia in puris naturalibus est improportionata obiecto ut sic cognoscibili; ergo oportet quod per aliquid aliud a se fiat ei proportionata. Illud aliud aut erit naturale aut supernaturale. Si naturale, ergo totum est improportionatum obiecto primo. Si supernaturale, ergo potentia est improportionata illi, et ita per aliud oportet ei proportionari, et sic in infinitum. Cum ergo non sit procedere in infinitum, oportet stare in primo, dicendo quod potentia intellectiva sit ex se proportionata omni cognoscibili et secundum omnem modum cognoscendi. Ergo etc.

3 Ad oppositum. II Tim 3: »Omnis doctrina divinitus inspirata utilis est« etc.

17 II Tim 3,16.

1 v1, w1, f2. **2** v3, w1c, f3c. **3** v4ab, w2b, f4.

PROLOG

1. Frage

Gefragt wird, ob es für den Menschen in seinem jetzigen Zustand notwendig ist, daß ihm eine Lehre auf übernatürliche Weise eingegeben wird.

⟨Eingangsargumente⟩

2 Das scheint nicht der Fall zu sein, und so wird argumentiert. Wenn eine solche Lehre notwendig ist, dann deswegen, weil das Erkenntnisvermögen in seinem rein natürlichen Zustand einem im Sinn dieser Lehre erkennbaren Objekt nicht entspricht. Deswegen muß das Erkenntnisvermögen durch etwas von ihm Verschiedenes mit diesem Objekt in Entsprechung gebracht werden. Jenes Andere kann entweder natürlich oder übernatürlich sein. Wenn es natürlich ist, dann entspricht das Ganze nicht dem ersten Objekt. Wenn es übernatürlich ist, dann entspricht das Erkenntnisvermögen diesem Übernatürlichen nicht, und so müßte es wieder durch etwas Anderes mit diesem Objekt in Entsprechung gebracht werden, und so weiter ins Unendliche. Da aber ein Fortschreiten ins Unendliche ausgeschlossen ist, muß man beim ersten stehenbleiben und sagen, daß das Erkenntnisvermögen von sich aus jedem Erkennbaren und in jeder Hinsicht entspricht. Also usw.

3 Dagegen. II Tim 3: »Jede von Gott eingegebene Lehre ist nützlich« usw.

[Exponitur opinio philosophorum tenentium quod nulla est cognitio supernaturalis homini necessaria pro statu isto]

4 In ista quaestione videtur esse controversia inter philosophos et theologos. Tenent enim philosophi perfectionem naturae et negant perfectionem supernaturalem. Theologi vero cognoscunt defectum naturae et necessitatem gratiae et perfectionum supernaturalium. Diceret igitur philosophus quod nulla est cognitio supernaturalis homini necessaria pro statu isto, sed quod omnem necessariam sibi posset acquirere ex actione causarum naturalium.

[Ad opinionem adducuntur auctoritas et ratio Philosophi]

5 Ad hoc adducuntur auctoritas et ratio Philosophi. Primo illud III *De anima* ubi dicit: Intellectus agens est quo est omnia facere, possibilis quo est omnia fieri.

6 Confirmatur ratione. Omni potentiae naturali passivae correspondet aliquod activum naturale; alioquin videretur potentia esse frustra in natura, si per nihil in natura posset reduci ad actum. Sed intellectus possibilis est potentia passiva et naturalis respectu quorumcumque intelligibilium; ergo correspondet sibi aliqua potentia activa naturalis. Sequitur igitur propositum. Minor patet quia intellectus possibilis naturaliter appetit cognitionem cuiuscumque cognoscibilis et naturaliter perficitur per quamcumque cognitionem, igitur est naturaliter receptivus cuiuscumque intellectionis.

15 Aristot., De anima III c.5, t.18 (430a 14). Cf. Auctoritates Aristotelis De anima (ed. cit. n.149).

4 v5, w3, f5.6a. **5** v5b.6, w3, f6ab. **6** v7, w4a, f6c.

⟨Die Meinung der Philosophen, die vertreten, daß der Mensch in seinem jetzigen Zustand keiner übernatürlichen Erkenntnis bedarf, wird dargestellt⟩

4 In dieser Frage scheint es einen Streit zwischen den Philosophen und Theologen zu geben. Die Philosophen nämlich vertreten die Vollkommenheit der Natur und leugnen eine übernatürliche Vollendung. Die Theologen dagegen wissen um die Schwächung der Natur und die Notwendigkeit der Gnade und der übernatürlichen Vollendung. Ein Philosoph würde demnach sagen, daß keine übernatürliche Erkenntnis für den Menschen in seinem jetzigen Zustand notwendig ist, sondern daß er sich jede notwendige Erkenntnis aus dem Wirken der natürlichen Ursachen erwerben kann.

⟨Zu dieser Meinung werden eine Belegstelle und ein Argument des Aristoteles herangezogen⟩

5 Dafür werden eine Belegstelle und ein Argument des Aristoteles herangezogen. Zunächst die Stelle im 3. Buch *Über die Seele*, wo er sagt: Der tätige Intellekt ist derjenige, der alles wirken, der aufnehmende derjenige, der zu allem werden kann.

6 Das wird durch ein Argument bekräftigt. Jedem natürlichen passiven Vermögen entspricht in der Natur etwas Aktives. Ansonsten schiene es, daß das passive Vermögen überflüssig in der Natur wäre, wenn es durch nichts in der Natur in einen Akt überführt werden könnte. Der aufnehmende Intellekt ist aber ein passives Vermögen und ein natürliches bezüglich eines jeden Erkennbaren. Also entspricht ihm ein natürliches aktives Vermögen. Es folgt also, was zu beweisen war. Der Untersatz leuchtet ein, weil der aufnehmende Intellekt von Natur aus die Erkenntnis eines jeden Erkennbaren erstrebt und von Natur aus durch jede Erkenntnis seine Erfüllung findet. Also ist er von Natur aus aufnahmefähig für jede Erkenntnis.

[Contra positionem philosophorum arguitur]

7 Contra istam positionem arguitur dupliciter. Primo sic. Omni agenti per cognitionem necessaria est distincta cognitio sui finis. Hanc probo. Quia omne agens propter finem agit ex appetitu finis; omne per se agens suo modo appetit finem. Igitur sicut agenti naturali necessarius est naturalis appetitus finis propter quem debet agere, ita agenti per cognitionem, quod est per se agens, ex II *Physicorum*, necessarius est appetitus sui finis propter quem debet agere. Patet ergo maior. Sed homo non potest scire ex naturalibus finem suum distincte. Igitur necessaria est aliqua cognitio supernaturalis.

Minor patet. Quia Philosophus sequens naturalem rationem aut ponit felicitatem esse perfectam in cognitione substantiarum separatarum acquisita sicut videtur dicere I *Ethicorum*. Aut si non determinate asserat istam esse supremam nobis possibilem, aliam ratione naturali non concludit, ita quod soli rationi naturali innitendo vel errabat circa finem in particulari vel dubius remanebat. Unde I *Ethicorum* dubitando ait: »Si quod est deorum donum, rationale est felicitatem esse«.

8 Secundo sic. Omni agenti propter finem necessaria est cognitio qualiter finis acquiratur, et etiam cognitio omnium quae sunt ad finem necessaria, et tertio quod ista omnia sufficiant.

8 Aristot., Physica II c.5, t.49 (196b 17–22). Cf. Henr. Gand., Summa a.4 q.3 in corp. (I f. 31 N–32 0). *14* Aristot., Eth. ad Nic. I c.9 (1097b 22–98a 20). *18* Ibid. c.13 (1099b 11–13).

7 v12a.13.14, w6, f7a-c **8** v17.18, w8, f8.

⟨Gegen die Position der Philosophen wird argumentiert⟩

7 Gegen diese Position wird zweifach argumentiert.
Erstens. Für jedes Wesen, das mit Erkenntnis handelt, ist eine klare Erkenntnis seines Zieles notwendig. Diesen Satz beweise ich. Jedes um eines Zieles willen tätige Wesen ist tätig aufgrund eines Zielstrebens. Jedes aus sich tätige Wesen erstrebt gemäß seiner Eigenart das Ziel. Wie also für ein natürlich tätiges Wesen das natürliche Zielstreben notwendig ist, aufgrund dessen es seiner Natur entsprechend tätig ist, so ist für ein aufgrund von Erkenntnis handelndes Wesen – auch ein solches ist nach dem 2. Buch der *Physik* ein aus sich tätiges Wesen – ein von Erkenntnis bestimmtes Zielstreben, aufgrund dessen es seiner Natur entsprechend handelt, notwendig. Der Obersatz leuchtet also ein. Der Mensch aber kann aus seinen natürlichen Vermögen sein Ziel nicht klar erkennen, also ist eine übernatürliche Erkenntnis notwendig.
Der Untersatz leuchtet ein. Denn Aristoteles, der der natürlichen Vernunft folgt, behauptet entweder, daß das vollkommene Glück im Erwerb jener Erkenntnis besteht, die den getrennten Substanzen eigen ist, wie er im 1. und 10. Buch der *Nikomachischen Ethik* zu sagen scheint; oder er gelangt, falls er nicht mit Bestimmtheit behauptet, dieses sei das höchste uns mögliche Glück, aufgrund der natürlichen Vernunft zu keiner anderen Bestimmung des Glücks, so daß er, wenn er sich allein auf die natürliche Vernunft stützt, in der genauen Bestimmung des Zieles entweder im Irrtum oder im Zweifel blieb. Daher sagt er auch im 1. Buch der *Nikomachischen Ethik* skeptisch: »Wenn es überhaupt ein Geschenk der Götter gibt, dann ist vernünftigerweise anzunehmen, daß es das Glück ist«.

8 Zweitens. Jedes um eines Zieles willen handelnde Wesen braucht eine Erkenntnis davon, auf welche Weise das Ziel zu erreichen ist und auch eine Erkenntnis aller Mittel, die zum Erreichen des Zieles notwendig sind, und drittens eine

Primum patet. Quia si nesciat quomodo finis acquiratur, nesciet qualiter ad consecutionem ipsius se disponat. Secundum probatur. Quia si nesciat omnia necessaria ad ipsum, propter ignorantiam alicuius necessarii poterit a fine deficere. Si etiam, quantum ad tertium, nesciantur illa necessaria sufficere, dubitando se ignorare aliquid necessarium non efficaciter prosequetur illud quod est necessarium.

Sed haec tria non potest viator naturaliter cognoscere. Probatio de primo. Quia beatitudo confertur tamquam praemium pro meritis quae Deus acceptat tamquam digna tali praemio, et per consequens non naturali necessitate sequitur ad actus nostros qualescumque, sed contingenter datur a Deo actus aliquos in ordine ad ipsum tamquam meritorios acceptante. Istud non est naturaliter scibile, ut videtur, quia in hoc errabant philosophi, ponentes omnia quae sunt a Deo immediate, esse ab eo necessario. Saltem alia duo membra sunt manifesta. Non enim potest sciri naturaliter acceptatio voluntatis divinae utpote tamquam contingenter acceptantis talia vel talia digna vita aeterna. Et quod etiam illa sufficiant dependet ex voluntate divina circa ea ad quae contingenter se habet, ergo etc.

[›Supernaturalis‹ dicitur dupliciter]

9 Ad quaestionem respondeo primo distinguendo qualiter aliquid dicitur supernaturale. Potentia receptiva comparatur ad

9 v57, w20, f18.

Erkenntnis, daß alle diese Mittel hinreichend sind. Das erste leuchtet ein. Denn wenn ein Wesen nicht weiß, wie das Ziel zu erreichen ist, wird es auch nicht wissen, wie es sich auf das Verfolgen desselben vorbereiten soll. Das zweite wird bewiesen. Wenn es nicht alle Mittel kennt, die zum Erreichen des Zieles notwendig sind, könnte es aus Unkenntnis eines notwendigen Mittels das Ziel verfehlen. Wenn es, was das dritte betrifft, ebenfalls nicht weiß, ob die Mittel hinreichend sind, und daher befürchtet, ein notwendiges Mittel nicht zu kennen, wird es nicht wirksam in Angriff nehmen, was zum Erreichen des Zieles notwendig ist.
Diese drei aber vermag der Mensch in seinem gegenwärtigen Leben auf natürliche Weise nicht zu erkennen. Beweis bezüglich des ersten: Die Glückseligkeit wird als Belohnung zuteil für Verdienste, die Gott als einer solchen Belohnung würdig annimmt, und folgt deshalb nicht mit natürlicher Notwendigkeit auf unsere Handlungen, mögen diese beschaffen sein wie sie wollen, sondern wird frei von Gott verliehen, der einige auf ihn hingeordnete Handlungen als verdienstlich annimmt. Dieses ist auf natürliche Weise nicht erkennbar, wie es scheint. Denn darin irrten diejenigen Philosophen, die annahmen, daß alles, was von Gott unmittelbar kommt, von ihm mit Notwendigkeit kommt. Die beiden anderen Glieder sind eigentlich klar. Über die Annahme durch den göttlichen Willen kann nämlich auf natürliche Weise nichts gewußt werden, weil er ja frei diese oder jene Handlungen als des ewigen Lebens würdig annimmt. Und daß sie dazu auch ausreichen, hängt allein vom göttlichen Willen ab, der ihnen gegenüber frei ist. Also ⟨kann auch das auf natürliche Weise nicht erkannt werden⟩.

⟨›Übernatürlich‹ wird auf zweifache Weise ausgesagt⟩

9 Auf die anstehende Frage antworte ich, indem ich zunächst unterscheide, auf welche Weise etwas ›übernatürlich‹ genannt wird. Ein aufnehmendes Vermögen wird entweder

actum quem recipit, vel ad agentem a quo recipit. Primo modo ipsa est potentia naturalis vel violenta vel neutra: naturalis si naturaliter inclinatur, violenta si sit contra inclinationem naturalem, neutra si neque inclinatur ad istam formam neque ad oppositam. In hac autem comparatione nulla est supernaturalitas. Sed comparando receptivum ad agens a quo recipit formam, est naturalitas quando receptivum comparatur ad tale agens quod natum est naturaliter imprimere talem formam in tali passo, supernaturalitas autem quando comparatur ad tale agens quod non est naturaliter impressivum illius formae in illud passum.

10 Ad propositum dico quod comparando intellectum possibilem ad notitiam actualem in se, nulla est ibi cognitio supernaturalis, quia intellectus possibilis quacumque cognitione naturaliter perficitur et ad quamcumque naturaliter inclinatur. Sed secundo modo loquendo sic est supernaturalis quae generatur ab aliquo agente quod non est natum movere intellectum possibilem ad talem cognitionem naturaliter. Pro statu autem isto, secundum Philosophum, intellectus possibilis natus est moveri ad cognitionem ab intellectu agente et phantasmate, igitur sola illa cognitio est ei naturalis quae ab istis agentibus potest imprimi.

11 Aliter posset dici supernaturalis, quia est ab agente supplente vicem obiecti supernaturalis. Nam obiectum natum causare

10 v60.61a, w21a, f19a. **11** v63–65, w22b-e, f20.

zum Akt, den es aufnimmt, oder zum Tätigen, von dem es etwas erhält, in Beziehung gesetzt. Im ersten Fall ist jenes Vermögen natürlich oder gezwungen oder neutral: Natürlich ist es, wenn es natürlicherweise zur Aufnahme des Aktes geneigt ist; gezwungen, wenn es entgegen seiner natürlichen Neigung den Akt aufnimmt; neutral, wenn es weder zu einer bestimmten Form noch zu einer dieser entgegengesetzten geneigt ist. Bei der Beziehung zwischen Vermögen und Akt gibt es nichts Übernatürliches. Setzt man hingegen ein Aufnehmendes in Beziehung zu dem Tätigen, von dem es eine Form erhält, so liegt ein natürliches Verhältnis dann vor, wenn ein Aufnehmendes in Beziehung gesetzt wird zu einem solchen Tätigen, das seiner Natur nach einem derartigen Aufnehmenden eben diese Form natürlicherweise geben kann. Ein übernatürliches Verhältnis aber liegt dann vor, wenn ein Aufnehmendes in Beziehung gesetzt wird zu einem solchen Tätigen, das natürlicherweise diesem Aufnehmenden eine derartige Form nicht geben kann.

10 Zum vorliegenden Problem sage ich: Setzt man den aufnehmenden Intellekt in Beziehung zum Erkenntnisakt an sich, so gibt es dabei keine übernatürliche Erkenntnis, weil der aufnehmende Intellekt durch eine jede Erkenntnis natürlicherweise vollendet wird und auf jedwede Erkenntnis natürlicherweise ausgerichtet ist. Auf die zweite Weise aber ist diejenige Erkenntnis als übernatürlich zu bezeichnen, die von irgendeinem Tätigen bewirkt wird, das seiner Natur nach den aufnehmenden Intellekt natürlicherweise nicht zu einer solchen Erkenntnis bewegen kann. Im jetzigen Zustand ist nach Aristoteles der aufnehmende Intellekt von solcher Natur, daß er durch den tätigen Intellekt und das Phantasma zur Erkenntnis bewegt wird. Daher ist für ihn allein jene Erkenntnis natürlich, die er durch deren Tätigkeit erhalten kann.

11 In einem anderen Sinn könnte etwas ›übernatürlich‹ genannt werden, wenn es von einem Tätigen bewirkt wird, das

notitiam huius ›Deus est trinus‹ vel similium est essentia divina sub propria ratione cognita. Ipsa sub tali ratione cognoscibilis est obiectum nobis supernaturale. Quodcumque ergo agens causat notitiam aliquam veritatum quae per tale obiectum sic cognitum natae essent evidentes, illud agens in hoc supplet vicem illius obiecti. Quod si ipsum agens causaret perfectam notitiam istarum veritatum qualem ipsum obiectum in se cognitum causaret, tunc perfecte suppleret vicem obiecti. Si autem agens causaret aliqualem notitiam ipsarum, non talem qualem obiectum in se cognitum causaret scilicet distinctam, in hoc aliqualiter suppleret vicem obiecti. Pro tanto autem suppleret vicem obiecti pro quanto imperfecta notitia quam facit, virtualiter continetur in illa perfecta cuius obiectum in se cognitum esset causa.

Ita est in proposito. Nam revelans hanc ›Deus est trinus‹ causat in mente aliqualem notitiam huius veritatis, licet obscuram, quia de obiecto sub propria ratione non cognito, quod obiectum si esset sic cognitum, natum esset causare perfectam et claram notitiam illius veritatis. Pro quanto ergo haec notitia obscura in illa clara includitur eminenter, sicut imperfectum in perfecto, pro tanto revelans hanc obscuram et causans, supplet vicem obiecti illius clarae notitiae causativi, praecipue cum non possit notitiam alicuius veritatis causare

an die Stelle eines übernatürlichen Objekts tritt. Denn das Objekt, das seiner Natur nach eine Erkenntnis wie ›Gott ist dreifaltig‹ oder ähnliche Erkenntnisse bewirken kann, ist die göttliche Wesenheit, wie sie in ihrer eigenen Bestimmtheit erkannt wird. Sie selbst, wie sie in ihrer eigenen Bestimmtheit erkennbar ist, stellt für uns das übernatürliche Objekt dar. Wann immer das Tätige also irgendeine Erkenntnis von Wahrheiten bewirkt, die ihrer Natur nach durch ein solches auf diese Weise erkanntes Objekt einsichtig wären, tritt jenes Tätige dabei an die Stelle des betreffenden Objekts. Wenn weiter jenes Tätige eine vollkommene Erkenntnis jener Wahrheiten bewirkte, wie sie eben jenes Objekt als an sich Erkanntes bewirken würde, dann träte es in vollkommener Weise an die Stelle des Objekts. Bewirkte das Tätige hingegen in einem gewissen Grad eine Erkenntnis von diesen Wahrheiten, nicht aber eine solche, wie sie das Objekt als an sich Erkanntes bewirken würde, nämlich eine klare, so träte es dabei bis zu einem gewissen Grad an die Stelle des Objekts. Es träte aber in dem Maß an die Stelle des Objekts, in dem die unvollkommene Erkenntnis, die es bewirkt, dem Vermögen nach in jener vollkommenen enthalten ist, deren Ursache das Objekt als an sich Erkanntes wäre.

So ist es im vorliegenden Fall. Denn dasjenige, was offenbart ›Gott ist dreifaltig‹, bewirkt im Geist in gewissem Grad eine Erkenntnis dieser Wahrheit, wenn auch eine verhüllte. Denn es handelt sich um ein Objekt, das in seiner eigenen Bestimmtheit nicht erkannt ist, um ein Objekt aber, das, wäre es in dieser Weise erkannt, seiner Natur nach eine vollkommene und klare Erkenntnis dieser Wahrheit bewirken würde. In dem Maß also wie diese verhüllte Erkenntnis in der deutlichen, die jener gegenüber den Vorrang besitzt, wie das Unvollkommene im Vollkommenen enthalten ist, tritt dasjenige, was die verhüllte Erkenntnis offenbart und bewirkt, an die Stelle des Objekts, das jene deutliche Erkenntnis zu bewirken fähig wäre, zumal es nur dann die Erkenntnis irgend-

nisi ut supplens vicem alicuius obiecti. Nec veritatum talium de isto obiecto notitiam causare possit ut supplens vicem obiecti alicuius inferioris naturaliter motivi intellectus nostri, quia nullum tale virtualiter includit aliquam notitiam veritatum illarum etiam nec obscuram; igitur oportet quod in causando etiam illam obscuram, suppleat aliqualiter vicem obiecti supernaturalis.

Differentia istorum duorum modorum ponendi supernaturalitatem notitiae revelatae patet separando unum ab alio. Puta si agens supernaturale causaret notitiam obiecti naturalis, ut si infunderet geometriam alicui, ista esset supernaturalis primo modo, non secundo. Sed si aliqua est supernaturalis secundo modo, est supernaturalis utroque modo, quia secundus infert primum licet non econverso. Ubi autem est primus tantum, ibi non est necesse quod sit supernaturalis, quia naturaliter possit haberi. Ubi est secundus modus, est necessitas ut supernaturaliter habeatur, quia naturaliter haberi non potest.

[Ad argumenta pro opinione philosophorum]

12 Ad argumenta pro opinione Aristotelis. Ad primum dico quod cognitio dependet ab anima cognoscente et obiecto cognito, quia secundum Augustinum IX *De Trinitate* capitulo

22 August., De Trin. IX c.12 n.18 (PL 42, 970). Cf. Henricus Gand., Summa a.50 q.7 in corp. (I f.259H).

12 v72-74, w25, f23ab.

einer Wahrheit zu bewirken vermöchte, wenn es an die Stelle des betreffenden Objekts träte. Es könnte auch keine Erkenntnis solcher Wahrheiten, die dieses Objekt betreffen, bewirken, indem es an die Stelle eines untergeordneten Objekts tritt, das auf natürliche Weise unseren Intellekt bewegen kann, weil kein derartiges Objekt dem Vermögen nach eine Erkenntnis jener Wahrheiten einschließt, auch keine verhüllte. Daher muß es, auch wenn es nur jene verhüllte Erkenntnis hervorruft, in gewisser Weise die Stelle des übernatürlichen Objekts einnehmen.

Der Unterschied dieser beiden Weisen, den übernatürlichen Charakter einer geoffenbarten Erkenntnis zu bestimmen, leuchtet ohne weiteres ein, wenn man die eine von der anderen getrennt betrachtet. Nehmen wir beispielsweise an, ein übernatürlich Tätiges würde in uns die Erkenntnis eines natürlich erkennbaren Objekts bewirken – es würde etwa jemandem die Geometrie eingeben –, dann wäre diese Erkenntnis im ersten Sinn übernatürlich, im zweiten Sinn aber nicht. Wenn es sich aber um eine übernatürliche Erkenntnis im zweiten Sinn handelt, ist sie in beider Hinsicht übernatürlich, denn die zweite Weise schließt die erste ein, nicht aber umgekehrt. Wo nämlich nur die erste Weise, das Übernatürliche zu bestimmen, in Frage kommt, da muß etwas nicht notwendigerweise übernatürlich sein, weil es auch natürlicherweise erlangt werden kann. Wo es aber um die zweite Weise geht, da muß etwas notwendigerweise übernatürlich eingegeben werden, weil es natürlicherweise nicht erlangt werden kann.

⟨Zu den Argumenten für die Meinung der Philosophen⟩

12 Zu den Argumenten für die Meinung des Aristoteles. Zum ersten sage ich, daß die Erkenntnis abhängt von der erkennenden Seele und dem erkannten Objekt. Denn nach Augustinus im letzten Kapitel des 9. Buches *Über die Dreifaltigkeit*

ultimo, »a cognoscente et cognito paritur notitia«. Licet igitur anima habeat sufficiens passivum et activum intra pro quanto actio respectu cognitionis convenit animae, tamen non habet intra se sufficiens activum pro quanto actio convenit obiecto, quia sic est ut tabula nuda, III *De anima*. ›Est igitur intellectus agens quo est omnia facere‹, verum est inquantum factio respectu cognitionis competit animae, non inquantum obiectum est activum.

Ad confirmationem rationis ad maiorem dico quod natura quandoque accipitur pro principio intrinseco motus vel quietis prout definitur II *Physicorum*, quandoque pro principio activo naturaliter prout natura distinguitur contra artem sive propositum propter oppositum modum principiandi. Primo modo maior non est vera quia non correspondet omni passivo naturaliter principium activum quod sit natura, quia multa sunt naturaliter receptiva actus cuius non habent principium activum intrinsecum. Secundo modo etiam propositio maior est falsa quando natura propter sui excellentiam ordinatur naturaliter ad recipiendum perfectionem ita eminentem quae non possit subesse causalitati agentis naturalis secundo modo. Ita est in proposito. – Cum probatur maior, dico quod potentia passiva non est frustra in natura, quia etsi per agens naturale non possit principaliter reduci ad actum, tamen potest per tale agens dispositio ad ipsum reduci, et potest per aliquod agens in natura, id est in tota coordinatione

5 Aristot., De anima III c.4 t.14 (429b 30 – 430a 2). Cf. Auctoritates ibid. n.146. Cf. Henricus Gand., Summa a.1 q.10 arg.1 in oppositum (I f.19E). *11* Aristot., Physica II c.1 t.3 (192b 20–23). Cf. Henr. Gand., Summa a.1 q.6 in corp. (I f. 16C).

»entsteht aus dem Erkennenden und dem Erkannten die Erkenntnis«. Obwohl also die Seele ein hinreichendes passives und aktives Vermögen in sich hat, insoweit eine Tätigkeit hinsichtlich der Erkenntnis der Seele zukommt, hat sie dennoch nicht in sich ein hinreichendes aktives Vermögen, insoweit eine Tätigkeit dem Objekt zukommt. Denn in dieser Hinsicht verhält sie sich wie eine unbeschriebene Tafel, nach dem 3. Buch des Aristoteles *Über die Seele*. ›Der tätige Intellekt also ist derjenige, der alles wirkt‹, ist wahr, insoweit das Wirken hinsichtlich der Erkenntnis der Seele zukommt, nicht insoweit das Objekt tätig ist.

Zur Bekräftigung des Vernunftarguments sage ich zum Obersatz, daß die Natur zum einen aufgefaßt wird als das innere Prinzip der Bewegung oder der Ruhe, nach der Definition im 2. Buch der *Physik*, zum anderen als ein in natürlicher Weise tätiges Prinzip, insoweit Natur unterschieden wird von Kunst bzw. planvollem Tätigsein wegen der gegensätzlichen Weise des Prinzipseins. Im ersten Fall ist der Obersatz nicht wahr, weil nicht jedem passiven Vermögen natürlicherweise ein aktives Prinzip im Sinn von Natur entspricht. Denn es gibt viele Wesen, die natürlicherweise einen Akt aufnehmen können, ohne von ihm ein tätiges Prinzip in sich zu haben. Im zweiten Fall ist der Obersatz auch falsch, wenn die Natur wegen ihrer Vorzüglichkeit auf natürliche Weise hingeordnet ist zum Empfang einer so überragenden Vollkommenheit, daß sie nicht der Ursächlichkeit eines im zweiten Sinn natürlich Tätigen unterliegen könnte. So verhält es sich im vorliegenden Fall. – Auf den Beweis des Obersatzes antworte ich, daß ein passives Vermögen nicht überflüssig in der Natur ist. Denn obgleich es durch ein natürlich Tätiges, wenn dieses allein als Prinzip tätig ist, nicht in einen Akt überführt werden kann, kann doch durch ein in solcher Weise Tätiges eine Disposition zum Akt geweckt werden, und es kann ferner durch ein in der Natur Tätiges, Natur verstanden als Zusammenhang aller Seienden, etwa durch ein über-

entium puta per agens supernaturale, complete reduci ad actum.

[Ad argumentum principale]

13 Ad argumentum principale. Dico quod veritati alicui complexae fide tenendae intellectus possibilis est improportionatus, hoc est non est proportionale mobile talium agentium quae ex phantasmatibus et lumine naturali intellectus agentis non possunt cognosci. Cum arguis ›ergo fit proportionatus per aliud‹, concedo: et per aliud in ratione moventis quia per movens supernaturale revelans assentit illi veritati, et per aliud in ratione formae quia per illum assensum factum in ipso qui est quasi quaedam inclinatio in intellectu ad istud obiectum proportionans illum isti. Cum ultra de illo alio quaeris ›an sit naturale vel supernaturale‹, dico quod supernaturale, sive intelligas de agente sive de forma. Cum infers ›ergo intellectus est improportionatus ad illud et per aliud proportionatur‹, dico quod ex se est in potentia oboedientiali ad agens et ita sufficienter proportionatus illi ad hoc ut ab ipso moveatur. Similiter ex se est capax illius assensus causati a tali agente, etiam naturaliter capax. Non oportet igitur ipsum per aliud proportionari illi assensui recipiendo. – Statur igitur in secundo, non in primo. Quia veritas ista revelata sufficienter non est inclinativa intellectus ad assentiendum sibi, et ita im-

13 v94, w34, f28.

natürlich Tätiges vollständig in einen Akt überführt werden.

⟨Zum Eingangsargument⟩

13 Zum Eingangsargument sage ich, daß der aufnehmende Intellekt einer im Glauben festzuhaltenden Wahrheit nicht entspricht, das heißt er kann nicht entsprechend von solchen Tätigen zur Erkenntnis bewegt werden, die aus den Phantasmata und dem natürlichen Licht des tätigen Intellekts nicht erkannt werden können. Wenn man argumentiert ›also wird er durch etwas anderes in Entsprechung gebracht‹, so gebe ich das zu: sowohl durch etwas anderes im Sinn des Bewegenden, weil er durch das übernatürlich Bewegende, das sich offenbart, der entsprechenden Wahrheit zustimmt, als auch durch etwas anderes im Sinn der Form, das heißt durch jene in ihm hervorgerufene Zustimmung, die eine Art Hinneigung im Intellekt zum Objekt darstellt, welche ihn in Entsprechung zu diesem Objekt bringt. Wenn man weiter fragt, ob dieses andere natürlich oder übernatürlich ist, so antworte ich, daß es übernatürlich ist, ganz gleich ob man es auf das Tätige oder auf die Form bezieht. Wenn man die Folgerung zieht ›also entspricht der Intellekt dem Objekt nicht, sondern muß durch etwas anderes in Entsprechung gebracht werden‹, antworte ich, daß er von sich aus das Vermögen besitzt, dem Tätigen zu folgen und somit ausreichend zu jenem Objekt in Entsprechung gebracht ist, um von ihm bewegt zu werden. In ähnlicher Weise ist der Intellekt von sich aus jener Zustimmung fähig, die von einem solchen Tätigen verursacht ist, auch natürlicherweise fähig. Also ist es nicht notwendig, daß der Intellekt selbst durch etwas anderes zu jener Zustimmung in Entsprechung gebracht wird, um sie in sich aufzunehmen. – Man muß also beim zweiten stehenbleiben, nicht beim ersten. Denn die geoffenbarte Wahrheit vermag im Intellekt keine ausreichende Hinneigung hervorzurufen, ihr zuzustimmen, und daher entspricht weder das Tätige noch das Empfangende der geoffenbarten

proportionale agens et passum sibi improportionale. Sed agens supernaturale est sufficienter inclinativum intellectus ad istam veritatem causando in ipso assensu quo proportionetur huic veritati ita quod non oportet intellectum per aliud proportionari tali agenti nec formae ab ipso impressae, sed oportet illum proportionari tali obiecto per aliud duplici modo praedicto.

v1.2.3ae
wf 3.3lat.

Quaestio 2

1 Quaeritur utrum theologia sit de Deo tamquam de subiecto primo.

2 Quod non, arguitur per auctoritatem Boethii *De Trinitate*: »Forma«, inquit, »simplex subiectum esse non potest«.

3 Contra. Augustinus *De civitate Dei* VIII capitulo 1: Theologia est sermo vel ratio de Deo.

v2.3ae
wf Quaestio lateralis

Quaestio 2[a]

4 Secundo quaero utrum sit de Deo sub aliqua ratione speciali.

5 Quod sic, Hugo *De sacramentis,* in principio, vult quod opera restaurationis sint subiectum. Igitur sic Deus erit subiectum sub ratione speciali inquantum restaurator.

6 Contra. Cognitio contracta supponit cognitionem absolutam. Absoluta est certior, ex I *Metaphysicae*. Igitur si ista est de Deo

11 Boethius, De Trinitate c.2 (PL 64,1250). *13* August., De civitate Dei VIII c.1 (PL 41,225). *17* Hugo a S. Victore, De sacramentis christianae fidei, prologus c.2 (PL 176,183). *21* Aristot., Metaph. I c.2 (982a 21–28).

1 v124a, w1, f46. **2** v124b.129b, w1a, f47b. **3** v132, w2c, f49. **4** v133a, w1, f53. **5** v133bc, w1a, f51a. **6** v138, w1f, f52.

Wahrheit. Wohl aber vermag das übernatürlich Tätige hinreichend im Intellekt eine Hinneigung zu dieser Wahrheit hervorzurufen, indem es in der Zustimmung selbst das verursacht, wodurch er in Entsprechung zu dieser Wahrheit gebracht wird. Daher ist es nicht notwendig, daß der Intellekt durch etwas anderes zu dem in solcher Weise Tätigen oder zu der von diesem eingegebenen Form in Entsprechung gebracht wird, sondern er muß durch etwas anderes in dem obengenannten doppelten Sinn zu einem solchen Objekt in Entsprechung gebracht werden.

2. Frage

1 Es wird gefragt, ob die Theologie von Gott als ihrem ersten Subjekt handelt.

2 Dagegen wird argumentiert mit dem Satz des Boethius aus seinem Werk *Über die Dreifaltigkeit*: »Eine einfache Form«, sagt er, »kann nicht Subjekt sein«.

3 Dagegen sagt Augustinus im 1. Kapitel des 8. Buches *Über den Gottesstaat*: Theologie ist Rede oder Lehre von Gott.

Zusatzfrage 2[a]

4 Zweitens frage ich, ob die Theologie von Gott unter einer besonderen Rücksicht handelt.

5 Dafür spricht, daß Hugo am Anfang seines Werkes *Über die Sakramente* sagt, daß Subjekt der Theologie die Werke der Wiederherstellung sind. Dann wäre also Gott Subjekt unter einer besonderen Rücksicht, nämlich als Erneuerer.

6 Dagegen. Eine eingeschränkte Erkenntnis setzt eine absolute Erkenntnis voraus. Eine absolute ist sicherer nach dem 1. Buch der *Metaphysik*. Wenn also diese Erkenntnis von Gott unter einer besonderen Rücksicht handelte, gäbe es eine an-

sub ratione speciali, alia erit prior et certior de Deo absolute; talis non ponitur, igitur etc.

[Definitio primi subiecti]

7 Circa solutionem huius quaestionis dico quod ratio primi subiecti est continere in se primo virtualiter omnes veritates illius habitus.

8 Expono quod dixi ›primo virtualiter continere‹. Quia illud primum est quod non dependet ab alio sed alia ab ipso, igitur ›primo continere‹ est non dependere ab aliis in continendo sed alia ab ipso, hoc est quod per impossibile circumscripto omni alio, manente intellectu eius, adhuc contineret. Nihil autem aliud continet nisi per rationem eius.

[Ad primam quaestionem:
Quod Deus est primum subiectum theologiae]

9 Ex dictis respondeo ad primam quaestionem et dico quod primum subiectum theologiae non potest esse nisi Deus. Quod probo sic. Theologia est de his quae sunt soli intellectui divino naturaliter cognita, igitur est de soli Deo naturaliter noto. Sed solus Deus est sibi naturaliter notus, igitur etc. – Probatio primae propositionis. Quia si ista scientia est de aliquibus alicui alii intellectui creato naturaliter notis, igitur praeter ista aliqua alia sunt cognoscibilia naturaliter soli intellectui divino, quia infinitus est et ideo plurium cognoscitivus quam intellectus finitus. Igitur adhuc alia scientia est superior quam illa quae est de naturaliter notis intellectui creato. Probatio minoris. Omnis essentia creata alicui in-

7 v142, w4d, f58a. **8** v144, w4e, f58c. **9** v151a.152, w7ab, f61.62b.

dere, die früher und sicherer wäre und von Gott in absoluter Weise handelte; eine solche gibt es aber nicht, also usw.

⟨Definition des ersten Subjekts⟩

7 Zur Lösung der Frage sage ich, daß es zum Begriff des ersten Subjekts gehört, in sich als erstes virtuell alle Wahrheiten jenes Habitus zu enthalten.

8 Ich erkläre, was ich mit ›als erstes virtuell enthalten‹ gemeint habe. Jenes nämlich ist ein Erstes, das nicht von anderem abhängt, sondern von dem anderes abhängt; also bedeutet ›als erstes enthalten‹, daß das erste Subjekt nicht von anderem im Enthalten abhängt, sondern anderes von ihm; das heißt, daß das erste Subjekt auch dann noch enthielte, wenn man, was allerdings unmöglich ist, alles andere beiseite ließe, solange nur sein Begriff bestehen bliebe. Alles andere aber enthält etwas nur kraft des Begriffs des ersten Subjekts.

⟨Zur ersten Frage: Gott ist das erste Subjekt der Theologie⟩

9 Aufgrund des Gesagten antworte ich auf die erste Frage und sage, daß das erste Subjekt der Theologie nur Gott sein kann. Das beweise ich so. Die Theologie handelt von dem, was allein dem göttlichen Intellekt natürlicherweise bekannt ist, also handelt sie von dem, was allein Gott natürlicherweise bekannt ist. Nun aber ist allein Gott sich selbst natürlicherweise bekannt, also usw. – Beweis des Obersatzes. Wenn diese Wissenschaft von dem handelt, was einem anderen geschaffenen Intellekt natürlicherweise bekannt ist, dann gibt es also neben diesem noch etwas anderes, das allein für den göttlichen Intellekt natürlicherweise erkennbar ist, weil dieser unendlich ist und deswegen mehr zu erkennen vermag als ein endlicher Intellekt. Also gibt es noch eine andere Wissenschaft, die höher ist als jene, die von dem handelt, was dem geschaffenen Intellekt natürlicherweise bekannt ist. Beweis des Untersatzes. Jede geschaffene Wesenheit kann einem ge-

tellectui creato potest esse naturaliter nota. Igitur essentia increata solum intellectui increato est naturaliter nota.

[Ad secundam quaestionem:
Proponuntur diversae sententiae]

10 Respondeo ad secundam quaestionem. Ad cuius evidentiam pono exemplum. Homo intelligitur ut animal rationale, ut substantia, ut mansuetus natura, ut nobilissimum animalium. In primo intelligitur secundum rationem quiditativam propriam, in secundo in communi, in tertio per accidens in passione, in quarto in respectu ad aliud. Sed perfectissima notitia de homine non potest esse in respectu quia supponit notitiam absoluti, nec de homine sub ratione passionis quia supponit notitiam subiecti, nec de homine in universali quia illa est confusa. Ergo nobilissima cognitio de homine est secundum rationem quiditativam. Ideo posset poni de Deo aliqua scientia sub ratione respectus ad extra, ut aliqui ponunt sub ratione reparatoris, glorificatoris et capitis Ecclesiae. Vel posset poni de Deo sub ratione aliqua attributali quae est quasi passio, sicut aliqui ponunt de Deo sub ratione boni esse hanc scientiam. Vel posset poni sub ratione communi ut entis vel entis infiniti vel necesse esse vel alicuius talis.

10 v158, w9, f64.

schaffenen Intellekt natürlicherweise bekannt sein. Also ist die ungeschaffene Wesenheit allein dem ungeschaffenen Intellekt natürlicherweise bekannt.

⟨Zur zweiten Frage: Es werden verschiedene Meinungen vorgestellt⟩

Ich antworte auf die zweite Frage. Zum besseren Verständnis gebe ich ein Beispiel. Der Mensch wird aufgefaßt als vernünftiges Lebewesen, als Substanz, als gemäß seiner Natur bildungsfähig, als das vorzüglichste der Lebewesen. Im ersten Fall wird er aufgefaßt gemäß seinem eigentümlichen washeitlichen Begriff, im zweiten im allgemeinen, im dritten durch ein Akzidens aus der Kategorie des Erleidens, im vierten durch seine Beziehung auf anderes. Die vollkommenste Erkenntnis über den Menschen kann aber weder in der Beziehung auf anderes liegen, weil diese die Erkenntnis eines Absoluten voraussetzt, noch in dem Begriff einer Eigenschaft, weil diese die Kenntnis des Subjekts voraussetzt, noch im allgemeinen, weil diese eine unbestimmte Erkenntnis ist. Also erhält man die vollkommenste Erkenntnis über den Menschen aus seinem washeitlichen Begriff. So könnte es von Gott eine Wissenschaft geben unter der Rücksicht seiner Beziehung nach außen, wie einige sie ausführen unter der Rücksicht des Erneuerers, des Verherrlichers oder des Hauptes der Kirche. Oder es könnte von Gott eine Wissenschaft geben unter einer attributhaften Rücksicht, die in etwa einer Eigenschaft gleichkäme, wie einige sagen, daß diese Wissenschaft von Gott unter der Rücksicht des Guten handle. Oder es könnte eine Wissenschaft von Gott geben unter einer allgemeinen Rücksicht, wie unter der Rücksicht des Seienden, des unendlichen Seienden, des Notwendigseins oder irgendeiner sonst.

[Quod Deus non est subiectum sub aliqua ratione communi]

11 Contra omnes istas positiones arguitur. Primo contra illam de ratione communi. Quia ex quo conceptus communes non sunt soli Deo naturaliter noti, ergo nec veritates inclusae in illis conceptibus communibus. Theologia igitur si esset de Deo sub tali ratione communi, non esset soli Deo naturaliter nota, cuius oppositum ostensum est in prima quaestione.

[Neque sub aliqua ratione attributali]

12 Contra aliam positionem de ratione attributali. Quia cognitio eius quod quid est est perfectissima, ut ait Philosophus VII *Metaphysicae*. Igitur cognitio illius essentiae est perfectior cognitio de Deo quam cognitio alicuius proprietatis attributalis, quae se habet quasi passio naturae huiusmodi, secundum Damascenum libro I capitulo 4.

[Neque sub aliquo respectu ad extra]

13 Contra viam de respectibus ad extra. Quia absolutum et respectus non faciunt aliquid unum per se conceptum, igitur conceptus aggregans ista duo in se est conceptus unus per accidens. Nulla scientia prima est de conceptu uno per accidens, quia talis praesupponit scientias de utraque parte. Et ideo si scientia subalternata sit de aliquo uno per accidens, praesupponit duas tractantes de partibus illius totius separatim. Si igitur theologia esset de tali uno per acci-

12 Aristot., Metaph. VII c.1 t.4 (1028a 36 – 1028b 2), c.5 t.19 (1031a 11–14). *15* Damascenus, De fide orthodoxa I c.4 (PG 94,799).

11 v159.160, w10a, f65ac. **12** v161, w10b, f66ab. **13** v164.165, w11a, f67ac.

⟨Gott ist nicht Subjekt unter einer allgemeinen Rücksicht⟩

11 Gegen alle diese Positionen wird argumentiert. Zuerst gegen jene von der allgemeinen Rücksicht. Weil die allgemeinen Begriffe nicht allein Gott natürlicherweise bekannt sind, sind es auch nicht die in jenen allgemeinen Begriffen eingeschlossenen wahren Sätze. Die Theologie wäre also, wenn sie von Gott unter einer solchen allgemeinen Rücksicht handelte, nicht allein Gott natürlicherweise bekannt. Das Gegenteil davon wurde aber in der ersten Frage gezeigt.

⟨Gott ist nicht Subjekt unter einer attributhaften Rücksicht⟩

12 Gegen die andere Position einer attributhaften Rücksicht. Die Erkenntnis, was etwas wesentlich ist, ist die vollkommenste, wie Aristoteles im 7. Buch der *Metaphysik* sagt. Also ist die Erkenntnis jenes Wesens die vollkommenere Erkenntnis von Gott gegenüber der Erkenntnis einer attributhaften Eigentümlichkeit, die in gewissem Sinn Eigenschaft einer derartigen Natur ist, nach Damascenus im 4. Kapitel des 1. Buches.

⟨Gott ist nicht Subjekt unter einer Beziehung nach außen⟩

13 Gegen den Weg von den Beziehungen nach außen. Ein Absolutes und eine Beziehung bilden keinen durch sich einigen Begriff. Also ist der Begriff, der diese beiden in sich zusammenfügt, nur ein akzidentell einiger Begriff. Nun aber handelt keine übergeordnete Wissenschaft von einem bloß akzidentell einigen Begriff, weil ein solcher die Wissenschaften von beiden Teilen voraussetzt. Und deswegen setzt eine untergeordnete Wissenschaft, wenn sie von einem akzidentell einigen Begriff handelt, zwei Wissenschaften voraus, die von den Teilen jenes Ganzen getrennt handeln. Wenn also die Theologie von einem solchen akzidentell einigen Begriff handelte, könnte es eine andere, frühere Wissenschaft als

dens, posset esse alia prior ea, quae esset de conceptu uno per se.

[Sed sub ratione qua est haec essentia]

14 Concedo igitur primum membrum scilicet quod theologia est de Deo sub ratione qua est haec essentia, sicut perfectissima scientia de homine esset de homine secundum quod homo, non autem sub aliqua ratione universaliori vel accidentali.

[Ad argumenta principalia]

15 Ad argumentum primae quaestionis ad Boethium dico quod loquitur de subiecto accidentis, non de subiecto considerationis.

16 Ad argumentum secundae quaestionis quando arguitur per Hugonem, videtur quod loquitur hic non de formali subiecto sed de materia propria de qua diffusius tractatur in Scriptura, propter ordinem immediatiorem quem habet ad finem.

V1.2.5ae
wf4.5

Quaestio 3

1 Quaeritur utrum theologia sit practica.

2 Quod non, arguitur. Ioann 20: »Haec scripta sunt ut credatis«. Credere est speculativum quia ei succedit visio.

3 Contra. Rom 13: »Finis legis est dilectio«.

Quaestio 3^{a}

4 Secundo quaero utrum ex ordine ad praxim ut ad finem dicatur scientia practica.

18 Ioann 20,31. *20* Rom 13,10.

14 v167, w11c, f68 **15** v183.188, w18a, f78a. **16** v192, w20a, f80a. **1** v217a, w1, f96 **2** v217bc, w1a, f97a **3** v222ab, w1e, f98. **4** v223a, w2a, f99.

sie selbst geben, die von einem durch sich einigen Begriff handelt.

⟨Gott ist Subjekt unter der Rücksicht dieser Wesenheit⟩

14 Ich stimme daher dem ersten Glied der Unterscheidung zu, nämlich daß die Theologie von Gott handelt unter der Rücksicht, gemäß welcher er diese Wesenheit ist, wie die vollkommenste Wissenschaft vom Menschen vom Menschen als Menschen handelte und nicht unter einer allgemeineren oder akzidentellen Rücksicht.

⟨Zu den Eingangsargumenten⟩

15 Zum Eingangsargument der ersten Frage. Zu der Belegstelle bei Boethius sage ich, daß er vom Subjekt eines Akzidens spricht, nicht vom Subjekt einer Überlegung.

16 Zum Eingangsargument der zweiten Frage, in dem auf Hugo zurückgegriffen wird, sage ich, daß er hier nicht vom formalen Subjekt spricht, sondern von dem eigentümlichen Inhalt, der in der Heiligen Schrift ausgebreiteter behandelt wird. Denn diese besitzt eine besonders unmittelbare Hinordnung auf das Ziel.

3. Frage

1 Es wird gefragt, ob die Theologie praktisch ist.

2 Dagegen wird argumentiert. Joh 20: »Diese ⟨Zeichen⟩ sind aufgeschrieben, damit ihr glaubt«. Glauben ist spekulativ, weil ihm die Gottesschau folgt.

3 Dagegen. Röm 13: »Die Erfüllung des Gesetzes ist die Liebe«.

Zusatzfrage 3[a]

4 Zweitens frage ich, ob die Theologie aus der Hinordnung auf die Praxis als ihr Ziel eine praktische Wissenschaft genannt wird.

5 Arguo quod sic. III *De anima* Philosophus ait: Intellectus extensione fit practicus et differt a speculativo fine.

6 Contra. VI *Metaphysicae* distinguit Philosophus scientias practicas a speculativis penes obiecta. Sicut patet, ibi distinguit practicam, tam activam quam factivam, a speculativa penes obiectum.

[Quid sit praxis ad quam dicitur cognitio practica extendi]

7 Ad istas quaestiones solvendas accipio unum generale quod ab omnibus conceditur, quod habitus practicus aliquo modo extenditur ad praxim. Dico ergo quod praxis ad quam cognitio practica extenditur est actus alterius potentiae quam intellectus, naturaliter posterior intellectione, natus elici conformiter rationi rectae ad hoc ut sit rectus.

8 Prima condicio apparet. Quia stando praecise in actibus intellectus non est extensio intellectus, quia non extra se tendit nisi ut actus eius respicit actus alterius potentiae.

Et si dicas unum actum intellectus extendi ad alium directum per illum, – non propter hoc secundus est praxis, ut modo loquimur, nec primus cognitio practica, quia tunc logica esset practica quia dirigit in actibus discurrendi.

9 Secunda condicio patet. Quia actus non habentes ordinem ad intellectum cuiusmodi sunt actus vegetativi aut naturaliter

1 Aristot., De anima III c. 10 t.49 (433a 14–15). Cf. Auctoritates n. 158. *3* Aristot., Metaph. VI c.1 t.1 (1025b 18–28).

5 v223bc, w2a, f100a. **6** v226ab, w2b, f101. **7** v227.228a, w3ab, f102.103. **8** v228bc, w3b, f104. **9** v229, w3c, f105.

Ich argumentiere dafür. Im 3. Buch *Über die Seele* sagt Aristoteles: Der Intellekt wird praktisch, indem er über sich hinausgeht, und unterscheidet sich vom spekulativen durch das Ziel. Dagegen. Im 6. Buch der *Metaphysik* unterscheidet Aristoteles die praktischen von den spekulativen Wissenschaften durch ihre Objekte. Wie offenkundig ist, unterscheidet er dort die praktische Wissenschaft, und zwar sowohl die auf das Handeln wie die auf das Herstellen gerichtete, von der spekulativen durch ihr Objekt.

⟨Was Praxis ist, auf die sich die praktische Erkenntnis erstrecken soll⟩

7 Zur Lösung dieser Fragen mache ich eine allgemeine Annahme, die von allen geteilt wird, nämlich daß der praktische Habitus sich irgendwie auf die Praxis erstreckt. Ich sage also, daß die Praxis, auf welche sich die praktische Erkenntnis erstreckt, der Akt eines vom Intellekt verschiedenen Vermögens ist, der Tätigkeit des Intellekts natürlicherweise nachfolgt und seiner Natur nach darauf ausgerichtet ist, der rechten Einsicht gemäß hervorgebracht zu werden, damit er recht ist.

8 Die erste Bestimmung ist klar. Denn wenn man ausschließlich bei den Akten des Intellekts stehenbleibt, dann gibt es keine Ausweitung des Intellekts, weil dieser nur dann über sich hinausgeht, wenn sich sein Akt auf Akte eines anderen Vermögens bezieht.

Wenn man einwendet, daß sich der eine Akt des Intellekts auf einen anderen Akt des Intellekts ausweitet, welcher dadurch von ihm geleitet wird, so antworte ich, daß gemäß unserem Sprachgebrauch deswegen noch nicht der zweite Akt Praxis ist und auch der erste keine praktische Erkenntnis darstellt. Dann nämlich wäre auch die Logik praktisch, weil sie bei den Akten des Argumentierens die Leitung hat.

9 Die zweite Bestimmung ist ebenso klar. Denn die Akte, welche keine Hinordnung auf den Intellekt haben, wie zum Beispiel die vegetativen Akte oder solche, welche natürlicher-

praecedentes intellectionem ut actus sensitivi, non dicuntur praxes, nec ad eos extenditur notitia practica ut sunt priores intellectione. Similiter actus appetitus sensitivi quatenus praecedit actum intellectus, non est praxis. Hoc enim modo communis est nobis et brutis. Nec istorum actuum est cognitio practica nisi quia aliquo modo est moderativa istorum actuum et isti actus sequuntur intellectionem moderativam ut sunt per ipsam moderati.

10 Tertia condicio probatur ex dicto Philosophi VI *Ethicorum* quod electio recta necessario requirit rationem rectam. Quod non tantum est verum de electione stricte sumpta, sed pari ratione de qualibet volitione recta, quia ipsa requirit rationem rectam cui conformiter eliciatur. Omnis autem praxis ad hoc ut sit recta, nata est conformiter elici rationi rectae.

[Ad secundam quaestionem: Exponit et reicit opinionem tenentem habitus et actus dici practicos ab obiecto, intellectum vero a fine]

11 Ad hoc sunt opiniones. Una talis quod ab alio dicitur intellectus practicus et ab alio actus vel habitus.

12 Contra hanc opinionem quae breviter in hoc consistit quod distinctionem intellectus speculativi et practici ponit penes finem qui accidit obiecto, sed habitus speculativi et practici penes obiectorum specialium differentiam formalem, arguitur. Quia de habitibus dicitur II *Metaphysicae*: »Finis speculativae veritas est, practicae vero opus«.

9 Aristot., Eth. ad Nic. VI c.3 (1139a 22–25). *18* Godefridus de Fontibus, Quodl. X q.11 (ed. cit. 349–352). *24* Aristot., Metaph. II c.1 t.3 (993b 20–21). Cf. Auctoritates n.39.

10 v233, w5a, f108. **11** v239, w8a, f112. **12** v241-242, w9a, f113a-c.

weise der Tätigkeit des Intellekts vorausgehen, wie die sensitiven Akte, werden nicht Praxis genannt, und zu diesen weitet sich die praktische Erkenntnis nicht aus, weil sie der Tätigkeit des Intellekts vorausgehen. Ähnlich ist der Akt des sensitiven Strebens, insofern er dem Akt des Intellekts vorausgeht, nicht Praxis. In dieser Weise nämlich ist er uns Menschen und den Tieren gemeinsam. Diesen Akten eignet auch keine praktische Erkenntnis, es sei denn, daß diese Erkenntnis auf irgendeine Weise diese Akte beeinflußt und diese Akte dem Einfluß des Intellekts folgen, soweit sie durch diese Erkenntnis beeinflußt sind.

10 Die dritte Bestimmung wird bewiesen aus dem Satz des Aristoteles im 6. Buch der *Nikomachischen Ethik*, daß die rechte Wahl notwendig die rechte Einsicht erfordert. Und dies ist nicht nur wahr für die Wahl im strengen Sinn, sondern gleichermaßen für jedes rechte Wollen, weil dieses die rechte Einsicht erfordert, der gemäß es hervorgebracht werden soll. Jede Praxis aber muß, damit sie recht sei, ihrer Natur nach der rechten Einsicht gemäß hervorgebracht werden.

⟨Zur zweiten Frage: Scotus erklärt die Meinung, nach der die Habitus und Akte aufgrund des Objekts praktisch genannt werden, der Intellekt hingegen aufgrund des Ziels, und weist sie zurück⟩

11 Dazu gibt es einige Meinungen. Eine besagt, daß der Intellekt aufgrund von etwas anderem praktisch genannt wird als der Akt oder der Habitus.

12 Gegen diese Meinung, die kurz gesagt darin besteht, daß sie die Unterscheidung zwischen dem spekulativen und dem praktischen Intellekt so trifft, daß das Objekt des zweiten zusätzlich ein Ziel ist, die Unterscheidung zwischen dem spekulativen und dem praktischen Habitus aber gemäß dem formalen Unterschied der jeweiligen Objekte, wird wie folgt argumentiert. Über die Habitus wird im 2. Buch der *Metaphysik* gesagt: »Das Ziel des spekulativen Wissens ist die Wahrheit,

Quod tunc habitus practicus erit in intellectu speculativo, nec intellectus illo dicetur practicus: Quod videtur inconveniens. Quia ab omni habitu denominatur habens secundum naturam habitus.

[Exponit et reicit opinionem tenentem habitum et actum dici practicos a fine]

13 Aliter dicitur quod illud a quo habitus et actus dicuntur practici, est extensio cognitionis practicae ad praxim quae est extensio ad finem. Pro hac opinione arguitur sic. Quia aut habitus dicitur practicus ab obiecto aut a fine; non ab obiecto. Probatio. Quia intellectus extensione fit practicus, quod non est verum nisi de eodem intellectu speculativo et postea extenso ad opus. Ergo circa idem potest esse consideratio speculativa et practica.

14 Contra. Non omnis cognitionis practicae finis est praxis. Aliqua enim intellectio practica est respectu praxis potentiae inferioris, puta quae est appetitus sensitivi vel potentiae motivae. Nullus autem actus potentiae inferioris est finis actus intellectus, quia nihil ignobilius est per se finis nobilioris. Actus intelligendi est nobilior et perfectior quocumque actu cuiuscumque potentiae sensitivae inferioris.

[Exponit et reicit aliam opinionem, corrigentem opinionem praecedentem]

15 Corrigitur ista opinio ab aliis quod habitus dicitur practicus

7 Henricus Gand., Quodl. VIII q. 1 in corp. (ed. 1518, p. CCC, ad lit. D). *23* Cf. Guilelmus de Ware, Sent. I q. 4 (ed. Amoros, pag. 299). – Franciscus Lychetus refert ad Ioannem Rodington et Guilelmum de Ware (ed. Wadding 5.1, pag. 131).

13 v248.249, w10a, f114ab. **14** v255, w12b, 115h. **15** v259, w12g, f116a.

das des praktischen das Werk«. Weil dann der praktische Habitus im spekulativen Intellekt enthalten wäre, würde der Intellekt aber nicht aufgrund von jenem praktisch genannt werden. Das aber erscheint unangebracht, weil von jedem Habitus das, was ihn hat, gemäß der Natur des Habitus benannt wird.

⟨Scotus erklärt die Meinung, nach der Habitus und Akt aufgrund des Ziels praktisch genannt werden, und weist sie zurück⟩

13 Eine andere Meinung besagt, daß das, aufgrund dessen Akt und Habitus praktisch genannt werden, die Ausweitung der praktischen Erkenntnis zur Praxis ist, welche eine Ausweitung zum Ziel darstellt. Für diese Meinung wird so argumentiert. Entweder wird ein Habitus praktisch genannt nach dem Objekt oder nach dem Ziel; nun aber nicht nach dem Objekt. Beweis. Der Intellekt wird durch Ausweitung praktisch, was nur gilt für ein und denselben Intellekt, der spekulativ und im Nachhinein auf das Werk ausgeweitet ist. Es kann also über dasselbe eine spekulative und eine praktische Überlegung angestellt werden.

14 Dagegen. Nicht für jede praktische Erkenntnis ist das Ziel die Praxis. Denn es gibt eine praktische Tätigkeit des Intellekts, welche sich auf die Praxis eines niederen Vermögens bezieht, z. B. auf die des sinnlichen Strebens oder auf die des Bewegungsvermögens. Kein Akt aber eines niederen Vermögens ist Ziel eines intellektuellen Aktes, weil nichts Niederes an sich Ziel eines Höheren ist. Der Akt des Erkennens ist höher und vollkommener als jeder Akt eines jeden niederen sinnlichen Vermögens.

⟨Scotus erklärt eine andere Meinung, die die vorhergehende berichtigt, und weist sie zurück⟩

15 Berichtigt wird diese Meinung von einigen dahingehend, daß ein Habitus praktisch genannt wird nach dem Ziel, das in

a fine qui est consideratio practica. Proprius enim finis cuiuscumque habitus est actus eius.

16 Sed contra istud. Si consideratio ista quae est finis habitus, est practica, ergo ipsa habet causam qua dicatur practica. Aut ergo finem illius considerationis, et hoc iam improbatum est. Aut obiectum, et tunc sequitur quod ipsum obiectum est prior causa a qua dicitur habitus practicus quam ipsa consideratio, et habetur propositum quod ab obiecto tam habitus licet mediate quam actus dicitur practicus.

[Opinio Scoti]

17 Concedo igitur quod habitus non dicitur primo practicus ab actu proprio, quia et ille est practicus a causa priore. Nec cognitio aliqua habitualis vel actualis est per se practica, quia ordinatur ad praxim ut ad finem. Potest tamen quandoque habere propriam extensionem secundum conformitatem ad praxim a fine ipsius praxis, non tamen inquantum est finis sed inquantum est obiectum.

[Ad quaestionem principalem: Exponit et reicit opinionem tenentem theologiam esse speculativam]

18 Ad primam quaestionem una ⟨opinio⟩ dicit quod duplex est actus voluntatis, unus perficiens voluntatem, alius qui perficitur a voluntate.

19 Pro hoc est auctoritas Augustini in sermone *De Iacob et Esau*: »Omnia«, inquit, »opera nostra sunt ut mundetur oculus quo videatur Deus«.

20 Contra istud arguo sic. Quia etsi voluntas non potest errare circa finem ostensum in universali, tamen, secundum eos,

20 Henricus Gand., Summa a. 8 q. 3 ad 3(I f.65Y–66Z). *23* Ibid.; August., Sermo 88 c.5 n.6 (PL 38, 542).

16 v259, w12g, f116b. **17** v260, w13a, f117ab. **18** v270, w16a, f120a. **19** v271, w16b, f120b. **20** v274, w17a, f121a.

einer praktischen Überlegung besteht. Das eigentliche Ziel eines jeden Habitus ist nämlich sein Akt.

16 Dagegen. Wenn diese Überlegung, die das Ziel eines Habitus ist, praktisch ist, dann hat diese selbst eine Ursache, aufgrund derer sie praktisch heißt: Entweder also das Ziel jener Überlegung, aber das ist schon widerlegt worden, oder das Objekt, und dann folgt, daß dieses Objekt selbst die frühere Ursache ist, nach der sowohl der Habitus praktisch genannt wird als auch die Überlegung selbst. Und daraus folgt, was zu beweisen war, daß nach dem Objekt sowohl der Habitus, wenn auch nur mittelbar, als auch der Akt praktisch genannt wird.

⟨Die Meinung des Scotus⟩

17 Ich vertrete also, daß der Habitus nicht in erster Linie praktisch nach seinem eigentümlichen Akt genannt wird, weil auch dieser praktisch ist aufgrund einer früheren Ursache. Auch ist eine habituelle oder aktuelle Erkenntnis nicht an sich praktisch, weil sie auf die Praxis als ihr Ziel hingeordnet ist. Sie kann aber manchmal eine eigentümliche Ausweitung zur entsprechenden Praxis hin vom Ziel der Praxis selbst haben, nicht aber insoweit diese ihr Ziel, sondern insoweit diese ihr Objekt ist.

⟨Zur Eingangsfrage: Scotus erklärt die Meinung, nach der die Theologie spekulativ ist, und weist sie zurück⟩

18 Zur ersten Frage sagt eine Meinung Folgendes. Es gibt einen doppelten Akt des Willens: Einen, der den Willen zustande bringt, und einen anderen, der vom Willen zustande gebracht wird.

19 Dafür steht die Belegstelle des Augustinus in der Predigt *Über Jakob und Esau*: »Alle unsere Werke«, sagt er, »dienen dazu, das Auge zu läutern, mit dem Gott geschaut wird«.

20 Dagegen argumentiere ich so. Obwohl der Wille bezüglich eines im allgemeinen aufgezeigten Ziels nicht irren kann, kann er dennoch – nach den Vertretern dieser Meinung – be-

potest errare circa finem in particulari ostensum. Ergo ad hoc ut recte agat circa finem particulariter ostensum, requiritur directio.

21 Ad auctoritatem eorum. Videtur concludere quod visio Dei est finis huius scientiae, quod ipsi non concedunt. Respondeo quod auctoritas loquitur de istis operibus exterioribus quae sunt ieiunia, vigiliae et orationes. Tamen actus quicumque exterior natus est conformari alicui actui interiori a quo habet suam bonitatem, et etiam ad aliquem actum interiorem ordinari et finaliter ad velle.

[Exponit et reicit opinionem tenentem theologiam esse speculativam et practicam]

22 Alia opinio est quod ista est speculativa et practica. Quod ponitur dupliciter. Uno modo sic. Sicut decretalis illa in qua scribuntur aliqua de iure, aliqua de philosophia, esset speculativa et practica, sive scriberentur in diversis libris sive interscalariter et commixtim, ita in ista doctrina simul speculativa et practica tractantur, non in distinctis libris et capitulis sed interscalariter et commixtim. Ergo est speculativa et practica.

23 Quod secundo sic probatur. Quia nulla cognitio speculativa distinctius tractat de operabilibus quam eorum cognitio sit necessaria ad speculationem illam, nec aliqua practica distinctius tractat de speculabilibus quam eorum cognitio requiratur propter praxim ad quam extenditur. Ista tractat distinc-

13 Godefridus de Font., Quodl. XIII q.1 (ed. cit. V 169–177). *14* decretalis] Ex cod. Cant., Gonville 49.

21 v278, w18b, f121g. **22** v305, w27a f131a. **23** v306, w27b, f131b.

züglich eines im besonderen aufgezeigten Ziels irren. Also ist, damit der Wille in rechter Weise bezüglich eines im besonderen aufgezeigten Ziels handelt, eine Leitung erforderlich.

21 Antwort auf das Autoritätsargument der Vertreter dieser Meinung. Dieses scheint dahin zu führen, daß die Gottesschau das Ziel dieser Wissenschaft ist, was diese selbst nicht annehmen. Ich antworte, daß die Stelle über jene äußeren Akte spricht, die im Fasten, Nachtwachen und in Gebeten bestehen. Dennoch ist jeder äußere Akt seiner Natur nach dazu da, mit einem inneren Akt, von dem er seine Gutheit hat, in Übereinstimmung gebracht zu werden, und auch auf einen inneren Akt und auf das Wollen als Ziel hingeordnet zu werden.

⟨Scotus erklärt die Meinung, nach der die Theologie spekulativ und praktisch ist, und weist sie zurück⟩

22 Eine andere Meinung besagt, daß die Theologie zugleich spekulativ und praktisch ist. Dies wird in zweifacher Weise dargelegt. In einer Weise so: Wie jene Rechtssammlung, in der einiges aus dem Recht, einiges aus der Philosophie geschrieben steht – ob nun in verschiedenen Büchern oder abwechselnd und vermischt –, zugleich spekulativ und praktisch wäre, so wird in der Theologie zugleich der Spekulation Zugängliches und durch Handeln Herbeiführbares behandelt, nicht in verschiedenen Büchern und Kapiteln, sondern abwechselnd und vermischt. Also ist die Theologie zugleich spekulativ und praktisch.

23 Das wird zweitens wie folgt bewiesen: Keine spekulative Erkenntnis behandelt das durch Handeln Herbeiführbare in genauerer Weise als dessen Erkenntnis für jene Spekulation nötig ist, und keine praktische Erkenntnis behandelt das der Spekulation Zugängliche in genauerer Weise als dessen Erkenntnis für die Praxis erforderlich ist, auf die sich die praktische Erkenntnis erstreckt. Die Theologie behandelt das

tius de operabilibus quam eorum cognitio sit necessaria ad speculationem, et distinctius de speculabilibus quam eorum cognitio requiratur ad cognitionem practicam. Ergo ipsa est speculativa et practica. Maior patet. Quia speculabilia non considerantur in scientia practica nisi propter considerationem practicam, nec operabilia in speculativa nisi propter speculationem. – Minor patet. Quia haec tractat de operabilibus ita distincte ac si esset praecise de eis, et de speculabilibus ac si esset praecise de eis.

24 Contra. Deduco rationem eius ad oppositum. Illa cognitio est practica in qua non determinatur de speculabilibus magis quam eorum cognitio pertineat ad praxim vel cognitionem practicam. Ista non tractat de speculabilibus distinctius quam eorum cognitio requiratur ad cognitionem practicam vel praxim dirigendam. Ergo etc. – Probatio minoris. Quaelibet cognitio de condicionibus appetibilitatis finis et de condicionibus eorum quae sunt ad finem et tertio de condicionibus quibuscumque huiusmodi vel illarum circa quas contingit potentiam operativam errare nisi dirigatur, est necessaria ad practicam cognitionem. Nulla hic traditur de fine nec de his quae sunt ad finem, quin sit talis, ergo etc. Assumptum patet. Quia quaecumque condicionum traduntur de fine, magis natae sunt ostendere appetibilitatem finis, et condiciones eorum quae sunt ad finem natae sunt magis ostendere ea

24 v310-312, w28d.29, f132d-g.

durch Handeln Herbeiführbare in genauerer Weise als dessen Erkenntnis zur Spekulation nötig ist, und das der Spekulation Zugängliche in genauerer Weise als dessen Erkenntnis für eine praktische Erkenntnis erforderlich ist. Also ist die Theologie zugleich spekulativ und praktisch.

Der Obersatz ist klar. In einer praktischen Wissenschaft wird das der Spekulation Zugängliche nur wegen einer praktischen Überlegung, und in einer spekulativen Wissenschaft das durch Handeln Herbeiführbare nur wegen der Spekulation bedacht. – Der Untersatz ist klar. Die Theologie behandelt das durch Handeln Herbeiführbare so deutlich, als ob sie ausschließlich damit beschäftigt wäre, und das der Spekulation Zugängliche, als ob sie ausschließlich damit zu tun hätte.

24 Dagegen. Aus der Begründung dieser Meinung folgere ich das Gegenteil. Jene Erkenntnis ist praktisch, in welcher Spekulatives nur so weit behandelt wird, als seine Erkenntnis zur Praxis oder zur praktischen Erkenntnis gehört. Nun aber behandelt die Theologie das Spekulative nur genau so weit, als seine Erkenntnis für die praktische Erkenntnis oder für die Leitung der Praxis erforderlich ist. Also usw. – Beweis des Untersatzes. Jede Erkenntnis über die Bedingungen der Erstrebbarkeit des Zieles, über die Beschaffenheit dessen, was zum Ziel führt, und drittens über Bedingungen dieser oder jener Art, bezüglich derer sich das Handlungsvermögen irren kann, wenn es nicht geleitet wird, ist notwendig für die praktische Erkenntnis. In der Theologie wird keine andere Erkenntnis über das Ziel und über das, was zum Ziel hinführt, gelehrt außer einer solchen, also usw. – Das Angenommene ist klar. Denn alles, was über die Beschaffenheit des Ziels gelehrt wird, ist seiner Natur nach vornehmlich darauf gerichtet, die Erstrebbarkeit des Ziels zu zeigen, und die Beschaffenheit dessen, was zum Ziel führt, wird seiner Natur nach hauptsächlich untersucht, um seine Hinordnung auf das Ziel zu zeigen.

ad finem ordinata. – Ad argumentum. Patet quia minor est falsa. Ad probationem dico quod non posset ita tractari de fine cognito et de his quae sunt ad finem, quin ipsa tota cognitio esset practica intellectui creato. Quia tota illa cognitio nata est ostendere finem sub ratione appetibilitatis, et ea quae sunt ad finem sub ratione ordinis eorum ad finem, vel circa quaecumque posset voluntas non directa errare.

25 Alia opinio tenet eandem conclusionem, sed ponit theologiam adhuc esse simpliciter unum habitum.

[Ad argumenta principalia]

26 Ad argumentum principale primae quaestionis respondeo. Fides non est habitus speculativus nec credere est actus speculativus nec visio sequens credere est visio speculativa, sed practica. Nata est enim ista visio esse conformis fruitioni et prius naturaliter haberi in intellectu creato ut fruitio recta illi conformiter eliciatur.

27 Ad argumentum secundae quaestionis, ad auctoritatem III *De anima,* dico quod loquitur de fine ut cognito. Nam intellectus propter aliquid ratiocinans, ratiocinatur propter finem cognitum ut principium demonstrationis.

8 Thomas de Aquino, Summa theol. I q. 1 a. 4 in corp. ad 2.

25 v313, w30a, f133. **26** v345, w41a, f145a. **27** v356, w43a, f146a.

Zum Argument. Es ist klar, daß der Untersatz falsch ist. Zum Beweis sage ich, daß man über das erkannte Ziel und über das, was zum Ziel führt, nicht in dieser Weise sprechen könnte, ohne daß die gesamte Erkenntnis für den geschaffenen Intellekt praktisch wäre. Denn die gesamte Erkenntnis ist ihrer Natur nach darauf ausgerichtet, das Ziel in seiner Erstrebbarkeit und das, was zum Ziel führt oder alles, hinsichtlich dessen der Wille ohne Leitung irren könnte, in seiner Hinordnung auf das Ziel zu zeigen.

25 Eine andere Meinung vertritt dieselbe Schlußfolgerung, hält aber weiterhin daran fest, daß die Theologie ein einziger Habitus schlechthin sei.

⟨Zu den Eingangsargumenten⟩

26 Ich antworte auf das Eingangsargument der ersten Frage. Weder ist der Glaube ein spekulativer Habitus noch das Glauben ein spekulativer Akt, noch ist die Gottesschau, die dem Glauben folgt, eine spekulative Schau, sondern eine praktische. Denn die Gottesschau muß ihrer Natur nach der Hingabe entsprechen und ihr natürlicherweise im geschaffenen Intellekt vorangehen, damit die rechte Hingabe ihr entsprechend hervorgebracht wird.

27 Zum Argument der zweiten Frage, zu der Belegstelle aus dem 3. Buch *Über die Seele,* sage ich, daß hier die Rede ist vom Ziel als einem erkannten. Denn wenn der Intellekt eine Wozu-Frage behandelt, zieht er ein erkanntes Ziel als Beweisprinzip heran.

Liber I
DISTINCTIO 1

v1.2ae
wf3

Quaestio 1

1 Circa distinctionem primam ubi Magister tractat de frui et uti, quaero de frui, et primo, supposito quod sit aliquid voluntatis praecise, quaero an sit aliquis actus elicitus a voluntate vel delectatio.

2 Quod sit delectatio, probo. Quia fructus est ultimum quod expectatur de arbore, et frui dicitur a fructu. Sed ultimum fructus non est ipsa comestio, sed delectatio propter quam comeditur et quaeritur fructus. Ergo ita similiter in spiritualibus fructus est ultimum quod expectatur ab obiecto. Sed tale est delectatio quia delectatio sequitur actum, X *Ethicorum*; ergo est ultimum.

3 Contra. Voluntas actu elicito amat Deum. Aut ergo propter aliud et tunc utitur et ita est perversa, aut propter se et tunc fruitur, ex definitione frui, et ita est actus.

[Divisio quaestionis]

4 In ista quaestione primo videndum est de ipsis conceptibus et secundo de significato nominis.

[De conceptibus frui, uti, delectatio]

5 Quantum ad primum dico quod sicut in intellectu sunt duo actus assentiendi alicui complexo, aliquando assentitur alicui vero propter se sicut principio, aliquando assentitur propter

13 Aristot., Eth. ad Nic. X c.4 (1174b14–23).

1 v62a, w1ab, f177. **2** v62bc, w1b, f178a. **3** v64, w1d, f179) **4** v65, w1e, f180. **5** v66, w2a, f181a.

Erstes Buch
1. DISTINKTION

1. Frage

1 Hinsichtlich der ersten Distinktion, wo Petrus Lombardus über das ›frui‹ und ›uti‹ handelt, frage ich nach dem ›frui‹. Und als erstes, unter der Voraussetzung, daß es ausschließlich etwas dem Willen Zugehöriges ist, frage ich, ob es ein vom

2 Willen hervorgebrachter Akt ist oder ein Genuß.
Daß es ein Genuß ist, beweise ich. ›Fructus‹ ist der Zweck, der vom Baum erwartet wird, und ›frui‹ kommt von ›fructus‹. Nun aber ist der Zweck der Frucht nicht der Verzehr selbst, sondern der Genuß, dessentwegen die Frucht verzehrt und begehrt wird. Also ist so ähnlich in den geistlichen Dingen die Frucht der Zweck, der vom Objekt erwartet wird. Nun ist aber ein solcher der Genuß, weil der Genuß dem Akt folgt, nach dem 10. Buch der *Nikomachischen Ethik*. Also ist er der Zweck.

3 Dagegen. Der Wille liebt Gott in einem hervorgebrachten Akt. Entweder also liebt er ihn wegen etwas anderem und dann gebraucht er ihn und ist dementsprechend verkehrt, oder er liebt ihn um seiner selbst willen, und dann gibt er sich, gemäß der Definition von ›frui‹, hin, und so ist ›frui‹ ein Akt.

⟨Einteilung der Frage⟩

4 In dieser Frage muß man erstens die Begriffe und zweitens das vom Wort Bezeichnete bedenken.

⟨Über die Begriffe ›frui‹, ›uti‹ und ›delectatio‹⟩

5 Zum ersten sage ich: Wie es im Intellekt zwei Akte der Zustimmung zu einem Satz gibt – manchmal stimmt man einem wahren Satz um seiner selbst willen zu wie einem Prinzip, manchmal stimmt man ihm zu wegen eines anderen

aliud verum sicut conclusioni, ita in voluntate sunt duo actus assentiendi bono, aliquando assentitur bono propter se, aliquando propter aliud bonum ad quod illud bonum refertur, sicut conclusioni assentitur propter principium; conclusio enim veritatem suam habet a principio. Ista similitudo accipi potest a Philosopho VI *Ethicorum*, ubi dicitur: quod in mente est affirmatio et negatio, hoc in appetitu est prosecutio et fuga. Et ita ultra, sicut in mente est duplex affirmatio, propter se et propter aliud, ita in appetitu duplex est prosecutio vel adhaesio, propter se et propter aliud.

6 Est tamen hic duplex differentia. Prima. Quia illi duo assensus distinguuntur ex natura obiectorum. Sunt enim alteri propter alteram evidentiam huius et illius veri, et ideo habent distincta obiecta sibi correspondentia et ipsos causantia. Hic autem isti assensus non sunt ex distinctione obiectorum, sed ex distincto actu potentiae liberae sic vel sic acceptantis eius obiectum. Quia in potestate eius est sic vel sic agere, referendo vel non referendo; et ideo non correspondent istis actibus distincta obiecta propria, sed quodcumque bonum volibile potest voluntas habere obiectum secundum hunc actum vel secundum illum.

7 Secunda differentia est quia illi duo assensus intellectus sufficienter dividunt assensum intellectus in communi, nec inter ipsos est aliquid medium, quia nulla est evidentia media ex parte obiecti. Praeter autem istos duos assensus voluntatis est aliquis assensus medius, quia voluntati potest ostendi aliquod

6 Aristot., Eth. ad Nic. VI c.3 (1139a21–22).

6 v67a, w2ab, f181bc. **7** v67b68, w2c-f, f181d-g.

wahren Satzes wie einer Konklusion –, so gibt es auch beim Willen zwei Akte der Zustimmung zu einem Gut – manchmal stimmt man einem Gut um seiner selbst willen zu, manchmal wegen eines anderen Gutes, worauf jenes Gut hinbezogen ist, wie man einer Konklusion zustimmt wegen des Prinzips; die Konklusion hat ja ihre Wahrheit vom Prinzip. Dieser Vergleich kann von Aristoteles aus dem 6. Buch der *Nikomachischen Ethik* übernommen werden, wo es heißt: »Was beim Denken Bejahung und Verneinung ist, das ist beim Streben das entschlossene Verfolgen und das Meiden«. Und man kann fortfahren: Wie es beim Denken eine zweifache Zustimmung gibt, nämlich um ihrer selbst willen und wegen etwas anderem, so gibt es auch beim Streben ein zweifaches entschlossenes Verfolgen oder Anhängen, nämlich um seiner selbst willen und wegen etwas anderem.

6 Dennoch gibt es hier einen zweifachen Unterschied. Der erste. Jene beiden Zustimmungen unterscheiden sich aufgrund der Natur der Objekte. Sie sind nämlich verschieden wegen der verschiedenen Evidenz dieses und jenes wahren Satzes, und deswegen haben sie verschiedene, ihnen jeweils entsprechende und sie verursachende Objekte. Hier aber beruhen die Zustimmungen nicht auf der Unterscheidung der Objekte, sondern auf den verschiedenen Akten eines freien Vermögens, das so oder anders sein Objekt aufnimmt. Denn in seiner Macht liegt es, so oder anders zu handeln, indem es ein Objekt auf etwas anderes bezieht oder nicht bezieht. Und deswegen entsprechen diesen Akten nicht eigene unterschiedene Objekte, sondern jedes wollbare Gut kann der Wille als Objekt haben gemäß diesem oder jenem Akt.

7 Der zweite Unterschied besteht darin, daß jene beiden Zustimmungen des Intellekts hinreichend die Zustimmung des Intellekts im allgemeinen einteilen; es gibt zwischen diesen beiden kein Mittleres, weil es keine mittlere Evidenz auf seiten des Objekts gibt. Hingegen gibt es außer diesen beiden Zustimmungen des Willens eine mittlere Zustimmung, weil

bonum absolute apprehensum, non sub ratione propter se boni nec propter aliud bonum. Voluntas autem circa tale sic ostensum potest habere aliquem actum et non necessario inordinatum, ergo potest habere actum absolute volendi illud absque relatione ad aliud aut absque fruitione propter se, et ulterius potest imperare intellectui ut inquirat quale bonum illud sit et qualiter volendum, et tunc illi assentire. Et tota ratio differentiae hinc inde est libertas voluntatis et necessitas naturalis ex parte intellectus. Ex his ultra. Actus assensus bono propter se est actus perfectus. Actum autem perfectum consequitur delectatio, X *Ethicorum*. Ergo actum volendi bonum propter se consequitur aliqua delectatio.

Habemus ergo quantum ad propositum quattuor distincta: actum imperfectum volendi bonum propter aliud qui vocatur usus, et actum perfectum volendi bonum propter se qui vocatur fruitio, et actum neutrum, et delectationem consequentem actum.

[De significato nominis ›frui‹]

8 De secundo principali, cui istorum conveniat hoc nomen frui, potest colligi ex auctoritatibus loquentium de hoc vocabulo frui. Planum est quod nec actus neuter nec usus, altercatio tantum est de actu perfecto et de delectatione consequente. Respondeo. Aliquae auctoritates videntur dicere quod est actus perfectus tantum, aliquae quod est delectatio

11 Aristot., Eth. ad Nic. X c.4 (1174b14–23).

8 v69, w3ab, f182ab.

dem Willen ein noch nicht als unterschieden aufgefaßtes Gut gezeigt werden kann, das also weder als ein Gut in sich noch als ein Gut, das ein solches wegen eines anderen Gutes ist, bestimmt ist. Der Wille kann aber hinsichtlich eines auf diese Weise gezeigten Gutes irgendeinen Akt haben, der nicht notwendigerweise ungeordnet ist, also kann er einen Akt, etwas in unbestimmter Weise zu wollen, haben, d.h. ohne Bezug auf etwas anderes und ohne Hingabe um seiner selbst willen, und darüber hinaus kann er dem Intellekt befehlen zu erforschen, wie beschaffen jenes Gut ist und auf welche Weise es gewollt werden soll, und danach jenem zuzustimmen. Der ganze Grund für die Unterscheidung liegt von daher gesehen in der Freiheit des Willens und in der natürlichen Notwendigkeit auf seiten des Intellekts. Von da aus argumentiere ich weiter. Der Akt der Zustimmung zu einem Gut in sich ist ein vollkommener Akt. Dem vollkommenen Akt aber folgt der Genuß, gemäß dem 10. Buch der *Nikomachischen Ethik*. Also folgt dem Akt, ein Gut um seiner selbst willen zu wollen, ein Genuß.

Wir haben es also in der vorliegenden Frage mit vier unterschiedenen Fällen zu tun: mit einem unvollkommenen Akt, ein Gut wegen etwas anderem zu wollen, diesen nennt man Gebrauch; mit einem vollkommenen Akt, ein Gut um seiner selbst willen zu wollen, diesen nennt man Hingabe; mit einem indifferenten Akt und mit dem Genuß, der dem Akt folgt.

⟨Über das vom Wort ›frui‹ Bezeichnete⟩

8 Zu dem zweiten Hauptpunkt, nämlich welchem unter diesen Fällen das Wort ›frui‹ zukommen soll, kann man sich ein Urteil bilden aufgrund der Aussagen derjenigen, die über das Wort ›frui‹ sprechen. Es ist klar, daß es weder ein indifferenter Akt noch ein Gebrauch ist. Der Streit geht nur darüber, ob es einen vollkommenen Akt bezeichnet oder den ihm folgenden Genuß. Ich antworte: Einige Zitate scheinen zu sagen, daß es ausschließlich der vollkommene Akt ist, andere,

tantum, aliquae quod includit utrumque, et tunc non significat aliquod ens per se.

9 Quod tantum sit actus videtur illa auctoritate Augustini *83 Quaestionum* quaestione 30: »Omnis perversio quae vitium vocatur, est uti fruendis et frui utendis«. Perversitas formaliter est in actu voluntatis elicito, non in delectatione, quia delectatio non est prava nisi quia pravus actus, nec delectatio est in potestate delectantis nisi quia actus est in potestate agentis. Peccatum autem inquantum peccatum formaliter est in potestate peccantis. Hoc videtur manifeste dicere Augustinus I *De doctrina christiana* capitulo 4: »Frui est amore inhaerere alicui rei propter se«. Ista inhaesio videtur esse per potentiam motivam inhaerentis sicut in corporibus – a quibus translatum est nomen »inhaerere« – inhaesio est virtute inhaerentis.

10 Quod autem frui sit tantum delectatio videtur dicere alia auctoritas Augustini I *De Trinitate* capitulo 8: »Plenum gaudium est frui Trinitate«. Quod si non distorqueatur auctoritas ad causalitatem vel ad alium intellectum, quem non sonant verba, gaudium est formaliter delectatio. Similiter in illa auctoritate praeallegata Augustini: »Fruimur illa re de qua capimus voluptatem«. Si sit locutio per identitatem vel quasi definitio, tunc capere voluptatem est frui essentialiter.

11 Quod autem frui accipiatur pro utroque, scilicet actu et delectatione, probatur ex illa definitione X *De Trinitate* capitulo

4 August., De qq.83, q.30 (PL 40,19). *11* August., De doctr. christ. I c.4 (PL 34,20). *17* August., De Trin.I c.8 n.18 (PL 42,832). *21* August., De qq.83, q.30 (PL 40,19).

9 v70, w3cd, f182c. **10** v71, w4ab, f182f. **11** v72, w4cd, f182g.

daß es ausschließlich der Genuß ist, wieder andere, daß es beides einschließt, und dann bezeichnet es nicht etwas an sich Eines.

9 Daß es ausschließlich ein Akt ist, scheint aus jener Belegstelle der *83 Fragen* des Augustinus, Frage 30, hervorzugehen: »Jede Verkehrtheit, die Laster genannt wird, besteht darin, das zu gebrauchen, dem man sich hingeben soll, und sich dem hinzugeben, was man gebrauchen soll«. Die Verkehrtheit besteht formal in einem vom Willen hervorgebrachten Akt, nicht im Genuß. Denn weder ist der Genuß etwas Verkehrtes, außer der Akt ist verkehrt, noch liegt der Genuß in der Verfügungsgewalt des Genießenden, außer der Akt liegt in der Verfügungsgewalt des Handelnden. Die Sünde aber, insoweit wir von Sünde im formalen Sinn sprechen, liegt in der Verfügungsgewalt des Sünders. Das scheint Augustinus im 1. Buch *Über die christliche Lehre* im 4. Kapitel deutlich zu sagen: »›Frui‹ heißt, irgendeiner Sache aus Liebe um ihrer selbst willen anhängen«. Dieses Anhängen scheint es zu geben aufgrund des bewegenden Vermögens eines Anhängenden, wie man bei Körpern – von diesen ist das Wort ›anhängen‹ hergeleitet – von Anhängen wegen eines Anhängenden spricht.

10 Daß aber ›frui‹ ausschließlich einen Genuß besagt, scheint die Belegstelle bei Augustinus im 1. Buch *Über die Dreifaltigkeit*, Kapitel 8, auszusagen: »Vollkommene Freude ist Hingabe an die Dreifaltigkeit«. Wenn man diese Stelle nicht im Sinn eines Kausalverständnisses oder in einem anderen Sinn, den die Worte nicht nahelegen, verdreht, so ist Freude formal ein Genuß. Ähnlich heißt es in jener schon genannten Frage des Augustinus: »Wir geben uns jener Sache hin, von der wir Genuß erlangen«. Wenn es sich bei dieser Redeweise um eine Äquivalenz oder eine Art Definition handelt, dann ist ›frui‹ wesentlich das Erlangen eines Genusses.

11 Daß aber ›frui‹ in beiderlei Sinn verstanden wird, nämlich als Akt und als Genuß, wird bewiesen aus jener Definition im

10: »Fruimur cognitis in quibus voluntas propter se delectata conquiescit«. Ad actum enim pertinet cum dicitur »fruimur cognitis«, quia actui voluntatis praesupponitur obiectum cognitum. Sed post subditur »in quibus voluntas propter se delectata conquiescit«, quod si delectatio accideret fruitioni, non deberet poni in eius definitione.

Similiter si ponatur ad beatitudinem essentialiter pertinere et actus et delectatio sequens, tunc omnes auctoritates quae dicunt frui esse summum praemium vel beatitudinem dicunt eam includere utrumque, et actum et delectationem istam. Immo dicit alia auctoritas I *De doctrina christiana* capitulo 22: »Summa merces est ut ipso perfruamur«.

12 Sed de significato vocabuli non est contendendum. Quia secundum Augustinum I *Retractationum* capitulo 15: »Cum res constat, non est vis facienda in nominibus«. Res constat quod voluntas habet triplicem actum et quartum, puta passionem consequentem. Et duobus actibus nullo modo convenit hoc nomen, pro alterutro aliorum duorum et pro ambobus simul videntur aliqui uti vocabulo, et tunc erit aequivocum, vel si est univocum, oportet auctoritates quasdam exponere quod loquuntur causaliter vel concomitanter.

[Ad argumentum principale]

13 Ad argumentum dico quod fructus est ultimum quod expectatur, non possidendum corporaliter, sed habendum per actum potentiae attingentis illud ut obiectum. Pomum enim non est fructus inquantum expectatur ut possidendum sed

1 August., De Trin. X c.10 (PL 42,981). *12* August., De doctr. christ. I c.22 (PL 34,32). *14* August., Retract. I c.15 (PL 32,610).

12 v73, w5b, f182i. **13** v74, w6a, f183a.

10. Buch *Über die Dreifaltigkeit* im 10. Kapitel: »Wir geben uns dem Erkannten hin, in dem der seiner selbst wegen erfreute Wille zur Ruhe kommt«. Zum Akt nämlich gehört es, wenn gesagt wird: »Wir geben uns dem Erkannten hin«, weil dem Willensakt das erkannte Objekt vorgelegt wird. Aber danach wird hinzugefügt »in dem der seiner selbst wegen erfreute Wille zur Ruhe kommt«, was man, wenn der Genuß ein Akzidens der Hingabe wäre, nicht in deren Definition aufnehmen dürfte.

In ähnlicher Weise. Wenn man sagt, daß zur Glückseligkeit wesentlich sowohl der Akt als auch der nachfolgende Genuß gehören, dann ergeben alle Belegstellen, nach denen ›frui‹ der höchste Lohn oder die Glückseligkeit ist, daß sie beides einschließt, sowohl den Akt als auch den Genuß. Eine andere Stelle im 1. Buch *Über die christliche Lehre*, Kapitel 22, lautet sogar: »Der höchste Lohn ist, sich ihm ganz hinzugeben«.

12 Über das, was das Wort bezeichnet, braucht man aber nicht zu streiten. Nach Augustinus im 1. Buch der *Retraktationen*, Kapitel 15, gilt: »Wenn die Sache feststeht, braucht man sich auf den Wortlaut nicht zu versteifen«. Es steht aber fest, daß der Wille einen dreifachen Akt hat und etwas Viertes, nämlich eine Passio, die einem Akt folgt. Nun kommt aber zwei Akten auf keine Weise dieses Wort zu; für jeden einzelnen der anderen beiden und für beide zugleich scheinen einige das Wort zu gebrauchen, und so wäre es äquivok; oder wenn es univok ist, muß man gewisse Belegstellen so auslegen, daß sie im Sinn einer Ursache oder einer Begleiterscheinung von ›frui‹ sprechen.

⟨Zum Eingangsargument⟩

13 Zum Argument sage ich, daß die Frucht der Zweck ist, der erwartet wird, nicht um sie als Ding zu besitzen, sondern um sie durch den Akt eines Vermögens, das mit diesem Zweck als Objekt in Verbindung tritt, zu erlangen. Ein Apfel ist nämlich nicht insofern Frucht, als sein Besitz erwartet wird, sondern

inquantum expectatur ut gustandum et actu gustus attingendum, quam gustationem sequitur delectatio. Si ergo fructus dicatur quo fruendum est, delectatio non est fructus, sed illud ultimum expectandum. Sed nec delectatio est frui sed primum quo attingo expectatum ut expectatum, est frui. Quod videtur probabile cum fructus sit expectatum sub illa ratione sub qua expectatur ut a potentia attingendum.

v2.2ae
wf4

Quaestio 2

1 Secundo quaero circa frui de modo eliciendi actum istum utrum scilicet fine apprehenso necesse sit voluntatem frui eo.

2 Quod sic, arguitur. Avicenna VIII *Metaphysicae*: Delectatio est convenientis cum convenienti. Finis necessario convenit voluntati, ergo ex coniunctione eius cum voluntate est delectatio, ergo fruitio.

3 Ad oppositum. Necessitas naturalis non stat cum libertate. Quod probo. Quia natura et voluntas sunt principia activa habentia oppositum modum principiandi, ergo cum modo principiandi voluntatis non stat modus principiandi naturae. Sed voluntas libere vult finem, ergo non potest necessitate naturali velle finem nec per consequens aliquo modo necessario. Assumptum scilicet quod libere velit finem, probatur. Quia eadem potentia est quae vult finem et illud quod est ad finem, ergo habet eundem modum agendi quia diversi modi operandi arguunt diversas potentias. Libere autem operatur circa ea quae sunt ad finem, ergo et circa finem. Quod sit

11 Avicenna, Liber de philosophia prima (Metaph.) VIII c.7 (432, 67–68; 101rb).

1 v77a, w1a, f184. **2** v77bc, w1a, f185a. **3** v80, w1d-f, f186.

insofern, als erwartet wird, ihn zu kosten und ihn durch den Akt des Kostens zu erlangen. Auf dieses Kosten folgt der Genuß. Wenn also Frucht dasjenige genannt wird, dem man sich hingeben soll, dann ist der Genuß nicht die Frucht, sondern dasjenige, was als letztes zu erwarten ist. Aber der Genuß ist auch nicht die Hingabe selbst, sondern die Hingabe ist das erste, durch das ich das Erwartete als solches erlange. Das erscheint vertretbar. Denn die Frucht ist etwas Erwartetes unter jener Rücksicht, unter der sie als etwas erwartet wird, das von einem Vermögen zu erlangen ist.

2. Frage

1 Zweitens frage ich bezüglich des ›frui‹ nach der Art des Hervorbringens dieses Aktes, nämlich ob der Wille, wenn er ein Ziel erfaßt hat, sich diesem notwendig hingibt.

2 Daß dem so ist, wird begründet. Avicenna sagt im 8. Traktat der *Metaphysik*: Ein Genuß besteht in der Verbindung von sich Entsprechendem. Nun entspricht ein Ziel notwendig dem Willen, also entsteht aus der Verbindung eines Ziels mit dem Willen der Genuß, also Hingabe.

3 Zum Gegenteil. Natürliche Notwendigkeit ist unvereinbar mit Freiheit. Das beweise ich. Natur und Wille sind aktive Prinzipien, die auf entgegengesetzte Weise Prinzipien sind, also ist mit der Weise, wie der Wille Prinzip ist, die Weise, wie die Natur Prinzip ist, unvereinbar. Nun aber will der Wille ein Ziel frei, also kann er nicht aufgrund natürlicher Notwendigkeit ein Ziel wollen und daher auch nicht auf irgendeine notwendige Weise. Die Annahme, daß nämlich der Wille ein Ziel frei will, wird bewiesen. Es ist dasselbe Vermögen, das ein Ziel will und die Mittel zum Ziel, also ist es in derselben Weise tätig, weil verschiedene Tätigkeitsweisen verschiedene Vermögen zu erkennen geben. Frei aber ist es tätig hinsichtlich der Mittel zum Ziel, also auch hinsichtlich des

eadem potentia amborum patet. Quia alias nulla esset potentia entis ad finem volens illud propter finem. Oportet enim istam esse unam habentem actum circa utrumque extremum, sicut Philosophus arguit de cognitione sensus communis in II *De anima.*

[Quaestionis divisio]

4 Ista quaestio potest intelligi vel de fine obscure apprehenso in universali sicut concipimus beatitudinem in communi, vel obscure apprehenso in particulari sicut concipimus beatitudinem in Deo trino, vel de fine clare viso in habente voluntatem supernaturaliter elevatam ut in habente voluntatem perfectam per habitum supernaturalem, vel quarto de fine clare viso in non habente habitum supernaturalem in voluntate et hoc posito quod Deus de potentia absoluta se ostenderet intellectui non dando habitum supernaturalem voluntati.

[Exponit opinionem aliorum]

5 Quantum ad istos quattuor articulos dicitur primo quantum ad primum quod de necessitate voluntas fruitur fine ultimo sic apprehenso obscure et in universali. Quod probatur per illud II *Physicorum:* »Sicut principium in speculabilibus, sic finis in operabilibus«. Sed intellectus de necessitate assentit primis principiis in speculabilibus, ergo voluntas de necessitate assentit ultimo fini in operabilibus.

5 Aristot., De anima II c.2 t.106 (426b15–29). *17* Est opinio Thomae (Summa theol. I q.82 a.1 in corp.), Henrici Gand. (Quodl. III q.17 ad arg. princ., f. 79H; XIII q.9 in corp., f.531P) et Godefridi de Font. (Quodl. VI q.7 in corp., PhB III 158–159). *20* Les Auctoritates Aristotelis (ed. J. Hamesse), Physica II, n. 91: »Finis in operabilibus est sicut principium in speculabilibus« (pag. 147). Cf. Aristot., Physica II c. 9, t. 89 (200a 15–16).

4 v82, w2a, f187. **5** v83, w2b, f188ab.

Ziels selbst. Daß es sich in beiden Fällen um dasselbe Vermögen handelt, ist klar. Andernfalls gäbe es hinsichtlich der Mittel zum Ziel kein Vermögen, das diese um des Ziels willen will. Das Vermögen muß daher ein einziges sein, das tätig ist hinsichtlich beider, wie auch Aristoteles in bezug auf die Erkenntnis des Gemeinsinns im 2. Buch *Über die Seele* argumentiert.

⟨Einteilung der Frage⟩

4 Diese Frage kann verstanden werden entweder im Hinblick auf ein unbestimmt erfaßtes Ziel im allgemeinen, so wie wir die Glückseligkeit im allgemeinen erfassen, oder auf ein unbestimmt erfaßtes Ziel im besonderen, so wie wir die Glückseligkeit angesichts des dreifaltigen Gottes auffassen, oder auf ein klar erfaßtes Ziel bei jemandem, der einen übernatürlich erhöhten Willen hat, wie bei jemandem, der einen vollkommenen Willen durch einen übernatürlichen Habitus hat, oder viertens auf ein klar erfaßtes Ziel bei jemandem, der keinen übernatürlichen Habitus in seinem Willen besitzt, vorausgesetzt, daß Gott in seiner absoluten Machtvollkommenheit sich dem Intellekt zeigte, ohne dem Willen einen übernatürlichen Habitus zu verleihen.

⟨Scotus erklärt die Meinung anderer⟩

5 Zu diesen vier Punkten wird folgendes gesagt: Erstens, zum ersten Punkt, daß der Wille sich aus Notwendigkeit dem letzten, in der genannten Weise unbestimmt und im allgemeinen erfaßten Ziel hingibt. Das wird bewiesen durch den Satz aus dem 2. Buch der *Physik*: »Wie es sich mit dem Prinzip im Spekulativen verhält, so verhält es sich mit dem Ziel im Tätigen«. Nun aber stimmt der Intellekt aus Notwendigkeit den ersten Prinzipien in den theoretischen Wissenschaften zu, also stimmt der Wille aus Notwendigkeit dem letzten Ziel bei den Tätigkeiten zu.

6 Quantum ad secundum articulum dicitur quod fine sic obscure apprehenso in particulari potest voluntas non frui. Quia potest frui aliquo quod est incompossibile tali fini sicut patet de peccante mortaliter.

7 Quantum ad tertium articulum dicitur quod necessario fruitur fine sic viso. Quia nulla ratio mali invenitur in eo, nullus etiam defectus boni, et hoc si videat istum finem visione practica, quidquid sit de visione speculativa.

8 Quantum ad quartum articulum dicitur quod impossibile est voluntatem caritate non elevatam frui fine etiam viso. Quia agere praesupponit esse, ergo agere supernaturale praesupponit esse supernaturale. Voluntas ista non habet esse supernaturale, ergo non potest habere actum supernaturalem.

[Opinio Scoti]

9 Quantum ad primum articulum dico quod sicut voluntas non necessario fruitur his quae sunt ad finem, sic nec fine. – Quantum ad secundum concedo cum illa opinione quod non necessario fruitur fine viso in particulari et obscure. Nec quantum ad conclusionem arguo contra illam, sed quod rationes positae in primo articulo concludant contra secundum si valeant, quas tamen non reputo concludere simpliciter. Sed innitens eis in primo articulo, quomodo solvet eas in secundo?

Quantum ad tertium de fine viso dico quod voluntas elevata non necessario fruitur quantum ex parte sua. – Quantum ad quartum dico quod voluntas non elevata supernaturaliter potest frui illo fine.

6 v86, w3a, f188f. **7** v87, w3b, f188g. **8** v88, w3d, f188i. **9** v143-146, w15d-f, f193b-e.

6 Zum zweiten Punkt wird gesagt, daß es dem Willen möglich ist, sich dem im besonderen in der genannten Weise unbestimmt erfaßten Ziel nicht hinzugeben. Denn er kann sich an etwas hingeben, das unvereinbar ist mit einem solchen Ziel, wie es bei einem schwer Sündigenden offenkundig ist.

7 Zum dritten Punkt wird gesagt, daß der Wille sich notwendig dem in der genannten Weise erfaßten Ziel hingibt. Denn es findet sich im Ziel nichts von der Art des Schlechten und auch kein Mangel an Gutem. Und das ist so, wenn der Wille dieses Ziel in einer praktischen Schau erblickt, wie immer es sich auch mit der spekulativen Schau verhalten mag.

8 Zum vierten Punkt wird gesagt, daß es unmöglich ist, daß ein nicht durch die Liebe erhöhter Wille sich dem Ziel hingibt, auch wenn es erfaßt worden ist. Denn Tätigsein setzt Sein voraus, also setzt übernatürliches Tätigsein übernatürliches Sein voraus. Nun besitzt dieser Wille kein übernatürliches Sein, also kann er keinen übernatürlichen Akt haben.

⟨Die Meinung des Scotus⟩

9 Zum ersten Punkt sage ich, daß ebenso wie der Wille sich nicht notwendig dem, was zum Ziel führt, hingibt, so auch nicht dem Ziel selbst. – Beim zweiten Punkt stimme ich mit jener Meinung überein, daß er sich nicht notwendig dem im besonderen und unbestimmt erfaßten Ziel hingibt. Auch in bezug auf die Folgerung argumentiere ich nicht gegen jene Meinung, wohl aber sage ich, daß die im ersten Punkt angeführten Gründe den zweiten Punkt widerlegen, wenn sie gültig sind, wobei ich jedoch nicht glaube, daß sie einfachhin schlüssig sind. Wer sich auf sie im ersten Punkt stützt, wie kann er sich ihrer im zweiten entledigen? – Zum dritten Punkt über das erfaßte Ziel sage ich, daß der erhöhte Wille als solcher sich nicht notwendig hingibt. – Zum vierten Punkt sage ich, daß der nicht übernatürlich erhöhte Wille sich jenem Ziel hingeben kann.

[Ad argumenta pro opinione aliorum]

10 Ad argumentum pro opinione ⟨pro primo articulo⟩ dico quod illud simile concluderet multa falsa. Quia concluderet quod sicut necessario assentimus conclusionibus propter principia, sic necessario assentiremus illis quae sunt ad finem propter finem. Ideo dico quod simile est quod sicut est ordo inter illa vera in se, sic et inter ista bona, et sicut illa vera sunt sic ordinate cognita, ita ista bona essent sic ordinate volita. Sed non est simile quantum ad ordinem necessitatis in uno et in alio. Non enim oportet quod voluntas servet illum ordinem in actibus suis qualem volibilia nata sunt habere ex natura sua neque est assensus similis hinc inde quia necessitas est in intellectu propter evidentiam causantem necessario illum assensum, non autem bonitas aliqua necessario causat assensum voluntatis, sed voluntas libere assentit cuilibet, et libere maiori bono sicut minori.

11 Ad argumentum pro quarto articulo eorum cum arguunt de agere et esse, dico quod ille actus non esset supernaturalis, quia actum aliquem potest voluntas elicere circa obiectum qualitercumque ab intellectu ostensum. Quia ille actus non excedit facultatem potentiae, ideo nec obiectum ut terminat actum illius potentiae.

[Ad argumentum principale]

12 Ad argumentum principale dico quod aliquid est conveniens aptitudinaliter vel actualiter. Conveniens aptitudinaliter est quod convenit ex se quantum est ex natura rei, et tale convenit actualiter omni ei in cuius potestate non est quod aliquid

10 v147, w16a, f194a. **11** v154, w19e, 194f. **12** v156, w21ab, f195b.

⟨Zu den Argumenten für die Meinung anderer⟩

10 Zum Argument für die für den ersten Punkt angeführte Meinung sage ich, daß jener Vergleich viel Falsches implizieren würde. Denn er würde implizieren, daß wir, wie wir notwendig den Konklusionen wegen der Prinzipien zustimmen, so auch notwendig um des Ziels willen jenem zustimmten, was zum Ziel führt. Deshalb sage ich, daß folgendes vergleichbar ist: Wie es eine Ordnung unter wahren Sätzen als solchen gibt, so auch unter Gütern, und so wie jene wahren Sätze geordnet erkannt sind, so wären diese Güter geordnet gewollt. Aber der Vergleich ist nicht zulässig in bezug auf die Ordnung der Notwendigkeit im einen und im anderen. Der Wille muß nämlich in seinen Akten nicht jene Ordnung einhalten, welche dem Wollbaren seiner Natur nach eigen ist, noch ist die Zustimmung ähnlich hier und dort, weil die Notwendigkeit im Intellekt wegen der Evidenz besteht, die notwendig jene Zustimmung bewirkt; nicht aber bewirkt irgendeine Gutheit notwendig die Zustimmung des Willens, sondern der Wille stimmt frei jedem Beliebigen zu, und zwar frei sowohl dem größeren Gut wie auch dem geringeren.

11 Zum Argument für den vierten Punkt bei jenen Autoren, wo sie mit dem Verhältnis von Tätigsein und Sein argumentieren, sage ich, daß jener Akt nicht übernatürlich wäre, weil der Wille irgendeinen Akt hinsichtlich des Objekts natürlich hervorbringen kann, wie auch immer dieses vom Intellekt gezeigt wird. Denn jener Akt übersteigt nicht die Fähigkeit des Vermögens, also auch nicht das Objekt, wie es den Akt jenes Vermögens bestimmt.

⟨Zum Eingangsargument⟩

12 Zum Eingangsargument sage ich, daß etwas entsprechend ist entweder der Eignung oder der Wirklichkeit nach. Der Eignung nach entsprechend ist das, was aus sich heraus, das heißt kraft seiner Natur entspricht, und ein solches entspricht der Wirklichkeit nach einem jeden, in dessen Macht

sibi actualiter conveniat vel disconveniat. Et ideo quidquid convenit alicui naturaliter vel aptitudinaliter appetitu naturali vel appetitu sensitivo, convenit etiam actualiter. Sed in potestate voluntatis est ut ei aliquid actualiter conveniat vel non conveniat. Nihil enim actualiter convenit sibi nisi quod actu placet. Propter hoc nego minorem cum dicitur: ›finis necessario convenit voluntati‹. Hoc non est verum de convenientia actuali sed aptitudinali.

es nicht steht, daß etwas ihm wirklich entspricht oder nicht entspricht. Und deswegen entspricht, was immer irgendeinem natürlicherweise oder seiner Eignung nach aufgrund eines natürlichen oder sinnlichen Strebens entspricht, auch der Wirklichkeit nach. Nun aber steht es in der Macht des Willens, daß ihm etwas wirklich entspricht oder nicht entspricht. Es entspricht ihm nämlich nichts wirklich, außer er befindet es wirklich für gut. Deswegen leugne ich den Untersatz, in dem gesagt wird: ›Das Ziel entspricht notwendig dem Willen‹. Das trifft nicht zu auf die Entsprechung der Wirklichkeit nach, sondern nur auf die der Eignung nach.

DISTINCTIO 2

v1.1ae
wf1

Quaestio 1

1 Circa secundam distinctionem quaero primo de his quae pertinent ad unitatem Dei, et primo utrum in entibus sit aliquid actu existens infinitum.

2 Quod non, arguitur. Si unum contrariorum esset actu infinitum, nihil sibi contrarium esset in natura. Ergo si aliquod bonum sit actu infinitum, nihil mali esset in universo.
Respondetur quod maior est vera de contrariis formaliter. – Contra. Si virtualiter contrariatur et infinitum est, nihil compatitur contrarium sui effectus, quia propter infinitam virtutem destruit omne incompossibile suo effectui. Est ergo maior vera de contrario virtualiter sicut formaliter. Et est exemplum. Si sol esset infinite calidus virtualiter, nihil relinqueret frigidum in universo, sicut nec si esset infinite calidus formaliter.

3 Contra. Philosophus VIII *Physicorum* probat primum movens esse potentiae infinitae quia movet motu infinito.

[Triplex primitas ostenditur]

4 Ad quaestionem primo ostendo quod aliquid est in effectu inter entia quod est simpliciter primum secundum efficientiam, et aliquid quod est simpliciter primum secundum ratio-

6 Henricus Gand., Summa a.21 q.1 arg.2 (I f.123A). *9* Ibid. q.1 ad 2 (I f.123D). *17* Aristot., Physica VIII c.10 t.78 (266a 10–24), t.80 (266b 6–20), t.86 (267b 17–26).

1 v1a, w1a, f206. **2** v1bc.2.3, w1a-c, f207ab. **3** v7, w2a, f208a. **4** v41, w11ab, f220b.

2. DISTINKTION

1. Frage

1 Hinsichtlich der zweiten Distinktion frage ich zunächst nach dem, was zur Einheit Gottes gehört, und dabei als erstes, ob es unter den Seienden ein aktual Unendliches gibt.

2 Es wird dagegen argumentiert. Wenn eines von Entgegengesetztem ein aktual Unendliches wäre, so gäbe es in der Natur nichts ihm Entgegengesetztes. Wenn es also ein aktual unendliches Gut gäbe, gäbe es nichts Schlechtes in der ganzen Welt.

Es wird geantwortet, daß der Obersatz im Fall des formal Entgegengesetzten wahr ist. – Dagegen. Wenn etwas seinem Wirkvermögen nach anderem entgegengesetzt und unendlich ist, läßt es nichts bestehen, was seiner Wirkung entgegengesetzt ist, weil es aufgrund seines unendlichen Wirkvermögens jedes mit seiner Wirkung Unverträgliche zunichte macht. Also ist der Obersatz im Fall des dem Wirkvermögen nach wie im Fall des formal Entgegengesetzten wahr. Dazu ein Beispiel. Wenn die Sonne ihrem Wirkvermögen nach unendlich heiß wäre, ließe sie nichts Kaltes in der ganzen Welt übrig, wie auch nicht, wenn sie formal unendlich heiß wäre.

3 Dagegen. Aristoteles beweist im 8. Buch der *Physik*, daß das erste Bewegende unendliche Macht besitzt, weil es mit unendlicher Bewegung bewegt.

⟨Die dreifache Erstheit wird gezeigt⟩

4 Bezüglich der Frage zeige ich zuerst, daß es unter den Seienden auf der Ebene des Bewirkens etwas gibt, das ein schlechthin Erstes ist gemäß der Wirkursächlichkeit, und etwas, das ein schlechthin Erstes ist gemäß der Zielbestimmt-

nem finis, et aliquid quod est simpliciter primum secundum eminentiam.

[(1) Probatur aliquod effectivum esse primum simpliciter]

5 Quod aliquod effectivum sit primum simpliciter scilicet quod non sit effectibile nec effectivum virtute alterius a se, probo. Quia aliquod ens est effectibile. Aut ergo a se aut a nullo vel ab aliquo alio. Non a nullo quia nullius est causa illud quod nihil est. Nec a se quia nulla res est quae se ipsam faciat vel gignat, I *De Trinitate*, capitulo 1. Ergo ab alio effectivo. Illud aliud sit *A*. Si *A* est primum modo exposito, propositum habeo. Si non est primum, est posterius quia ab alio effectibile vel virtute alterius effectivum. Si negetur negatio, ponitur affirmatio. Detur illud alterum et sit *B*, de quo arguitur sicut de *A* argutum est. Et ita aut proceditur in infinitum quorum quodlibet respectu prioris erit secundum, aut stabitur in aliquo non habente prius. Infinitas autem est impossibilis in ascendendo, ergo primitas necessaria. Quia non habens prius nullo posteriore se est posterius, nam circulum in causis esse est inconveniens.

6 Contra istam rationem instatur. Quia secundum philosophantes infinitas est possibilis in ascendendo, sicut ponunt exemplum de generationibus infinitis, ubi nullum est primum sed

10 August., De Trin. I c.1 n. 1 (PL 42,820). *22* Aristot., De gener. et corrupt. II c.10 t.56–70 (336a23 – 338b10). Averroes, in h.l.

5 v43, w11g, f221. **6** v44, w11h, f222a.

heit, und etwas, das ein schlechthin Erstes ist gemäß dem Vorrang.

⟨(1) Es wird bewiesen, daß es ein schlechthin erstes Wirkfähiges gibt⟩

5 Daß es ein schlechthin erstes Wirkfähiges gibt, in dem Sinn nämlich, daß es weder bewirkbar noch wirkfähig ist aufgrund des Wirkvermögens eines von ihm verschiedenen, beweise ich. Es gibt ein Seiendes, das bewirkbar ist. Entweder also ist es aus sich bewirkbar oder von keinem oder von einem anderen. Nun aber ist es nicht von keinem bewirkbar, weil, was nichts ist, von nichts Ursache ist. Es ist aber auch nicht aus sich bewirkbar, weil es nichts gibt, was sich selbst hervorbringen oder erzeugen würde, nach dem 1. Buch *Über die Dreifaltigkeit* im 1. Kapitel. Also stammt es von einem anderen Wirkfähigen. Dieses andere sei *A*. Wenn *A* das Erste ist, in der dargelegten Weise, habe ich erreicht, was zu beweisen war. Wenn es nicht das Erste ist, dann ist es ein Späteres, weil es von einem anderen bewirkbar oder durch das Wirkvermögen eines anderen wirkfähig ist. Die Verneinung der Verneinung ergibt die Bejahung. Es sei nun jenes andere gegeben, es sei *B*. Über dieses wird nun so argumentiert, wie über *A* argumentiert worden ist. Und so schreitet man entweder (in der Reihe der Wirkfähigen) ins Unendliche fort, wobei jedes im Verhältnis zum Früheren ein Zweites wäre, oder man bleibt bei irgendeinem stehen, das kein Früheres mehr hat. Eine Unendlichkeit im Aufstieg ist nun aber unmöglich, also ist eine Erstheit notwendig. Denn was kein Früheres hat, ist nicht später als ein solches, das später ist als es selbst. Ein Zirkel bei den Ursachen ist nämlich unzulässig.

6 Gegen diese Begründung gibt es einen Einwand. Nach den Philosophierenden ist eine Unendlichkeit im Aufstieg möglich, wie sie es bei ihrem Beispiel über die unendliche Generationenfolge annehmen, wo keines ein Erstes ist, sondern

quodlibet secundum. Et tamen hoc ab eis sine circulo ponitur.

7 Ad instantiam excludendam dico quod philosophi non posuerunt infinitatem possibilem in causis essentialiter ordinatis sed tantum in accidentaliter ordinatis, sicut patet per Avicennam VI *Metaphysicae* capitulo 5, ubi loquitur de infinitate individuorum in specie.

[Explicatur quae sint causae essentialiter et accidentaliter ordinatae]

8 Et ad propositum melius ostendendum sciendum quae sunt causae essentialiter ordinatae et quae accidentaliter. Ubi notandum quod aliud est loqui de causis per se et per accidens, et aliud est loqui de causis per se et accidentaliter ordinatis. Nam in primo tantum est comparatio unius ad unum, causae videlicet ad causatum. Et est causa per se quae secundum naturam propriam et non secundum aliquid sibi accidens causat. In secundo est comparatio duarum causarum inter se inquantum ab eis est causatum.

Et differunt causae per se sive essentialiter ordinatae a per accidens sive accidentaliter ordinatis in tribus. Prima differentia est quia in per se secunda inquantum causa dependet a prima, in per accidens non, licet in esse vel in aliquo alio dependeat. – Secunda est quia in per se ordinatis est causalitas alterius rationis et alterius ordinis quia superior est perfectior, in accidentaliter ordinatis non. Haec sequitur ex prima. Nam

6 Avicenna, Liber de philosophia prima VI c.5 (ed. Venedig 94rb–va, ed. cit. 334, 33–44).

7 v46, w11j, f223. **8** v47-51, w11k.12, f224.

jedes ein Zweites. Und doch wird das von ihnen als zirkelfrei behauptet.

7 Um diesen Einwand auszuschließen, sage ich, daß die Philosophen eine Unendlichkeit bei wesentlich geordneten Ursachen nicht als möglich hingestellt haben, sondern nur bei beiläufig geordneten, wie aus Avicenna im 5. Kapitel des 6. Traktats der *Metaphysik* hervorgeht, wo er von der Unendlichkeit der Individuen in einer Art spricht.

⟨Es wird erklärt, was wesentlich und beiläufig geordnete Ursachen sind⟩

8 Um die Behauptung besser zu verstehen, muß man wissen, was wesentlich geordnete Ursachen sind und was beiläufig geordnete. Hier muß man beachten: Eine Sache ist, von ›eigentlichen‹ und ›beiläufigen‹ Ursachen zu sprechen, eine andere, von eigentlich und beiläufig geordneten Ursachen zu sprechen. Denn im ersten Fall liegt nur ein Vergleich des einen mit jeweils einem vor, nämlich von Ursache und Verursachtem. Und eigentliche Ursache ist jene, die gemäß ihrer eigentümlichen Natur und nicht gemäß einem ihr bloß Beiläufigen verursacht. Im zweiten Fall liegt ein Vergleich zweier Ursachen miteinander vor, insofern das Verursachte von ihnen stammt.

Dabei unterscheiden sich eigentlich oder wesentlich geordnete Ursachen von durch Beiläufiges oder beiläufig geordneten in drei Hinsichten. Der erste Unterschied ist, daß bei eigentlich geordneten die zweite, insofern sie Ursache ist, von der ersten abhängt; bei den durch Beiläufiges geordneten ist das nicht der Fall, mag die zweite auch im Sein oder in etwas anderem abhängig sein.

Der zweite Unterschied ist, daß bei eigentlich geordneten Ursachen die Ursächlichkeit von anderer Wesensbestimmtheit und anderer Ordnung ist, denn die höhere Ursache ist vollkommener; bei den beiläufig geordneten ist das nicht der Fall. Dieser Unterschied folgt aus dem ersten. Denn keine

nulla causa a causa eiusdem rationis dependet essentialiter in causando quia in causatione alicuius sufficit unum unius rationis. – Tertia est quia omnes causae essentialiter et per se ordinatae simul necessario requiruntur ad causandum. Alioquin aliqua per se causalitas deesset effectui. In accidentaliter autem ordinatis non est sic quia non requiritur simultas earum in causando.

[Proponuntur tres propositiones demonstrandae]

9 Ex his ostenditur propositum sic. Infinitas essentialiter ordinatorum est impossibilis, similiter infinitas accidentaliter ordinatorum nisi ponatur status in ordinatis essentialiter. Si etiam negetur ordo essentialis, adhuc infinitas erit impossibilis. Ergo omni modo est aliquid simpliciter primum effectivum. Istarum trium propositionum assumptarum propter brevitatem prima dicatur *A*, secunda *B*, tertia *C*.

[Probatur infinitatem essentialiter ordinatorum esse impossibilem]

10 Probatio istarum. Primo *A* scilicet quod infinitas essentialiter ordinatorum est impossibilis. Probatio. Tum quia universitas causatorum essentialiter ordinatorum est causata, ergo ab aliqua causa quae non est aliquid universitatis quia tunc esset causa sui. Tota enim universitas dependentium dependet et a nullo illius universitatis. – Tum quia causae infinitae essent

9 v52, w14ab, f225. **10** v53, w14c, f226.

Ursache hängt in ihrem Verursachen wesentlich von einer Ursache derselben Wesensbestimmtheit ab, weil bei der Verursachung von etwas jeweils eines von einer Wesensbestimmtheit zureichend ist.

Der dritte Unterschied ist, daß alle wesentlich und eigentlich geordneten Ursachen notwendig zugleich zum Verursachen erforderlich sind, andernfalls würde der Wirkung eine eigentliche Ursächlichkeit fehlen. Bei den beiläufig geordneten Ursachen hingegen ist das nicht der Fall, denn bei ihnen ist es nicht erforderlich, daß sie beim Verursachen zugleich wirken.

⟨Drei zu beweisende Sätze werden vorgelegt⟩

9 Von diesen Unterscheidungen aus wird das, was als Behauptung vorliegt, folgendermaßen bewiesen. Eine Unendlichkeit von wesentlich Geordnetem ist unmöglich. Das gilt in gleicher Weise für die Unendlichkeit von beiläufig Geordnetem, wenn nicht im wesentlich Geordneten ein Ende angenommen wird. Selbst wenn eine wesentliche Ordnung geleugnet würde, wäre eine Unendlichkeit noch immer unmöglich. Also gibt es in jedem Fall ein schlechthin erstes Wirkfähiges. Von diesen drei angenommenen Sätzen heiße der Kürze halber der erste *A*, der zweite *B*, der dritte *C*.

⟨Es wird bewiesen, daß eine Unendlichkeit von wesentlich Geordnetem unmöglich ist⟩

10 Beweis dieser Sätze. Zuerst von *A*, nämlich daß eine Unendlichkeit von wesentlich Geordnetem unmöglich ist. Beweis. Erstens ist die Gesamtheit des wesentlich geordneten Verursachten verursacht, also ist sie verursacht von einer Ursache, welche kein Glied dieser Gesamtheit ist, weil sie sonst Ursache ihrer selbst wäre. Die ganze Gesamtheit des Abhängigen ist ja abhängig, und zwar von keinem Glied jener Gesamtheit.

Zweitens. Unendlich viele Ursachen würden zugleich aktual

simul in actu, essentialiter scilicet ordinatae, ex tertia differentia supra, quod nullus philosophus ponit. – Tum quia superior est perfectior in causando, ex secunda differentia. Ergo in infinitum superior est in infinitum perfectior et ita infinitae perfectionis in causando, et per consequens non causans in virtute alterius quia quaelibet talis est imperfecte causans quia est dependens in causando. Et sic patet *A*.

[Probatur infinitatem in accidentaliter ordinatis esse impossibilem]

11 *B* probatur scilicet quod infinitas in accidentaliter ordinatis sit impossibilis nisi ponatur status essentialiter ordinatorum. Quia infinitas accidentalis si ponitur, hoc non est simul – patet –, sed successive tantum, ut alterum post alterum ita quod secundum aliquo modo fluit a priore, non tamen dependet ab ipso in causando. Potest enim causare illo non existente, sicut filius generat patre mortuo sicut ipso vivo. Talis infinitas successionis est impossibilis nisi continuetur vel perpetuetur ab aliqua natura infinite durante a qua tota successio et quodlibet eius dependeat. Nulla enim deformitas perpetuatur nisi in virtute alicuius permanentis quod nihil est successionis quia omnia successionis sunt eiusdem rationis, sed est aliquid prius essentialiter quia quodlibet successionis dependet ab

11 v54, w15a, f227.

existieren, nämlich die wesentlich geordneten, entsprechend dem dritten angegebenen Unterschied, was kein Philosoph annimmt.
Drittens. Die höhere Ursache ist vollkommener im Verursachen, entsprechend dem zweiten Unterschied. Also ist die unendlich höhere auch unendlich vollkommener und so von unendlicher Vollkommenheit im Verursachen, und folglich verursacht sie auch nicht durch das Wirkvermögen einer anderen, denn jede solche verursacht in unvollkommener Weise, weil sie im Verursachen abhängig ist. Und so ist *A* klar.

〈Es wird bewiesen, daß eine Unendlichkeit von beiläufig Geordnetem unmöglich ist〉

11 Satz *B* wird bewiesen, nämlich daß eine Unendlichkeit im beiläufig Geordneten unmöglich ist, wenn nicht im wesentlich Geordneten ein Ende angenommen wird. Wenn eine beiläufige Unendlichkeit angenommen wird, so nicht als gleichzeitig – wie klar ist –, sondern nur als ein Nacheinander, als eine Aufeinanderfolge, so daß das zweite, wenn es auch irgendwie aus einem Früheren hervorgeht, dennoch von ihm nicht im Verursachen abhängt. Es kann nämlich auch verursachen, wenn jenes nicht mehr existiert, wie der Sohn nach dem Tod seines Vaters ebenso zeugt wie zu dessen Lebzeiten. Eine solche Unendlichkeit der Aufeinanderfolge ist unmöglich, außer sie erhält Kontinuität oder ununterbrochene Fortdauer durch eine unendlich dauernde Natur, von der die ganze Aufeinanderfolge und jedes ihrer Glieder abhängt. Kein Formwechsel erhält ja ununterbrochene Fortdauer außer durch das Wirkvermögen eines Verharrenden, das kein Glied der Aufeinanderfolge ist, denn alle Glieder der Aufeinanderfolge unterliegen derselben Bestimmtheit; sondern es ist etwas wesentlich Früheres, weil jedes Glied der Aufeinanderfolge von ihm abhängt, und zwar in einer Ordnung, die sich von jener der nächsten Ursache,

ipso, et hoc in alio ordine quam a causa proxima quae est aliquid illius successionis. Patet ergo *B*.

[Probatur infinitatem esse impossibilem etiamsi negetur ordo essentialis]

12 Probatur etiam *C* quod scilicet si negetur ordo essentialis, adhuc infinitas erit impossibilis. Probatio. Quia cum ex prima hic adducta videlicet quod a nullo non potest aliquid esse, sequitur quod aliqua natura sit effectiva. Si negetur ordo essentialis activorum, ergo ista in nullius alterius virtute causat. Et licet ipsa in aliquo singulari ponatur causata, tamen in aliquo erit non causata, quod est propositum. Si enim in quolibet ponatur causata, statim implicatur contradictio negando ordinem essentialem. Quia nulla natura potest poni in quolibet causata ita quod sit ordo accidentalis sub ipsa sine ordine essentiali ad naturam.

[(2) Probatur aliquod finitivum esse simpliciter primum]

13 Quod aliquod finitivum est simpliciter primum, hoc est nec ad aliud ordinabile nec in virtute alterius natum finire alia, probatur probationibus similibus illis quae ponebantur ad conclusionem de primo effectivo.

[(3) Probatur aliquam naturam esse simpliciter primam secundum eminentiam]

14 Quod aliqua natura eminens est simpliciter prima secundum perfectionem, hoc probat ordo essentialis. Quia, secundum

12 v55, w15b, f228. **13** v60b, w17a, f233b. **14** v64b, w18b, f237.

die ein Glied jener Aufeinanderfolge ist, unterscheidet. Damit ist auch *B* klar.

⟨Es wird bewiesen, daß eine Unendlichkeit unmöglich ist, selbst wenn eine wesentliche Ordnung verneint wird⟩

12 Auch Satz *C* wird bewiesen. Selbst wenn nämlich eine wesentliche Ordnung verneint würde, wäre immer noch eine Unendlichkeit unmöglich. Beweis. Denn aus dem ersten hier angeführten Grund, nämlich daß von nichts her nichts sein kann, folgt, daß es eine wirkfähige Natur gibt. Wenn nun eine wesentliche Ordnung von Tätigem verneint würde, verursacht also diese ohne das Wirkvermögen einer anderen. Und mag sie auch in etwas Einzelnem als verursacht angenommen werden, so ist sie jedenfalls in irgendetwas unverursacht, was wir gerade beweisen wollen. Wird sie nämlich in allem als verursacht angenommen, schließt das sogleich einen Widerspruch zur Leugnung der wesentlichen Ordnung ein. Denn keine Natur kann in allem als verursacht angenommen werden – so daß eine beiläufige Ordnung ihr unterstellt ist –, ohne wesentliche Ordnung auf eine andere Natur hin.

⟨(2) Es wird bewiesen, daß es ein schlechthin Erstes gibt, das als Ziel bestimmen kann⟩

13 Daß eines, das als Ziel bestimmen kann, ein schlechthin Erstes ist, das heißt das weder auf ein anderes hinzuordnen noch aufgrund des Wirkvermögens eines anderen fähig ist, als Ziel anderes zu bestimmen, wird in Argumentationen bewiesen, die jenen ähnlich sind, die für den Schluß auf das erste Wirkfähige vorgelegt wurden.

⟨(3) Es wird bewiesen, daß eine Natur gemäß dem Vorrang die schlechthin erste ist⟩

14 Daß es eine vorrangbesitzende Natur gibt, welche die schlechthin erste der Vollkommenheit nach ist, beweist die

Aristotelem, formae se habent sicut numeri, VIII *Metaphysicae.* In hoc ordine statur. Probatur illis rationibus quae de statu in effectivis superius sunt adductae.

[Infinitas primi probatur tribus viis:
(1) Ratio Philosophi ex motu infinito]

15 Triplici primitate ostensa arguo infinitatem tribus viis. Primam viam ex parte causae efficientis tangit Philosophus VIII *Physicorum* et XII *Metaphysicae,* et arguit sic. Primum movet motu infinito, ergo habet infinitam potentiam.

Haec ratio declaratur quantum ad antecedens sic. Quia aeque concluditur propositum si posset movere per infinitum tempus sicut si moveret, quia aeque oportet ipsum esse in actu sicut illud posse. Patet de primo quantum est ex se. Licet igitur non moveat motu infinito, sicut Aristoteles intelligit, tamen si accipiatur antecedens istud quod quantum est ex parte sua, potest sic movere, habetur antecedens verum et aeque sufficiens ad inferendum propositum.

Consequentia probatur sic. Quia si ex se et non virtute alterius movet motu infinito, ergo non ab alio accipit sic movere, sed in virtute sua activa habet totum effectum simul quia independenter. Sed quod simul habet in virtute infinitum effectum, est infinitum; ergo etc.

1 Aristot., Metaph. VIII c.3 t.10 (1043b 33). *8* Aristot., Physica VIII (supra ad n.3) et eiusdem Metaph. XII c.7 t.41 (1073a 3–13).

15 v111ac.112.113, w25a.f, f251.252a-c.

wesentliche Ordnung. Nach Aristoteles verhalten sich die Formen wie Zahlen, 8. Buch der *Metaphysik.* In dieser Ordnung kommt man zu einem Ende. Das wird mit jenen Gründen bewiesen, welche oben für den Ausschluß des unendlichen Fortschreitens beim Wirkfähigen angeführt worden sind.

⟨Die Unendlichkeit des Ersten wird auf drei Wegen bewiesen: (1) Der Beweis des Aristoteles aus der unendlichen Bewegung⟩

Nach dem Beweis der dreifachen Erstheit argumentiere ich für die Unendlichkeit auf drei Wegen. Den ersten Weg, der von der Wirkursache ausgeht, berührt Aristoteles im 8. Buch der *Physik* und im 12. Buch der *Metaphysik.* Er argumentiert folgendermaßen. Das Erste bewegt in unendlicher Bewegung, also besitzt es ein unendliches Vermögen.

Diese Begründung wird hinsichtlich des Vordersatzes folgendermaßen erklärt. In gleicher Weise ist der Schluß auf das zu Beweisende gültig, wenn das Erste in unendlicher Zeit bewegen kann, wie wenn es in unendlicher Zeit tatsächlich bewegt, denn in gleicher Weise muß es in Wirklichkeit sein wie seinem Vermögen nach. Der erste Satz ist klar, wenn man ihn so nimmt, wie er dasteht. Obschon das Erste also nicht in einer unendlichen Bewegung tatsächlich bewegt, wie Aristoteles meint, steht dennoch der Vordersatz als wahr und in gleicher Weise hinreichend fest, um das Beweisziel zu erreichen, wenn er so verstanden wird, daß das Erste, soweit es an ihm liegt, so bewegen kann.

Die Folgerung wird folgendermaßen bewiesen. Wenn es aus sich und nicht aufgrund des Wirkvermögens eines anderen in unendlicher Bewegung bewegt, so empfängt es nicht von einem anderen das Wirkvermögen, so zu bewegen, sondern besitzt in eigenem Wirkvermögen die ganze Wirkung zugleich, weil unabhängig. Was aber zugleich mit seinem Wirkvermögen unendliche Wirkung besitzt, ist unendlich; also usw.

16 Contra hoc instatur. Quidquid sit de antecedente, consequentia non videtur bene probari. Quia duratio maior nihil perfectionis addit. Nam albedo quae uno anno manet, non est perfectior quam si tantum uno die maneret, ergo motus quantaecumque durationis non est perfectior effectus quam motus unius diei. Ergo ex hoc quod agens habet in virtute sua activa simul movere motu infinito, non concluditur maior perfectio hic quam ibi, nisi quod agens diutius manet, et ex se, et ita esset ostendendum quod aeternitas agentis concluderet eius infinitatem. Alias ex infinitate motus non posset tunc concludi. – Ad formam: Ultima propositio istius declarationis negatur nisi de infinitate durationis.

17 Ultima probabilitas pro consequentia Aristotelis declaranda est ista. Quidquid potest in aliqua multa simul ita perfecte sicut in quodlibet seorsum, illud concluditur esse perfectius ex hoc quod potest in plura; et per consequens infinitum, si simul potest in infinita. Si primum haberet omnem causalitatem formaliter et simul, quia simul quantum est ex se, posset in infinita; ergo si habet perfectius quam si haberet omnem causalitatem formaliter, magis potest in illa. Sed habet omnem secundum totum quod est in ipso eminentius quam si esset in ipso formaliter, ergo etc.

18 Si obicitur: primum non potest ex se simul in infinita quia non est probatum quod sit totalis causa infinitorum. – Hoc nihil obstat. Quia si haberet simul unde esset totalis causa,

16 v115, w25hi, f252ef. **17** v117.118, w26c.27a, f252i-l. **18** v120, w27c.28a, f252no.

16 Dagegen wird eingewendet. Wie auch immer es sich mit dem Vordersatz verhält, die Folgerung scheint nicht gültig bewiesen zu werden, denn eine längere Dauer fügt nichts an Vollkommenheit hinzu. Weiße Farbe beispielsweise, die ein Jahr bleibt, ist nicht vollkommener, als wenn sie nur einen Tag bleibt. Also ist eine Bewegung von beliebig langer Dauer keine vollkommenere Wirkung als die Bewegung nur eines Tages. Folglich läßt sich daraus, daß das Wirkende aufgrund seines eigenen Wirkvermögens im Stande ist, zugleich in unendlicher Bewegung zu bewegen, hier ebensowenig auf eine größere Vollkommenheit schließen wie bei der Farbe, außer daß eben das Wirkende längere Zeit bleibt, und zwar aus sich, und so wäre zu zeigen, daß die Ewigkeit des Wirkenden auf seine Unendlichkeit schließen läßt. Anders könnte aus der Unendlichkeit der Bewegung nicht auf sie geschlossen werden. – Sodann zur Form: Der letzte Satz dieser Erklärung wird bestritten, außer hinsichtlich der Unendlichkeit der Dauer.

17 Der letzte Beweisgrund, um die Folgerung des Aristoteles zu erklären, ist folgender. Von jedem, das Vieles zugleich in ebenso vollkommener Weise vermag wie jedes beliebige Einzelne, läßt sich erschließen, daß es deswegen vollkommener ist, weil es mehreres vermag, und folglich ist es unendlich, wenn es zugleich Unendliches vermag. Wenn das Erste formal und zugleich alle Ursächlichkeit besäße, vermöchte es Unendliches zu wirken, weil es von sich aus diese zugleich besitzt. Wenn es also in noch vollkommenerer Weise alle Ursächlichkeit besitzt, als wenn es sie formal besäße, vermag es mehr zu wirken. Nun besitzt es aber alle Ursächlichkeit in jener Vollständigkeit, die sich in ihm findet, sogar in der Weise höheren Ranges, als wenn es in ihm auf formale Weise wäre; also usw.

18 Wenn eingewendet wird: Das Erste vermag nicht aus sich zugleich Unendliches zu wirken, denn es ist nicht bewiesen, daß es die vollständige Ursache des Unendlichen ist, steht das nicht entgegen. Besäße es nämlich zugleich, wodurch es

nihil perfectius esset quam nunc sit quando habet unde sit causa prima. Quia illae secundae causae non requiruntur propter perfectionem addendam in causando, quia tunc remotius a prima esset perfectius quia perfectiorem causam requireret. Sed si requiruntur causae secundae cum prima, secundum philosophos, hoc est propter imperfectionem effectus ut primum cum aliqua causa imperfecta possit causare imperfectum quod secundum ipsos non posset immediate causare. – Et sic dicto modo videtur posse concludere ratio Aristotelis de potentia infinita, quae accipitur ex VIII *Physicorum* et XII *Metaphysicae.*

[(2) Infinitas probatur ex hoc quia primum in ratione finis est bonum infinitum]

19 Secunda via videlicet ex parte finis, arguitur sic. Voluntas nostra omni finito aliquid maius potest appetere et amare sicut et intellectus intelligere. Et quod plus est videtur inclinatio naturalis ad aliquid in voluntate, quia ex se sine habitu prompte et delectabiliter vult illud voluntas libera. Ita videtur quod experiamur de actu amandi bonum infinitum, immo non videtur voluntas in alio perfecte quietari. Et quomodo non illud naturaliter odiret si esset oppositum sui obiecti, sicut naturaliter odit non esse, secundum Augustinum *De libero arbitrio*? Unde videtur si infinitum repugnaret bono, quod nullo modo quietaretur in bono sub ratione infiniti nec in

23 August., De libero arb. III c.6 n.18 et c.8 n.23 (PL 32, 1280–1282).

19 v130, w31ab, f255.

zur vollständigen Ursache wird, so wäre es um nichts vollkommener, als es jetzt ist, wo es das besitzt, wodurch es zur ersten Ursache wird. Denn jene Zweitursachen sind nicht dazu erforderlich, um Vollkommenheit im Verursachen hinzuzufügen, denn dann wäre das von der Erstursache Entferntere das Vollkommenere, weil es eine vollkommenere Ursache erforderte. Sondern, wenn nach Ansicht der Philosophen die Zweitursachen zusammen mit der Erstursache erforderlich sind, so wegen der Unvollkommenheit der Wirkung, damit das Erste zusammen mit einer unvollkommenen Ursache ein Unvollkommenes verursachen kann, das es nach ihrer Ansicht nicht unmittelbar verursachen könnte. – Und in der so dargelegten Weise scheint die Begründung des Aristoteles für ein unendliches Vermögen, wie sie aus dem 8. Buch der *Physik* und dem 12. Buch der *Metaphysik* zu entnehmen ist, schlüssig zu sein.

⟨(2) Die Unendlichkeit wird dadurch bewiesen, daß das Erste im Sinn der Zielbestimmtheit ein unendliches Gut ist⟩

19 Auf dem zweiten Weg, nämlich vom Ziel her, wird so vorgegangen. Unser Wille kann jeweils etwas Größeres als jedes endliche Ziel anstreben und lieben, wie auch der Intellekt Größeres als jedes Endliche verstehen kann. Und es scheint, daß die Neigung zu etwas im Willen in höherem Maße naturhaft ist, weil der freie Wille aus sich, ohne besondere Gewöhnung, bereitwillig und mit Freude jenes will. So scheint es, daß wir im Akt des Liebens ein unendliches Gut erfahren, wenigstens scheint der Wille nicht in einem anderen vollkommen zur Ruhe zu kommen. Und wie würde er nicht jenes von Natur aus hassen, wenn es seinem Gegenstand entgegengesetzt wäre, so wie er von Natur aus das Nicht-Sein haßt, nach Augustinus *Über den freien Willen*? Daher scheint es, daß der Wille, wenn das Unendliche dem Guten widerstritte, auf keine Weise im Guten unter der

illud faciliter tenderet sicut nec in repugnans suo obiecto. Confirmabitur ista ratio in sequenti via per simile de intellectu.

[(3) Infinitas probatur ex hoc quia primum est ens eminentissimum]

20 Tertia via ex parte eminentiae, arguo sic. Eminentissimo incompossibile est aliquid perfectius, sicut prius patet. Finito autem non est incompossibile aliquid esse perfectius, ergo etc. – Minor probatur. Quia infinitum non repugnat enti. Omni finito maius est infinitum, ergo etc.

21 ⟨Maior probationis minoris⟩ sic suadetur. Quare intellectus cuius obiectum est ens, nullam invenit repugnantiam intelligendo aliquod infinitum, immo videtur perfectissimum intelligibile? Mirum est autem si nulli intellectui talis contradictio patens fiat circa primum eius obiectum, cum discordia in sono ita faciliter offendat auditum. Si enim disconveniens statim percipitur et offendit, cur nullus intellectus ab intelligibili infinito naturaliter refugit sicut a non conveniente ita primum obiectum destruente?

[Explicatur celebre argumentum Anselmi]

22 Per istud potest colorari illa ratio Anselmi *Proslogion*. Et intelligenda est eius descriptio sic. Deus est quo cogitato sine contradictione, maius cogitari non potest sine contradictione. Et quod addendum sit ›sine contradictione‹ patet. Nam

21 Ansel., Proslog. c.5 (PL 158, 229; ed. Schmitt I 104).

20 v131.132, w31c, f256a. **21** v136, w32b, f256f. **22** v137, w32c, f257a.

Rücksicht des Unendlichen zur Ruhe käme, und auch nicht mit Leichtigkeit nach jenem strebte, wie auch nicht nach etwas, das seinem Gegenstand widerstreitet. Dieses Argument wird im nächsten Weg bekräftigt werden, wo in ähnlicher Weise über den Intellekt argumentiert wird.

⟨(3) DieUnendlichkeit wird dadurch bewiesen, daß das Erste das ranghöchste Seiende ist⟩

20 Auf dem dritten Weg, nämlich vom Vorrang her, gehe ich so vor. Mit dem Ranghöchsten ist etwas Vollkommeneres unvereinbar, wie aus dem Früheren klar ist. Mit dem Endlichen aber ist nicht unvereinbar, daß es etwas Vollkommeneres gibt, also usw. Der Untersatz wird bewiesen. ›Unendlich‹ widerstreitet nicht ›Seiendem‹. Größer als jedes Endliche ist das Unendliche, also usw.

21 Der Obersatz aus dem Beweis des Untersatzes wird so verständlich gemacht. Warum findet der Intellekt, dessen Gegenstand das Seiende ist, keinen Widerspruch darin, etwas Unendliches zu erkennen? Ja, es erscheint als das vollkommenste Erkennbare. Es ist aber verwunderlich, wenn für keinen Intellekt ein solcher Widerspruch bezüglich seines ersten Gegenstandes offenkundig würde, wo doch ein Mißklang so leicht das Gehör beleidigt. Wenn nämlich eine Disharmonie sogleich wahrgenommen wird und störend wirkt, warum schreckt dann kein Intellekt von Natur aus vor einem unendlichen Erkennbaren zurück als vor einem nicht Erträglichen, einem gar den ersten Gegenstand Zerstörenden?

⟨Das berühmte Argument Anselms wird erklärt⟩

22 Durch diese Überlegung kann das Argument Anselms aus dem *Proslogion* umgefärbt werden. Seine Begriffsbestimmung ist folgendermaßen zu verstehen. Gott, wenn man ihn ohne Widerspruch gedacht hat, ist dasjenige, über das Größeres ohne Widerspruch nicht gedacht werden kann. Daß man ›ohne Widerspruch‹ hinzufügen muß, ist klar. Denn wenn

in cuius cogitatione includitur contradictio, illud dicitur non cogitabile, quia tunc sunt duo cogitabilia opposita nullo modo facientia unum cogitabile quia neutrum determinat alterum.

[Reicitur probatio Thomae ex negatione causae intrinsecae]

23 Ultimo ostenditur propositum ex negatione causae intrinsecae. Quia forma finitur per materiam. Ergo quae non est nata esse in materia, est infinita.

Haec ratio nihil valet. Quia, secundum ipsos, angelus est immaterialis, ergo in natura erit infinitus. – Nec possunt dicere quod esse angeli finiret essentiam eius. Quia, secundum eos, esse est actus essentiae et posterius naturaliter. Et sic in primo signo naturae essentia secundum se, ut prior esse, videtur infinita, et per consequens in secundo signo naturae non est finibilis per esse.

[Ad argumentum principale]

24 Ad argumentum principale dico quod causa infinita activa ex necessitate naturae non compatitur aliquid sibi contrarium, sive sit aliquid ei contrarium formaliter sive virtualiter, id est secundum rationem effectus sui quem virtualiter includit. Utroque enim modo impediret quodlibet incompossibile suo effectui, sicut argutum est prius. Deus autem est libere et voluntarie agens respectu omnium quae sunt extra ipsum.

7 Thomas de Aquino, Summa Theol. I q.7 a.1 in corp. – Sent. II d.3 q.1 a.1 in corp. – Summa Theol. I q.50 a.2 ad 3.4.

23 v140.141, w33ab, f258ab. **24** v148, w35a, f260a.

man etwas denkt, bei dem ein Widerspruch eingeschlossen ist, wird es nicht denkbar genannt. Denn dann handelte es sich um zwei gegensätzliche Denkbare, die auf keine Weise ein einziges Denkbares bilden, weil keines von beiden das andere bestimmt.

⟨Der Beweis des Thomas aus der Negation der inneren Ursache wird zurückgewiesen⟩

23 Zuletzt wird das, was wir beweisen wollen, aus der Negation der inneren Ursache gezeigt. Die Form ist durch die Materie endlich. Also ist das, was seiner Natur nach nicht mit der Materie verbunden ist, unendlich.
Dieses Argument ist nicht schlüssig. Denn nach seinen Vertretern ist ein Engel nicht materiell, also wäre er seiner Natur nach unendlich. – Auch können sie nicht sagen, daß das Sein des Engels sein Wesen begrenzte. Denn nach ihnen ist das Sein der Akt des Wesens und natürlicherweise später. Und so scheint das eigentliche Wesen aufgrund des ersten Merkmals seiner Natur, sofern es früher ist als das Sein, unendlich, und folglich kann es aufgrund des zweiten Merkmals seiner Natur nicht durch das Sein endlich gemacht werden.

⟨Zum Eingangsargument⟩

24 Zum Eingangsargument sage ich, daß die unendliche, aus Naturnotwendigkeit wirkende Ursache nicht etwas zu ihr Gegensätzliches verträgt, sei es etwas zu ihr formal oder hinsichtlich des Wirkvermögens Gegensätzliches, das heißt gemäß dem Begriff der Wirkung, die sie aufgrund ihres Wirkvermögens einschließt. Auf jede der beiden Weisen nämlich würde sie jedwedes mit ihrer Wirkung Unverträgliche verhindern, wie vorher dargelegt wurde. Gott aber handelt frei und nach seinem Willen hinsichtlich eines jeden, das es außerhalb von ihm gibt.

v3.1ae wf3

Quaestio 2

1 Circa unitatem Dei quaeritur an tantum sit unus Deus.

2 Et quod non, arguitur. I Ad Cor 8: »Siquidem sunt dii multi, et domini multi«.

3 Contra. Deut 6: »Audi, Israel, Dominus Deus tuus unus est«.

[Aliorum opinio: unitas Dei non est demonstrabilis, sed tantum accepta per fidem]

4 In ista quaestione conclusio est certa. Sed dicunt aliqui quod haec conclusio non est demonstrabilis, sed tantum accepta per fidem. Et ad hoc habetur auctoritas Rabbi Moysis dicentis quod unitas Dei accepta est a Lege.

[Opinio Scoti: unitas Dei naturali ratione ostendi potest]

5 Videtur tamen quod ista unitas posset naturali ratione ostendi.

[Demonstratur ex ratione infiniti boni]

6 Primo ex ratione infiniti boni arguo sic. Voluntas ordinate potest appetere maius bonum et magis amare maius bonum. Sed plura bona infinita si sint possibilia, plus includunt bonitatis quam unum infinitum. Ergo voluntas ordinate posset plus amare plura infinita bona quam unum, et per consequens in nullo uno bono infinito quietaretur. Sed hoc est contra rationem boni quod sit infinitum et non quietativum cuiuscumque voluntatis.

3 1Cor 8,5. *5* Deut 6,4. *10* Moyses Maimonides, Doctor perplexorum I c.75 (Basileae 1629, 157).

1 v157a, w1a, f264. **2** v157bc, w1a, f265a. **3** v162, w1f, f266. **4** v163, w2a, f267a. **5** v165, w2c, f268. **6** v171, w4a, f271.

2. Frage

1 Bezüglich der Einzigkeit Gottes wird gefragt, ob es nur einen einzigen Gott gibt.

2 Daß dies nicht der Fall ist, wird begründet. I Kor 8: »Denn es gibt viele Götter und viele Herren«.

3 Dagegen. Deut 6: »Höre, Israel! Der Herr, dein Gott, ist einzig«.

⟨Die Meinung anderer: Die Einzigkeit Gottes ist nicht beweisbar, sondern nur im Glauben angenommen⟩

4 In dieser Frage steht das Ergebnis fest. Einige aber behaupten, daß dieses Ergebnis nicht beweisbar, sondern allein aufgrund des Glaubens angenommen ist. Dazu wird eine Textstelle des Moses Maimonides angeführt, welcher sagt, die Einzigkeit Gottes sei aus dem Gesetz angenommen.

⟨Die Meinung des Scotus: Die Einzigkeit Gottes kann mittels der natürlichen Vernunft dargelegt werden⟩

5 Es scheint jedoch, daß die Einzigkeit Gottes mittels der natürlichen Vernunft dargelegt werden kann.

⟨Das wird aus dem Begriff des unendlichen Gutes bewiesen⟩

6 Zuerst argumentiere ich aus dem Begriff des unendlichen Gutes so. Der Wille kann in geordneter Weise ein größeres Gut anstreben und ein größeres Gut mehr lieben. Nun aber schließen mehrere unendliche Güter, wenn sie möglich sind, mehr an Gutheit ein als ein einziges unendliches Gut. Also könnte der Wille in geordneter Weise eher mehrere unendliche Güter lieben als ein einziges, und folglich würde er nicht in einem einzigen unendlichen Gut zur Ruhe kommen. Das aber verstößt gegen den Begriff des Gutes, daß es unendlich, aber nicht fähig sein soll, jeden Willen zur Ruhe kommen zu lassen.

[Demonstratur ex ratione infinitae potentiae]

7 Ex infinita potentia arguo sic. Non possunt esse duae causae totales eiusdem effectus in eodem ordine causae. Sed infinita potentia est causa totalis respectu cuiuscumque effectus in ratione causae primae, ergo nulla alia potentia potest esse in ratione causae primae respectu alicuius effectus, et ita nulla alia causa infinita in potentia.

Primam propositionem probo. Quia tunc aliquid posset esse causa alicuius a quo illud non dependeret. Probatio. A nullo dependet aliquid essentialiter, quo non existente nihil minus esset. Sed si *C* habet duas causas totales *A* et *B* in eodem ordine causae, utroque eorum non existente nihil minus esset ipsum *C*, quia non existente *A* nihil minus erit *C* ab ipso *B*, et non existente *B* nihil minus erit *C* quia ab ipso *A*.

[Demonstratur ex omnipotentia tantum credita]

8 Quantum ad viam de omnipotentia videtur quod ista non procedit per rationem naturalem. Quia omnipotentia non potest concludi ratione naturali, ut catholici intelligunt omnipotentiam, nec concluditur ex ratione infinitae potentiae. Tamen ex omnipotentia credita arguitur sic propositum. Si *A* est omnipotens, ergo potest facere circa quodcumque aliud ipsum esse vel non esse, et ita posset destruere *B* et ita fieret *B* nullipotens. Ergo *B* non est Deus.

9 Ista ratio non valet. Quia *B* non est obiectum omnipotentiae quia omnipotentia pro obiecto respicit possibile, *B* autem

7 172.173, w4b, f272a. **8** v178.179, w6a, f275ab. **9** v180, w6bc, f275cd.

⟨Das wird aus dem Begriff des unendlichen Vermögens bewiesen⟩

7 Aus dem Begriff des unendlichen Vermögens argumentiere ich so. Für ein und dieselbe Wirkung kann es innerhalb derselben Ursachenordnung nicht zwei Gesamtursachen geben. Nun aber ist das unendliche Vermögen hinsichtlich jeder Wirkung Gesamtursache in der Weise der Erstursache. Also kann es hinsichtlich jeder Wirkung kein anderes Vermögen in der Weise der Erstursache geben, und somit keine andere Ursache mit unendlichem Vermögen.
Den ersten Satz beweise ich so. Andernfalls könnte etwas Ursache von etwas sein, von dem dieses gar nicht abhängt. Beweis. Von keinem hängt etwas wesentlich ab, bei dessen Nichtsein es um nichts weniger wäre. Wenn *C* jedoch zwei Gesamtursachen *A* und *B* in derselben Ursachenordnung hat, so wäre beim Nichtsein eines der beiden *C* um nichts weniger, denn falls etwa *A* nicht wäre, wäre *C* um nichts weniger aufgrund von *B*, und falls etwa *B* nicht wäre, wäre *C* um nichts weniger aufgrund von *A*.

⟨Das wird bewiesen aus der nur im Glauben angenommenen Allmacht⟩

8 Bezüglich des von der Allmacht ausgehenden Weges scheint es, daß dieser von der natürlichen Vernunft her nicht gangbar ist. Denn auf die Allmacht, jedenfalls wie die Katholiken sie verstehen, kann nicht durch die natürliche Vernunft geschlossen werden, auch läßt sich die Allmacht nicht aus dem Begriff des unendlichen Vermögens ableiten. Hingegen wird aus der im Glauben angenommenen Allmacht für unsere Behauptung so argumentiert: Wenn *A* allmächtig ist, kann es hinsichtlich eines jeden anderen bewirken, daß dieses ist oder nicht ist, und so könnte es *B* zerstören und *B* wäre machtlos. Also ist *B* nicht Gott.

9 Dieses Argument ist nicht beweiskräftig. Denn *B* ist nicht Objekt der Allmacht, weil die Allmacht sich auf das Mögliche

ponebatur necessarium sicut *A*. – Ideo ex omnipotentia credita arguo aliter sic declarando rationem Richardi I *De Trinitate* capitulo ultimo. Omnipotens suo velle potest producere omne possibile et ita suo nolle potest impedire omne possibile vel destruere si iam habet esse. *A* ergo omnia possibilia potest suo velle in esse producere. Non necesse est autem quod *B* velit omnia illa esse sed potest nolle illa esse, quia voluntas *B* contingenter se habet ad illa sicut voluntas *A* si est Deus. Si autem nolit illa esse, ergo nullum istorum est. Ergo si duo sint omnipotentes, uterque illorum faceret alium nullipotentem non destruendo illum sed prohibendo per suum nolle esse volitorum ab alio.

10 Quod si dicas sophisticando quod concordant in voluntate sua quamvis de hoc sit nulla necessitas sed quasi fecerint pacta, adhuc probo quod neuter eorum erit omnipotens. Nam si *A* est omnipotens, potest producere suo velle quodcumque possibile volitum aliud a se. Ex hoc sequitur quod *B* nullum illorum poterit producere suo velle et ita non est omnipotens. Quod autem hoc sequatur, patet ex via de infinita potentia, quia impossibile est duas causas esse totales unius effectus, quia ex quo causatus est ab una, impossibile est quod sit ab alia.

[Ad argumentum pro opinione aliorum]

11 Ad auctoritatem Rabbi Moysis dico: quia populus iudaicus fuit rudis et pronus ad idolatriam, ideo indiguit instrui per

3 Richardus a S.Victore, De Trinitate I c.25 (PL 196, 902). *20* Supra n.7. *24* Supra n.4.

10 v181, w6d-f, f275e. **11** v182, w7a, f277ab.

als Objekt bezieht, *B* aber wurde als notwendig hingestellt wie *A*. Deshalb argumentiere ich aus der im Glauben angenommenen Allmacht anders, wobei das Argument Richards im letzten Kapitel des 1. Buches *Über die Dreifaltigkeit* folgendermaßen erklärt wird. Ein Allmächtiger kann durch sein Wollen jegliches Mögliche hervorbringen und entsprechend durch sein Nichtwollen jegliches Mögliche verhindern oder zerstören, wenn es bereits wirklich ist. *A* kann also durch sein Wollen alles Mögliche in die Wirklichkeit überführen. Nicht notwendig ist aber, daß *B* will, daß all jenes wirklich ist, sondern es kann auch nicht wollen, daß jenes wirklich ist, weil der Wille von *B* jenem gegenüber ebenso frei ist wie der Wille von *A*, wenn *B* Gott ist. Wenn *B* aber nicht will, daß jenes wirklich ist, ist also keines von jenem. Wenn es also zwei Allmächtige gäbe, würde jeder dieser beiden den jeweils anderen machtlos machen, nicht indem er ihn zerstörte, sondern indem er durch sein Nichtwollen die von dem anderen gewollten Dinge verhinderte.

10 Wenn man zu der Spitzfindigkeit Zuflucht nähme und sagte, daß sie in ihrem Willen übereinstimmen, obschon es dafür keine Notwendigkeit gäbe, sondern als ob sie einen Vertrag geschlossen hätten, beweise ich immer noch, daß keiner von beiden allmächtig wäre. Denn wenn *A* allmächtig ist, kann es durch sein Wollen jedes mögliche Gewollte hervorbringen, das von ihm verschieden ist. Daraus folgt, daß *B* keines von ihnen durch sein Wollen würde hervorbringen können, und so ist es nicht allmächtig. Daß dies aber folgt, geht aus dem Weg über das unendliche Vermögen hervor. Denn es ist unmöglich, daß es zwei Gesamtursachen für ein und dieselbe Wirkung gibt, weil dadurch, daß sie von der einen verursacht ist, es unmöglich ist, daß sie von der anderen verursacht ist.

⟨Zum Argument für die Meinung anderer⟩

11 Zur Textstelle des Moses Maimonides sage ich: Weil das jüdische Volk roh und zum Götzendienst geneigt war, deswegen

Legem de unitate Dei licet per naturalem rationem poterit demonstrari. Ita etiam acceptum est a Lege: »Ego sum qui sum«. Et Apostolus *Ad Hebraeos* dicit quod »oportet accedentem credere quia est«. Et tamen non negatur Deum esse esse demonstrabile. Ergo pari ratione nec negandum est demonstrari posse Deum esse unum licet acceptum sit a Lege.

Illa etiam quae possunt demonstrari utile est communitati tradi per viam auctoritatis, et propter negligentiam communitatis in inquirendo veritatem et propter impotentiam intellectus et propter errores inquirentium per demonstrationem. Quia veritatibus suis multa falsa permiscent, ut dicit Augustinus XVIII *De Civitate Dei*; et ideo quia simplices sequentes tales demonstrationes bene possent dubitare cui esset assentiendum, ideo tuta est via et facilis et communis auctoritas certa quae non potest fallere nec falli.

[Ad argumentum principale]

12 Ad rationem principalem ad Apostolum dico quod Apostolus loquitur de idolatriis, et ideo de diis nuncupative. Et subdit ibi: »Nobis autem unus est Deus« quia »omnes dii gentium daemonia«.

2 Ex 3,14. *3* Hebr 11,6. *12* August., De civitate Dei XVIII c.41 n.2 (PL 41, 601). *17* Supra n.2. *19* Ps 95,5.

12 v184, w7d, f278.

bedurfte es der Belehrung über die Einzigkeit Gottes durch das Gesetz, obschon diese durch die natürliche Vernunft bewiesen werden kann. So ist es auch aus dem Gesetz angenommen: »Ich bin der ›Ich-bin-da‹«, und der Apostel Paulus sagt im Brief an die Hebräer, daß, »wer zu Gott kommen will, glauben muß, daß er ist«; und dennoch wird nicht geleugnet, daß Gottes Sein beweisbar ist. Also darf man aus dem gleichen Grund auch nicht leugnen, daß die Einzigkeit Gottes bewiesen werden kann, auch wenn sie aus dem Gesetz angenommen ist.

Es ist eben auch nützlich, daß das, was bewiesen werden kann, der breiteren Allgemeinheit auf dem Weg der Autorität überliefert wird, auch wegen der Schwerfälligkeit der Allgemeinheit bei der Suche nach der Wahrheit, wegen des Unvermögens des Intellekts und wegen der Irrtümer der Wahrheitssuchenden bei der Beweisführung. Denn den Wahrheiten mischen sie vieles Falsche bei, wie Augustinus im 18. Buch *Über den Gottesstaat* sagt. Und weil die Ungebildeten, die solchen Beweisführungen folgen, leicht im Zweifel sein können, wem sie zustimmen sollen, deswegen ist ein sicherer, leichter und allgemeiner Weg die gewisse Autorität, die nicht zum Irrtum führen und selbst nicht irren kann.

⟨Zum Eingangsargument⟩

12 Zur Textstelle bei Paulus sage ich, daß der Apostel über den Götzendienst spricht, und deshalb von sogenannten Göttern. Und er fügt dort hinzu: »⟨...⟩ so haben doch wir nur einen Gott«, weil »alle Götter der Heiden nichtig sind«.

DISTINCTIO 3

vl.1ae
wf1

Quaestio 1

1 Circa distinctionem tertiam quaero primo de cognoscibilitate Dei utrum Deus sit naturaliter cognoscibilis ab intellectu viatoris.

2 Arguo quod non. Philosophus III *De anima*: Phantasmata se habent ad intellectum sicut sensibilia ad sensum. Ergo intellectus nihil intelligit nisi cuius phantasmata potest per sensus apprehendere. Deus non habet phantasmata, ergo etc.

3 Contra. VI *Metaphysicae*: Metaphysica est de Deo.

[Opinio Henrici Gand.]

4 Ad hoc dicit quidam doctor sic. Loquendo de cognitione alicuius, distingui potest ex parte obiecti: per se vel per accidens, in particulari vel in universali. – ⟨Naturaliter⟩ per accidens non cognoscitur Deus. Quia quidquid de ipso cognoscitur est ipse. Tamen cognoscendo aliquod attributum eius, cognoscimus per accidens quid est. Unde Damascenus libro I capitulo 4 dicit de attributis: Non naturam dicunt Dei sed quae circa naturam. – In universali puta in generali attributo, cognoscitur: non quidem in universali secundum praedicationem, quod dicatur de ipso in quo nullum est universale quia

6 Aristot., De anima III c.7 t.30 (431a 14–15), c.8 t.39 (432a 9). *10* Aristot., Metaph. VI c.1 t.2 (1026a 21–23). *12* Henricus Gand., Summa a.24 q.3 (I f.139R). *16* Ibid. a.24 q.6 (I f.141N). *18* Damascenus, De fide orth. I c.4 (PG 94, 799; ed. Buytaert 14).

1 v1a, w1a, f335. **2** v1bc, w1b, f336a. **3** v5, w2a, f337. **4** v20, w3a-d, f343a-d.

3. DISTINKTION

1. Frage

1 Hinsichtlich der dritten Distinktion frage ich zuerst nach der Erkennbarkeit Gottes: Ist Gott auf natürliche Weise durch den Intellekt des Menschen in seinem jetzigen Zustand erkennbar?

2 Ich argumentiere dagegen. Aristoteles sagt im 3. Buch *Über die Seele*: Die Phantasmata verhalten sich zum Intellekt wie die sinnlich wahrnehmbaren Dinge zum Sinnesvermögen. Also erkennt der Intellekt nur das, wovon er Phantasmata durch die Sinne erfassen kann. Von Gott gibt es aber keine Phantasmata, also usw.

3 Dagegen. Im 6. Buch der *Metaphysik* steht: Die Metaphysik handelt von Gott.

⟨Die Meinung Heinrichs von Gent⟩

4 Dazu sagt ein gewisser Doktor Folgendes: Wenn man von der Erkenntnis von etwas spricht, kann man bezüglich des Objekts unterscheiden: ob es an sich erkannt wird oder ob etwas, das ihm bloß zukommt, erkannt wird, im besonderen oder im allgemeinen. – Gott wird auf natürliche Weise nicht durch etwas, das ihm bloß zukommt, erkannt, weil, was immer von ihm erkannt wird, er selbst ist. Doch wenn wir irgendein Attribut von ihm erkennen, erkennen wir, was er ist, durch etwas, das ihm zukommt. Daher sagt Damascenus im 1. Buch, Kapitel 4, über die Attribute: Sie sagen nicht die Natur Gottes aus, sondern das, was mit ihr in Beziehung steht. – Im allgemeinen, nämlich im allgemeinen Attribut, wird Gott erkannt: Nicht zwar in einem Allgemeinen gemäß der Prädikation, welches ausgesagt würde über ihn selbst, in

quiditas illa est de se singularis; sed in universali quod tantum analogice commune est sibi et creaturae, tamen a nobis quasi unum concipitur propter proximitatem conceptuum licet sint diversi conceptus. – In particulari non cognoscitur ex creaturis. Quia creatura est peregrina similitudo eius quia tantum conformis ei quoad aliqua attributa quae non sunt illa natura in particulari. Ergo cum nihil ducat in cognitionem alterius nisi sub ratione similis, ergo etc.

[Opinio Scoti: Deus potest concipi naturaliter a nobis per se et quiditative]

5 Respondeo ad quaestionem et in quibusdam contradicam positioni praedictae. Dico ergo primo quod non tantum haberi potest conceptus naturaliter in quo per accidens concipitur Deus puta in aliquo attributo, sed etiam aliquis conceptus in quo per se et quiditative concipiatur Deus. Probatio. Quia concipiendo ›sapientem‹ concipitur proprietas, secundum eum, vel quasi proprietas in actu secundo perficiens naturam; ergo intelligendo ›sapientem‹ oportet praeintelligere aliquod quid cui intelligo istam quasi proprietatem inesse, et ita ante conceptus omnium passionum oportet quaerere aliquem conceptum quiditativum cui intelligantur ista attribui. Et ille conceptus est aliquis quiditativus de Deo quia in nullo alio potest esse status.

[Et in conceptu aliquo univoco sibi et creaturae]

6 Secundo dico quod non tantum in conceptu analogo concep-

1 Henricus Gand., Summa a.21 q.2 ad 3 (I f.125S). *7* Ibid.

5 v25, w5a-b, f345. **6** v26, w5cd, f346ab.

dem es kein Allgemeines gibt, weil jene Washeit aus sich einzeln ist; wohl aber in einem Allgemeinen, das bloß analog ihm und dem Geschöpf gemeinsam ist und dennoch von uns gleichsam als Eines erfaßt wird wegen der Verwandtschaft der Begriffe, obwohl es sich um verschiedene Begriffe handelt. – Im besonderen wird Gott aus den Geschöpfen nicht erkannt. Denn das Geschöpf ist ein entferntes Gleichnis von ihm, weil es ihm bloß gleich ist in bezug auf irgendwelche Attribute, die nicht die Natur Gottes im besonderen sind. Da nichts zur Erkenntnis von etwas führt außer aufgrund von Ähnlichem, also usw.

⟨Meinung des Scotus: Gott kann auf natürliche Weise von uns an sich und washeitlich erfaßt werden⟩

5 Ich antworte auf die Frage und widerspreche in einigen Punkten der vorher genannten Position. – Ich sage also zuerst, daß man auf natürliche Weise nicht nur einen Begriff haben kann, in dem Gott durch etwas, das ihm zukommt, nämlich in einem Attribut, erfaßt wird, sondern auch einen Begriff, in dem Gott an sich und washeitlich erfaßt wird. – Beweis. Wenn man das Wort ›ein Weiser‹ erfaßt, erfaßt man eine Eigenschaft, nach der Auffassung des erwähnten Doktors, oder soviel wie eine Eigenschaft, die in einem zweiten Akt die Natur vervollkommnet. Also verlangt das Verstehen von ›ein Weiser‹ das vorherige Verstehen von etwas Washeitlichem, von dem ich erkenne, daß ihm etwas wie eine Eigenschaft innewohnt, und so muß man vor den Begriffen aller Eigenschaften irgendeinen washeitlichen Begriff suchen, von dem erkannt wird, daß ihm diese Attribute zukommen. Und dieser Begriff ist ein bestimmter washeitlicher Begriff von Gott, weil in keinem anderen ein Halt sein kann.

⟨Gott wird zudem in einem ihm und dem Geschöpf univoken Begriff erfaßt⟩

6 Zweitens sage ich, daß Gott nicht nur in einem Begriff erfaßt

tui creaturae concipitur Deus, qui scilicet omnino sit alius ab illo qui dicitur de creatura, sed in conceptu aliquo univoco sibi et creaturae.

[Definitio conceptus univoci]

Et ne fiat contentio de nomine univocationis, conceptum univocum dico qui ita est unus quod eius unitas sufficit ad contradictionem, affirmando et negando ipsum de eodem. Sufficit etiam pro medio syllogistico ut extrema unita in medio sic uno sine fallacia aequivocationis concludantur inter se uniri.

[Probatio univocationis]

7 Et univocationem sic intellectam probo. Omnis intellectus certus de uno conceptu et dubius de diversis, habet conceptum de quo est certus, alium a conceptibus de quibus est dubius. Sed intellectus viatoris potest esse certus de Deo quod sit ens, dubitando de ente finito vel infinito, creato vel increato. Ergo conceptus entis de Deo est alius a conceptu isto et illo, et ita neuter ex se, sed in utroque illorum includitur, ergo univocus. – Probatio maioris. Quia nullus idem conceptus est certus et dubius. Ergo vel alius, quod est propositum, vel nullus, et tunc non erit certitudo de aliquo conceptu. Probatio minoris. Nam aliquis videns philosophos discordare, potuit esse certus de quocumque quod aliquis eorum posuit

7 v27-29, w6ab, f346c-e.

wird, der dem Begriff, der für das Geschöpf gilt, analog ist, in einem solchen nämlich, der ganz verschieden wäre von dem, der vom Geschöpf ausgesagt wird, sondern in einem Gott und dem Geschöpf univoken Begriff.

⟨Definition des univoken Begriffs⟩

Und damit keine Auseinandersetzung über das Wort ›Univokation‹ entsteht, spreche ich dann von einem univoken Begriff, wenn er derart einer ist, daß seine Einheit für einen Widerspruch ausreicht, wenn man ihn demselben zu- und abspricht. Sie reicht ferner für den Mittelterm des Syllogismus aus, so daß von den Außengliedern des Syllogismus, vereinigt durch einen solcherart einigen Mittelterm, ohne den Fehlschluß der Äquivokation geschlossen werden kann, daß sie miteinander vereinigt sind.

⟨Beweis der Univokation⟩

7 Die so verstandene Univokation beweise ich auch: Für jeden Intellekt, der sicher ist über einen Begriff und im Zweifel über verschiedene, ist der eine Begriff, über den er sicher ist, verschieden von den Begriffen, über die er im Zweifel ist. Nun aber kann der Intellekt im jetzigen Zustand des Menschen über Gott sicher sein, daß er ein Seiendes ist, und zugleich zweifeln, ob Gott ein endliches oder unendliches, geschaffenes oder ungeschaffenes Seiendes ist. Also ist der Begriff des Seienden bei Gott verschieden von diesem und jenem Begriff und von sich her diesen gegenüber indifferent, aber so, daß er in beiden von ihnen eingeschlossen ist, also in bezug auf sie univok. – Beweis des Obersatzes. Derselbe Begriff kann nicht zugleich sicher und zweifelhaft erkannt sein. Entweder also liegen verschiedene Begriffe vor, was behauptet worden ist, oder überhaupt kein wirklicher, und dann gäbe es keine Sicherheit über irgendeinen Begriff. – Beweis des Untersatzes. Jeder Betrachter der Uneinigkeit der Philosophen konnte darüber sicher sein, daß das, was einer

principium illud esse ens, et tamen propter contrarietatem opinionum eorum potuit dubitare utrum sit hoc ens vel illud. Et tali dubitanti si fieret demonstratio concludens destruens aliquem conceptum inferiorem, puta quod ignis non erat ens primum sed aliquod ens posterius primo, non destrueretur ille conceptus primus sibi certus quem habuit de ente, sed salvaretur in illo conceptu particulari probato de igne. Et per hoc probatur propositio supposita in ultima consequentia rationis, quae fuit quod ille conceptus certus qui est ex se neuter dubiorum, in utroque illorum salvatur.

[Solvitur instantia]

8 Quod si non cures de auctoritate ista accepta de diversitate opinionum philosophantium, sed dicas quod quilibet habet duos conceptus in intellectu suo propinquos qui propter propinquitatem analogiae videntur esse unus conceptus. – Contra hoc videtur esse quia ex ista evasione videretur destructa omnis via probandi unitatem alicuius conceptus univocam. Si enim dicis hominem habere unum conceptum ad Socratem et ad Platonem, negabitur tibi et dicetur quod sunt duo sed videntur unus propter magnam similitudinem.

[Deus non cognoscitur naturaliter a viatore in particulari et proprie]

9 Tertio dico quod Deus non cognoscitur naturaliter a viatore in particulari et proprie, hoc est sub ratione huius essentiae ut haec in se.

8 v30, w6cd, f346f. **9** v56-57a, w16a-c, f347a-c.

von ihnen als Prinzip ansetzte, ein Seiendes sei, und dennoch wegen der Gegensätzlichkeit der Meinungen im Zweifel sein, ob es dieses oder jenes Seiende sei. Für einen solchen Zweifelnden, führte man ihm einen schlüssigen Beweis vor, der den zu niedrig angesetzten Begriff zerstören würde, z. B. daß das Feuer nicht das erste Seiende, sondern nur ein späteres als das erste Seiende war, würde jener erste, ihm sichere Begriff, den er über das Seiende hatte, nicht beseitigt werden, sondern in jenem als zu besonders erwiesenen Begriff des Feuers gewahrt bleiben. Und dadurch wird der Vordersatz in der letzten Folgerung des Arguments bewiesen, nämlich, daß der sichere Begriff, der von sich aus mit keinem der zweifelhaften Begriffe identisch ist, in beiden von ihnen gewahrt bleibt.

⟨Lösung des Einwands⟩

8 Wenn man der angeführten Belegstelle über die Verschiedenheit der Meinungen der Philosophierenden nicht zuviel Bedeutung beimißt, sondern einfach sagt, daß jeder von diesen zwei miteinander verwandte Begriffe in seinem Intellekt hat, die ihm nur wegen ihrer Verwandtschaft der Analogie als ein Begriff erscheinen, – so scheint dagegen zu sprechen, daß durch diese Ausflucht jeder Weg unmöglich gemacht zu sein scheint, die univoke Einheit eines Begriffs zu beweisen. Denn wenn man sagt, ›Mensch‹ sei der eine Artbegriff bezüglich Sokrates und Plato, wird einem widersprochen und gesagt werden, daß es zwei seien und nur einer zu sein scheinen wegen ihrer großen Ähnlichkeit.

⟨Gott wird nicht auf natürliche Weise vom Menschen in seinem jetzigen Zustand im besonderen und eigentlich erkannt⟩

9 Drittens sage ich, daß Gott nicht auf natürliche Weise vom Menschen in seinem jetzigen Zustand im besonderen und eigentlich erkannt wird, das heißt unter dem Begriff dieses Wesens, wie es in sich ist.

[Probatio Henrici infirmatur]

Sed ratio illa posita ad hoc in praecedenti conclusione non concludit. Cum enim arguit quod non cognoscitur aliquid nisi per simile, aut intelligit de similitudine univocationis aut imitationis. Si primo modo, igitur nihil cognoscitur de Deo, quia secundum illam opinionem in nullo habet similitudinem univocationis cum creatura per quam deberet a nobis cognosci. Si secundo modo et creaturae non tantum imitantur illam essentiam sub ratione generalis attributi sed etiam essentiam ut est haec essentia sive ut nuda in se existens, ergo propter talem similitudinem posset creatura esse principium cognoscendi essentiam divinam et in se et in particulari.

[Ratio Scoti]

Est ergo alia ratio huius conclusionis, quia sub ratione talis cognoscibilis est obiectum voluntarium et non naturale nisi respectu sui intellectus tantum. Et ideo a nullo intellectu creato potest sub ratione huius essentiae ut haec est, naturaliter cognosci, nec aliqua essentia naturaliter cognoscibilis a nobis sufficienter ostendit hanc essentiam ut haec, nec per similitudinem univocationis nec imitationis. Univocatio enim non est nisi in generalibus rationibus quia creatura imperfecte imitatur.

2 Supra n.4.

⟨Der Beweis Heinrichs wird entkräftet⟩

Aber die Begründung, die dazu in der vorigen Schlußfolgerung gegeben wurde, ist nicht gültig. Wenn sie nämlich besagt, daß nichts erkannt wird außer durch etwas ihm Ähnliches, dann versteht man darunter entweder die Ähnlichkeit im Sinn der Univokation oder im Sinn der Nachahmung. Wenn man es auf die erste Weise versteht, wird folglich nichts von Gott erkannt, weil er nach jener Meinung in nichts eine Ähnlichkeit im Sinn der Univokation mit dem Geschöpf hat, durch die er von uns erkannt werden könnte. Wenn man es auf die zweite Weise versteht, also die Geschöpfe dieses Wesen nicht nur im Hinblick auf ein allgemeines Attribut nachahmen, sondern auch dieses Wesen, sofern es gerade dieses Wesen ist, das heißt rein in sich existiert, dann könnte das Geschöpf wegen dieser Ähnlichkeit der Ausgangspunkt für die Erkenntnis des göttlichen Wesens sowohl in sich als auch im besonderen sein.

⟨Begründung des Scotus⟩

Es gibt daher eine andere Begründung für diese Schlußfolgerung. Gott ist nämlich unter der Rücksicht eines so Erkennbaren ein Objekt des Willens und nicht ein natürliches Objekt, außer für seinen eigenen Intellekt. Und daher kann von keinem geschaffenen Intellekt das göttliche Wesen unter dem Begriff dieses Wesens, insofern es gerade dieses Wesen ist, auf natürliche Weise erkannt werden, und kein von uns auf natürliche Weise erkennbares Wesen zeigt in hinreichender Weise dieses Wesen als gerade dieses, weder durch eine Ähnlichkeit im Sinn der Univokation noch im Sinn der Nachahmung. Univokation gibt es nämlich nur bei allgemeinen Begriffen, weil das Geschöpf auf unvollkommene Weise eine Nachahmung ist.

[Ad argumentum principale]

10 Ad argumentum quaestionis dico quod illa comparatio Philosophi debet intelligi quantum ad primam motionem intellectus ab obiecto. Ibi enim phantasmata cum intellectu agente habent vicem obiecti primi moventis. Sed non debet intelligi quantum ad omnem actum sequentem primam motionem. Potest enim intellectus abstrahere omne obiectum inclusum in aliquo primo movente et considerare illud abstractum non considerando illud a quo abstrahit, et considerando illud abstractum, sic considerat commune sensibili et insensibili, et in illo considerat insensibile in universali sicut et sensibile. Et potest considerare illud abstractum et aliud abstractum cum quo sit proprium alteri scilicet insensibili. Sed sensus non est abstractivus et ideo in omni actu tam primo quam secundo requirit obiectum aliquod proprium movens, quomodo non se habet phantasma ad intellectum.

vl.2ae
wf 5

Quaestio 2

1 De vestigio quaero utrum in creatura sit vestigium Trinitatis.

2 Arguo quod non. Quia per vestigium potest investigari illud cuius est vestigium. Igitur per creaturam posset naturaliter investigari Trinitas, quod est falsum quia hoc excedit naturalem rationem.

3 Contra. VI *De Trinitate* capitulo ultimo: Ut creatorem per

23 August., De Trin. VI c.10 n.12 (PL42,932).

10 v63, w19a, f350. **1** v281a, w1a, f427. **2** v281bc, w1a, f428a. **3** v284, w1d, f429.

⟨Zum Eingangsargument⟩

10 Zum Eingangsargument der Frage sage ich, daß jener Vergleich des Aristoteles bezüglich der ersten Bewegung des Intellekts vom Objekt her verstanden werden muß. Da haben nämlich die Phantasmata zusammen mit dem tätigen Intellekt die Rolle des erstbewegenden Objekts. Aber man darf den Vergleich nicht bezüglich aller der ersten Bewegung folgenden Akte verstehen. Der Intellekt kann nämlich jedes Objekt abstrahieren, das in einem beliebigen ersten Bewegenden eingeschlossen ist und jenes Abstrahierte betrachten, ohne dasjenige zu betrachten, von dem er abstrahiert. Und bei der Betrachtung jenes Abstrahierten betrachtet er demgemäß das dem Sinnlichen und Nichtsinnlichen Gemeinsame, und darin betrachtet er Nichtsinnliches ebenso wie Sinnliches im allgemeinen. Er kann jenes Abstrahierte betrachten und ein anderes Abstrahiertes, mit dem zusammen ein für ein Anderes, nämlich Nichtsinnliches, Eigentümliches entsteht. Aber das Sinnesvermögen ist nicht der Abstraktion fähig und erfordert deswegen bei jedem Akt, sei es ein erster oder ein zweiter, irgendein eigentümliches bewegendes Objekt, was beim Verhältnis des Phantasma zum Intellekt nicht der Fall ist.

2. Frage

1 Über die Erkenntnis Gottes in der Weise der Spur frage ich: Findet sich im Geschöpf eine Spur der Dreifaltigkeit?

2 Ich argumentiere dagegen. Mittels der Spur kann dasjenige erforscht werden, wovon es Spur ist. Also könnte durch das Geschöpf die Dreifaltigkeit auf natürliche Weise erforscht werden, was falsch ist, weil das die natürliche Vernunft übersteigt.

3 Dagegen steht im 6. Buch *Über die Dreifaltigkeit* im letzten Kapitel: Wenn wir den Schöpfer durch das, was geschaffen ist,

ea quae facta sunt conspicientes intelligamus Trinitatem cuius in creatura quomodo dignum est apparet vestigium.

[Quaestionis divisio]

4 In ista quaestione videndum est quae sit ratio vestigii et in quo consistat.

[Ratio vestigii iuxta aliorum sententiam]

5 Quantum ad primum dicitur quod vestigium est impressio derelicta ex transitu alicuius super vacuum vel plenum, ipsum imperfecte repraesentans. Et ideo imperfecte vestigium repraesentat aliquid quia sub ratione speciei, imago perfecte quia sub ratione individui. Sicut per vestigium distinguitur equus a bove et cognoscitur quod transiens est equus non bos, non autem distinguitur hic equus ab illo; sed imago distinguit quia imago Iovis non repraesentat Caesarem.

6 Quantum ad secundum dicitur quod creatura habet ad Deum triplicem relationem, et hoc secundum tres modos relativorum quos ponit Philosophus V *Metaphysicae*. Quantum ad primum modum refertur ad Deum relatione fundata super unum scilicet relatione similitudinis, et hoc inquantum creatura est exemplata et refertur ad Deum inquantum est causa exemplaris. Quantum ad secundum modum scilicet potentiae, refertur creatura ad Deum ut productum ad producentem. Quantum ad tertium modum scilicet mensurae, refertur creatura ad Deum ut ordinata ad ipsum sicut ad causam finalem. Isti ergo tres respectus integrant rationem

1 Rom 1,20: »per ea quae facta sunt intelligentes conspiciuntur« (ed. Vulgata). *2* Sir 50,31: »Lux Dei vestigium eius est«. *17* Aristot., Metaph. V c.15 t.20 (1020b 26–32).

4 v285, w1e-g, f430. **5** v286, w2a, f431a. **6** v287, w2b-f, f431b.

betrachten, erkennen wir die Dreifaltigkeit, deren Spur sich im Geschöpf in entsprechender Weise zeigt.

⟨Einteilung der Frage⟩

4 In dieser Frage ist zu untersuchen, was der Begriff der Spur ist und worin sie besteht.

⟨Der Begriff der Spur nach der Meinung anderer⟩

5 Was die erste Frage betrifft, wird gesagt, daß die Spur eine Einprägung ist, die hinterlassen wird, wenn etwas eine leere oder gefüllte Fläche überquert, wobei sie dieses selbst in unvollkommener Weise vergegenwärtigt. Unvollkommen vergegenwärtigt die Spur etwas deswegen, weil sie dieses nur in der Weise der Art vertritt, während ein Abbild es vollkommen, nämlich in der Weise des Individuums vertritt. So wird zum Beispiel durch die Spur ein Pferd von einem Rind unterschieden, und man erkennt, daß ein Pferd und nicht ein Rind vorbeigelaufen ist, nicht aber wird ein bestimmtes Pferd von einem anderen unterschieden. Ein Bild aber unterscheidet dies, weil ein Bild des Jupiter nicht den Cäsar darstellt.

6 Was die zweite Frage betrifft, wird gesagt, daß das Geschöpf zu Gott in einer dreifachen Beziehung steht, und zwar gemäß den drei Weisen von zueinander in Beziehung Stehenden, die Aristoteles im 5. Buch der *Metaphysik* darlegt. In der ersten Weise wird das Geschöpf auf Gott bezogen durch eine Beziehung, die in einem gegründet ist, nämlich in einer Beziehung der Ähnlichkeit, und zwar insofern das Geschöpf nach einem Vorbild hervorgebracht ist und auf Gott bezogen wird, insofern dieser Exemplarursache ist. In der zweiten Weise, nämlich in der des Vermögens, wird das Geschöpf auf Gott bezogen wie ein Hervorgebrachtes auf das Hervorbringende. In der dritten Weise, nämlich der des Maßes, wird das Geschöpf auf Gott bezogen, insofern es auf ihn selbst als seine Finalursache hingeordnet ist. Diese drei Hinordnungen machen zusammen den Begriff der Spur aus, weil eine

vestigii quia una relatio non sufficit sine aliis, ut colligitur ab Augustino *83 Quaestionum* quaestione 74, de duobus ovis etc.

[Ratio vestigii iuxta Scotum]

7 Contra illud quod dicitur in primo membro. Si tantum esset unum animal et aliud non esset possibile in universo, adhuc eius vestigium non esset eius imago quia adhuc non esset similitudo totius sed partis. Imago autem est similitudo totius, et tamen tunc non repraesentaret ipsum confuse scilicet secundum aliquam rationem sibi et aliis communem.

8 Quantum ergo ad hoc dico quod vestigium est similitudo partis animalis a qua imprimitur in aliquid sibi cedens. Sed similitudo impressa partis non est similitudo totius, quia neque secundum rationem totius in se neque etiam qua totum immediate cognoscitur, sed tantum arguitive ex hoc quod cognoscitur illud repraesentatum esse aliquid illius. Et ideo si illud suppositum sit falsum puta quod illud imprimens est separatum a toto ut si pes amputatus a corpore imprimeret vestigium, erraret aliquis circa totum cuius nata est esse talis pars impressiva vestigii. Patet etiam quod si totum corpus esset ita impressum pulveri sicut pes est impressus, ista impressio derelicta vere esset imago et similitudo totius sicut modo vestigium est similitudo partis.

[Reicitur aliorum explicatio]

9 Hoc etiam ad propositum applicando non videtur quod prima distinctio posita inter vestigium et imaginem sit vera quia

2 August., De div. quaest. 83 q.74 (PL 40,86).

7 v289, w2h, f432a. **8** v293, w3a, f432b. **9** v294, w3a, f 433a.

Beziehung nicht ohne die anderen ausreicht, nach Augustinus in den *83 Fragen*, in der Frage 74, über zwei Eier usw.

⟨Der Begriff der Spur nach Scotus⟩

7 Gegen das, was im ersten Teil gesagt wird, ist vorzubringen: Wenn es nur ein einziges Lebewesen gäbe und ein anderes im Universum nicht möglich wäre, wäre seine Spur immer noch nicht sein Abbild, weil sie immer noch nicht die Ähnlichkeit des Ganzen, sondern die des Teils wäre. Das Abbild aber ist die Ähnlichkeit des Ganzen, und dennoch würde es dann nicht es selbst in allgemeiner Weise vergegenwärtigen, das heißt gemäß einer Rücksicht, die ihm und anderen gemeinsam wäre.

8 Daher also sage ich dazu, daß die Spur die Ähnlichkeit mit einem Teil des Lebewesens darstellt, nämlich mit dem Teil, von dem sie in etwas ihm Nachgebendes eingeprägt wurde. Aber die eingeprägte Ähnlichkeit mit einem Teil ist nicht die Ähnlichkeit mit dem Ganzen, weil das Ganze weder gemäß dem Begriff des Ganzen in sich noch auch als Ganzes unmittelbar erkannt wird, sondern nur erschließend daraus, daß man erkennt, daß jenes Vergegenwärtigte etwas von jenem Ganzen ist. Und wenn daher die Voraussetzung falsch ist, etwa wenn jenes Einprägende vom Ganzen abgetrennt ist, zum Beispiel wenn ein vom Körper abgetrennter Fuß die Spur einprägte, würde sich einer hinsichtlich des Ganzen irren, von dem ein bestimmter Teil fähig ist, eine Spur einzuprägen. Es ist ebenfalls klar, daß, falls der ganze Körper so in den Sand eingedrückt würde wie der Fuß eingedrückt wird, die hinterlassene Einprägung tatsächlich ein Abbild und eine Ähnlichkeit mit dem Ganzen wäre, wie jetzt die Spur eine Ähnlichkeit mit dem Teil ist.

⟨Zurückweisung der Erklärung der anderen⟩

9 Wenn man dies auf den vorliegenden Fall anwendet, scheint es nicht der Fall zu sein, daß die zuerst getroffene Unter-

nulla creatura repraesentat Deum nisi secundum conceptus communes et non secundum conceptus speciales, speciei scilicet specialissimae. Ergo non est differentia creaturae ad creaturam in repraesentando Deum in ratione communi et non communi.

10 Quod etiam dicitur in secundo membro quod vestigium consistit in illis tribus relationibus, non videtur verum. Quia licet ratio vestigii dicat respectum quemadmodum similitudo creaturae, non tamen erit respectus tantum. Sicut non dicitur similitudo esse in respectu sed in aliquo absoluto in quo fundetur ratio similitudinis, ita videtur etiam ratio vestigii non esse in respectu praecise sed in aliquo in quo fundatur ille respectus. Et hoc probatur sic. Quia vestigium est similitudo vestigati ex quo cognito cognoscitur illud, ergo vestigium potest praecognosci naturaliter illo cuius est. Relatio autem non potest praecognosci termino naturaliter, ergo etc.

11 Item quod dicitur quod illi tres respectus pertinent ad tres modos relativorum, hoc videtur falsum. Quia Philosophus V *Metaphysicae* ponens differentiam duorum modorum ad tertium, vult quod in duobus primis modis sit mutua relatio, in tertio non, sed tantum unum dicitur ad aliud quia aliud est eius. Omnis autem relatio creaturae ad Deum non est mutua, sed tantum Deus dicitur ad creaturam quia creatura ad ipsum. Ergo omnis respectus creaturae ad Deum est secundum tertium modum.

19 Aristot., Metaph. V c.15 t.20 (1021a 26–30).

10 v295, w3b, f433b. **11** v296, w4a, f433c.

scheidung zwischen Spur und Abbild zutrifft, weil kein Geschöpf Gott darstellt, außer gemäß allgemeinen Begriffen, nicht aber mit Begriffen der Art, nämlich der untersten Art. Also gibt es keinen Unterschied zwischen den Geschöpfen hinsichtlich der Vergegenwärtigung Gottes unter einem allgemeinen und einem nicht allgemeinen Begriff.

10 Auch was im zweiten Teil gesagt wird, nämlich daß die Spur in jenen drei Beziehungen besteht, scheint nicht wahr zu sein. Denn auch wenn der Begriff der Spur eine Hinordnung besagt so wie die Ähnlichkeit des Geschöpfes, wird er doch nicht eine bloße Hinordnung sein. So wie nicht gesagt wird, daß die Ähnlichkeit in der Hinordnung besteht, sondern in etwas Absolutem, in dem der Begriff der Ähnlichkeit begründet ist, so besteht offenbar der Begriff der Spur auch nicht ausschließlich in der Hinordnung, sondern in etwas, in dem diese Hinordnung begründet ist. – Das wird folgendermaßen bewiesen: Die Spur drückt die Ähnlichkeit mit dem sie Hinterlassenden aus, so daß man, wenn man sie kennt, auch dieses kennt, also kann die Spur auf natürliche Weise vor dem erkannt werden, dessen Spur sie ist. Eine Beziehung aber kann nicht auf natürliche Weise früher erkannt werden als ein Terminus, also usw.

11 Weiters scheint es falsch zu sein, wenn gesagt wird, daß jene drei Hinordnungen zu den drei Weisen von in Beziehung Stehenden gehören. Denn Aristoteles sagt im 5. Buch der *Metaphysik*, wo er einen Unterschied zwischen den beiden ersten Weisen und der dritten feststellt, daß in den beiden ersten Weisen eine wechselseitige Beziehung besteht, in der dritten aber nicht, sondern daß bei ihr nur eines auf ein anderes hin ausgesagt wird, weil dieses zu ihm gehört. Jede Beziehung des Geschöpfes zu Gott aber ist nicht wechselseitig, sondern man spricht nur von einer Beziehung Gottes zum Geschöpf, weil dieses sich auf Gott bezieht. Also besteht jede Hinordnung des Geschöpfes auf Gott gemäß der dritten Weise.

12 Quod etiam adducit de primo modo de similitudine, non valet. Quia illa similitudo quae est exemplati ad exemplans, non est de primo modo quia non est similitudo univocationis sed imitationis, immo pertinet ad tertium modum, sicut manifeste patet per Philosophum qui in tertio modo ponit relationem scientiae ad scibile et universaliter mensurati ad mensuram. Exemplar autem habet rationem mensurae respectu exemplati.

[Sententia Scoti]

13 Concedo ergo quod omnis respectus creaturae ad Deum pertinet ad illum tertium modum relativorum. Nec in solis respectibus consistit vestigium sed in aliquibus absolutis, et forte in aliquo respectu sicut in aliqua sui parte, secundum quod assignat Augustinus partes vestigii VI *De Trinitate* capitulo ultimo ubi dicit de creaturis: »Haec omnia quae arte divina facta sunt et unitatem quandam in se ostendunt, et speciem et ordinem«. Unitas est perfectio absoluta sicut patet per exempla sua ibidem: »unum aliquid sicut natura corporum« etc. Species etiam seu forma absolutum aliquid est, sicut patet per exempla sua ibidem: »qualitates corporum et doctrinae animarum«. Ordo aliquem respectum dicit sed non ad finem ultimum sed ad operationem. Unde dicit: »Aliquem ordinem tenet sicut sunt pondera et collocationes corporum et amores aut delectationes animarum«. Haec tria sic sumpta repraesentant sub ratione similitudinis tria correspondentia eis in Deo. Quia unitas repraesentat summam unitatem primi principii a quo est origo. Et quoad hoc ait:

15 August., De Trin. VI c.10 n.12 (PL 42, 932).

12 v297, w4b, f433d. **13** v298, w5ab, f434ab.

12 Auch was die Auffassung über die erste Weise, die von der Ähnlichkeit, anführt, gilt nicht. Denn diese Ähnlichkeit, die zwischen dem Abbild und dem Urbild besteht, ist nicht eine der ersten Weise, weil es nicht eine Ähnlichkeit im Sinn der Univokation ist, sondern eine im Sinn der Nachahmung. Sie gehört vielmehr zur dritten Weise, wie bei Aristoteles offenkundig ist, der die Beziehung der Wissenschaft zum Wißbaren und allgemein des Gemessenen zum Maßstab zur dritten Weise rechnet. Das Urbild aber hat die Rolle des Maßstabs hinsichtlich des Abgebildeten inne.

⟨Lehre des Scotus⟩

13 Ich stimme also zu, daß jede Beziehung des Geschöpfes auf Gott zu dieser dritten Art von in Beziehung Stehenden gehört. Die Spur besteht aber nicht nur in bloßen Beziehungen, sondern in etwas Selbständigem und möglicherweise in einer Beziehung als einem ihrer Teile, wie Augustinus die Teile der Spur im 6. Buch im letzten Kapitel von *Über die Dreifaltigkeit* beschreibt, wo er über die Geschöpfe sagt: »Dies alles, was durch die göttliche Kunst geschaffen ist, weist sowohl eine gewisse Einheit in sich auf als auch eine Form und eine Ordnung«. Die Einheit ist eine für sich bestehende Vollkommenheit, wie aus seinen Beispielen ebenda hervorgeht: »Etwas Einheitliches wie die Natur der Körper« usw. Auch die Art oder Form ist etwas für sich Bestehendes, wie ebenda aus seinen Beispielen hervorgeht: »Die Beschaffenheit der Körper und die Belehrung der Seelen«. Die Ordnung drückt eine gewisse Beziehung aus, aber nicht zum letzten Ziel, sondern auf Tätigkeit hin. Daher sagt er: »Eine gewisse Ordnung hält die Schöpfung ein, wie Gewicht und Anordnung bei den Körpern und wie Vorlieben oder Freuden bei den Seelen«. Diese drei, so verstanden, vergegenwärtigen unter dem Aspekt der Ähnlichkeit drei ihnen Entsprechende in Gott. Die Einheit nämlich vergegenwärtigt die höchste Einheit des ersten Prinzips, von dem alles aus-

»In illa Trinitate est summa origo rerum omnium«. Species in creatura repraesentat summam pulchritudinem; unde et subdit »summa pulchritudo«. Ordo seu operatio in creatura repraesentat operationem perfectissimam in Deo, et quoad hoc subdit »beatitudo est summa delectatio«.

[Fundamentum vestigii iuxta sententiam aliorum]

14 Dicitur, secundum Boethium *De hebdomadibus*, quod diversum est ›quo est‹ et ›quod est‹, quia illud quo aliquid est dicitur ratitudo eius, quo autem ipsum est ›quod est‹ vel aliquid, dicitur aliquitas eius. Hoc intellecto dicitur quod respectus vestigialis in creatura non fundatur in ratitudine rei sed in aliquitate tantum, et est formaliter ratitudo eius.

[Sententia Scoti]

15 Dico quod nullus respectus est ratitudo sive quo aliquid est firmum ens vel verum ens vel certum ens in quacumque entitate. Quia omnis respectus habet aliquid in quo fundatur, quod secundum se non est ad aliud. In isto primo in quo est ad se essentialiter si non est essentialiter ens certum, ens firmum, non erit capax alicuius respectus per quem fiat ens ratum. Quia non ratum si fiat ratum, aut fiet ratum ex se, quod includit contradictionem – quia quidquid est ex se aliquale, est necessario tale, – aut ab aliquo causante fiet ratum, et si hoc, prius naturaliter potest aliquod absolutum terminare illam causationem quam respectus, quia formaliter

7 Boethius, De hebd. (PL 64,1311B).

14 v302, w7ab, f435ab. **15** v323, w12b, f439.

geht. Und dazu sagt er: »In jener Dreieinigkeit ist der höchste Ursprung aller Dinge«. Die Form im Geschöpf vergegenwärtigt die höchste Schönheit, daher fügt er hinzu: »die höchste Schönheit«. Ordnung oder Tätigkeit im Geschöpf vergegenwärtigt die vollkommenste Tätigkeit in Gott, und dazu sagt er: »Die Glückseligkeit ist die höchste Freude«.

⟨Die Grundlage der Spur nach der Lehre der anderen⟩

14 Es wird gesagt, nach Boethius *Über das Sechstagewerk*, daß das ›Wodurch-Sein‹ und das ›Was-Sein‹ unterschieden sind, denn jenes, wodurch etwas überhaupt ist, heißt sein Bestehen; jenes, wodurch dieses ist, ›was es ist‹ oder etwas ist, heißt sein ›Etwas-Sein‹. Wenn man das so versteht, wird gesagt, daß die Beziehung im Sinn der Spur beim Geschöpf nicht im Bestehen der Sache gründet, sondern nur im ›Etwas-Sein‹, und daß sie formal ihr Bestehen ist.

⟨Lehre des Scotus⟩

15 Ich sage, daß keine Beziehung das Bestehen von etwas ist oder das, wodurch etwas ein dauerhaftes oder wahres oder sicheres Seiendes ist, in welcher Form von Seiendem auch immer. Denn jede Beziehung hat etwas, in dem sie gegründet ist, das in sich betrachtet nicht auf ein anderes bezogen ist. Wenn es nicht in diesem Ersten, in dem es wesentlich für sich bestehend ist, wesentlich ein sicheres und dauerhaftes Seiendes ist, wird es keiner Beziehung fähig sein, durch die es ein tatsächlich bestehendes Seiendes wird. Denn das Nicht-Bestehende wird, wenn es ein Bestehendes wird, entweder bestehend aus sich, was einen Widerspruch einschließt – denn was immer von sich aus irgendwie beschaffen ist, ist notwendigerweise ein solches –, oder es wird ein Bestehendes aufgrund irgendeines Verursachenden, und wenn das der Fall ist, kann etwas Absolutes auf natürliche Weise früher diese Verursachung bestimmen als eine Beziehung, weil formal

ratio cuiuscumque primi termini producti non est necessario respectus.

[Ad argumentum principale]

16 Ad argumentum principale dico quod per vestigium distincte investigatur illud cuius est imago, scilicet pars totius, sed totum non investigatur nisi indistincte. Sicut totum cognoscitur ex parte, ita in proposito per creaturam investigatur appropriatum cuicumque personae sed non propria personarum, et ideo Trinitas cuius conceptus in intellectu est quasi totalis.

v1.3ae wf6

Quaestio 3

1 Circa secundam partem distinctionis scilicet de imagine, quaero primo de memoria utrum in parte intellectiva proprie sumpta sit memoria habens speciem intelligibilem priorem naturaliter actu intelligendi.

2 Quod non, sic arguitur. Omnis species impressa ab obiecto repraesentat illud sub ea ratione sub qua ab eo imprimitur. Et si imprimitur ab alio, adhuc repraesentat sub eadem ratione quasi imprimeretur ab obiecto; alioquin non esset vera species eius. Sed species quando imprimitur ab obiecto, imprimitur ab eo ut singulare est, quia actio est singularis. Ergo species impressa non potest repraesentare universale quale repraesentatur intellectui, ergo species impressa repraesentat intelligibile sub ratione singularis.

3 Ad oppositum. Intellectus quandoque est in potentia propinqua et accidentali, qui prius fuit in potentia essentiali et

22 ergo ... singularis] Ex cod. Cant., Gonville 49.

16 v330, w15a, f441a. **1** v333a, w1a, f442. **2** v333bc, w1b, f443a. **3** v339, w2a, f444a.

der Begriff eines jeden ersten hervorgebrachten Terminus nicht notwendig eine Beziehung ist.

⟨Zum Eingangsargument⟩

16 Zum Eingangsargument sage ich, daß durch die Spur in bestimmter Weise jenes erforscht wird, wovon es ein Abbild ist, nämlich der Teil des Ganzen, aber das Ganze wird nur in unbestimmter Weise erforscht. So wie man das Ganze aus dem Teil erkennt, so erforscht man im Vorliegenden durch das Geschöpf, was jeder Person als Attribut zukommt, nicht aber das Besondere der Personen, und so ist es bei der Dreifaltigkeit, deren Begriff im Intellekt gewissermaßen eine Gesamtheit wird.

3. Frage

1 Bezüglich des zweiten Teils dieser Distinktion, nämlich über das Abbild, frage ich zuerst nach der Memoria, ob es im intellektiven Teil der Seele im eigentlichen Sinn ein Gedächtnis gibt, in dem sich eine vernunftbestimmte Form findet, die von Natur aus früher ist als der Erkenntnisakt.

2 Gegenargument. Jede vom Objekt eingeprägte Form repräsentiert jenes in der Weise, wie sie von ihm eingeprägt wird. Und wenn sie von einem anderen eingeprägt wird, repräsentiert sie es immer noch in derselben Weise, als ob sie vom Objekt eingeprägt worden wäre; sonst wäre es nicht seine wahre Form. Aber wenn die Form vom Objekt eingeprägt wird, wird sie von ihm als Einzelnem eingeprägt, weil die Tätigkeit Sache des Einzelnen ist. Also kann die eingeprägte Form das Allgemeine nicht in der Weise repräsentieren, wie es dem Intellekt zukommt. Also repräsentiert die eingeprägte Form das Erkennbare in der Weise des Einzelnen.

3 Dagegen. Der Intellekt ist zuweilen in einer unmittelbaren und akzidentellen Potenz, wobei er vorher in einer wesentlichen und entfernten Potenz war. Das kommt im Intellekt

remota. Illud non est in intellectu nisi per aliquam immutationem. Non obiecti, igitur ista mutatio quae fit ad talem potentiam propinquam, videtur esse ad aliquam formam per quam obiectum intelligibile est praesens intellectui. Quae forma est prior actu intelligendi, quia prior est natura potentia propinqua potens intelligere quam actus intelligendi. Ista forma per quam obiectum est sic praesens, vocatur species, ergo etc.

[Opinio aliorum negans species intelligibiles]

4 In ista quaestione negatur omnis species intelligibilis praecedens naturaliter actum intelligendi. Modus ponendi est iste. Habita impressione sensibili in organum sensus et toto illo processu usque ad virtutem phantasticam, intellectus agens abstrahit ab obiecto in phantasmate et immutat intellectum possibilem ad simplicem apprehensionem essentiae, ita tamen quod intellectus possibilis nullam speciem impressam recipit a phantasmate nec est obiectum praesens intellectui nisi quia praesens in imaginatione.

5 Et hoc probatur ex ista deductione: Sensus enim recipit speciem aliam ab actu quia organum est eiusdem rationis cum medio vel quia species ista recepta est dispositio propinqua ad actum sentiendi recipiendum. Neutrum istorum concurrit in intellectu. Est enim intellectus virtus non organica et de se summe disposita ad actum intelligendi, ergo etc.

6 Haec dicitur esse intentio Aristotelis III *De anima* ubi commendat antiquos dicentes animam esse locum specierum, non totam sed intellectivam. Haec distinctio non videtur esse bona intelligendo quia aliae partes non habent species. Sunt

10 Henricus Gand., Quodl. V q.14 (ed. 1518, fol.178o). *25* Aristot., De anima III c.4 t.6 (429a 27–28).

4 v340, w3ab, f445ab. **5** v341, w3b, f445c. **6** v342, w3c, f445d.

nicht vor außer durch eine Veränderung. Aber nicht auf seiten des Objekts; also scheint diese, zu einer unmittelbaren Potenz hinführende Veränderung zu einer Form zu führen, durch welche ein erkennbares Objekt dem Intellekt gegenwärtig ist. Diese Form ist früher als der Akt des Erkennens, weil die unmittelbare Potenz, die zum Erkennen fähig ist, von Natur aus früher ist als der Akt des Erkennens. Diese Form, durch die das Objekt so gegenwärtig ist, wird *species* genannt, also usw.

⟨Die Meinung anderer,
die die vernunftbestimmte Form leugnet⟩

4 In dieser Frage wird jede dem Erkenntnisakt von Natur aus vorausgehende vernunftbestimmte Form geleugnet. Dies wird folgendermaßen dargestellt. Liegt eine sinnliche Einprägung in das Sinnesorgan und jener ganze Prozeß bis zur Vorstellungskraft vor, abstrahiert der tätige Intellekt vom Objekt im Phantasma und verändert den möglichen Intellekt auf ein einfaches Erfassen des Wesens hin, so aber, daß der mögliche Intellekt keine Form vom Phantasma eingeprägt erhält und das Objekt dem Intellekt nur gegenwärtig ist, weil es in der Vorstellung gegenwärtig ist.

5 Und das wird durch folgende Argumentation bewiesen. Das Sinnesvermögen nimmt nämlich eine andere Form vom Akt auf, weil das Organ von derselben Art ist wie das Medium oder weil diese aufgenommene Form eine unmittelbare Disposition für die Aufnahme des sinnlichen Akts ist. Keines von diesen findet sich im Intellekt. Denn der Intellekt ist ein nicht-organisches und von sich her in höchstem Maße für den Erkenntnisakt disponiertes Vermögen, also usw.

6 Es wird gesagt, daß das die Meinung von Aristoteles im 3. Buch *Über die Seele* ist, wo er die Alten preist, die sagen, daß die Seele der Ort der Form sei, nicht die ganze, sondern der intellektive Teil. Diese Unterscheidung scheint nicht gut zu sein, wenn man sie so versteht, daß die anderen Teile keine

enim species in parte sensitiva; sed illae partes non habent species ut loca sed ut subiecta habent accidentia, intellectus autem habet eas ut locus quia ut formam expressam, non impressam.

7 Hoc etiam accipitur III *De anima.* Quia speculamur quod quid est in phantasmatibus et phantasmata se habent ad intellectum sicut sensibilia ad sensum, et nihil intelligimus sine phantasmate. Et plura similia dicit. – Et ex his concluditur quod nullam ponit speciem intelligibilem, quia si ipsa poneretur, intellectus non specularetur quod quid est in phantasmatibus sed in specie intelligibili. Similiter non oporteret converti ad phantasmata, sed sufficeret species intelligibilis in qua haberet obiectum praesens ad quod converteretur.

8 Haec etiam dicitur intentio Augustini qui vult, XV *De Trinitate* capitulo 10, quod ex ipsa scientia quam memoria tenemus nascitur verbum.

[Contra opinionem aliorum arguitur]

9 Contra istam positionem arguo sic. Si singulare intelligatur vel non, non curo modo. Certum enim est quod universale potest ab intellectu intelligi. Et magis a philosophis intellectus ponitur potentia distincta a potentiis sensitivis propter intellectionem universalis et propter compositionem et divisionem et propter syllogizationem quam propter cognitionem singularis, si posset intelligere singulare. Ex hoc ergo manifesto quod intellectus potest intelligere universale, accipio hanc propositionem: ›intellectus potest habere obiectum

5 Ibid. c.8 t.39 (432a 8–9). *15* August., De Trin. XV c.10 n.19 (PL 42, 1071).

7 v343, w3d.4a, f445e. **8** v345, w4d, f445g. **9** v348-350, w5ab, f447abc.

Formen haben. Es gibt nämlich Formen im sensitiven Teil. Aber jene Teile haben die Formen nicht wie Orte, sondern wie Subjekte Akzidentien haben, der Intellekt aber hat sie wie ein Ort, weil er sie als hervorgebrachte, nicht als eingeprägte Form hat.

7 Das findet sich tatsächlich auch im 3. Buch *Über die Seele*. Denn wir erkennen das Wesen in den Phantasmata, und die Phantasmata verhalten sich zum Intellekt wie sinnlich Wahrnehmbares zum Sinnesvermögen, und nichts erkennen wir ohne Phantasma. Und Ähnliches mehr sagt er.
Und aus diesem wird geschlossen, daß er keine vernunftbestimmte Form annimmt. Denn wenn eine solche angenommen würde, würde der Intellekt das Wesen nicht in den Phantasmata erkennen, sondern in der vernunftbestimmten Form. Ähnlich wäre es nicht notwendig, sich den Phantasmata zuzuwenden, sondern die vernunftbestimmte Form würde genügen, in der er das Objekt, dem er sich zuwenden würde, gegenwärtig hätte.

8 Das wird auch als die Meinung von Augustinus bezeichnet, der im 15. Buch *Über die Dreifaltigkeit* im 10. Kapitel behauptet, daß aus dem Wissen selbst, das wir im Gedächtnis festhalten, das Wort entsteht.

⟨Gegen diese Meinung anderer wird argumentiert⟩

9 Gegen diese Auffassung argumentiere ich folgendermaßen. Ob das Einzelne erkannt wird oder nicht, lasse ich jetzt einmal außer Betracht. Sicher ist nämlich, daß das Allgemeine vom Intellekt erkannt werden kann. Und von den Philosophen wird der Intellekt mehr wegen der Erkenntnis des Allgemeinen und wegen des Bejahens und Verneinens im Satz und wegen des Schlußfolgerns für ein von den sinnlichen Vermögen verschiedenes Vermögen gehalten als wegen der Erkenntnis des Einzelnen, wenn er Einzelnes erkennen könnte. Da also deutlich ist, daß der Intellekt das Allgemeine erkennen kann, nehme ich folgenden Satz an: ›Der Intellekt

actu universale perfecte sibi praesens in ratione obiecti prius naturaliter quam intelligat‹. Ex hoc sequitur propositum quod in isto priore habet obiectum praesens in specie intelligibili et ita habet speciem intelligibilem priorem actu. Antecedens sumptum videtur satis manifestum. Quia obiectum est prius naturaliter actu, ergo universalitas quae est propria condicio obiecti inquantum obiectum, praecedit actum intelligendi. Et sub ista ratione oportet esse praesens quia praesentia obiecti praecedit actum.

[Probatio consequentiae: Ex universalitate obiecti]

10 Consequentiam probo primo ex parte universalitatis obiecti, secundo ex parte praesentiae. Ex parte universalitatis obiecti arguo sic. Species ex hoc quod talis species, habet talem rationem repraesentandi, et hoc respectu obiecti sub tali ratione repraesentati. Ergo eadem species non habet duas rationes repraesentativas nec est respectu duarum rationum in repraesentabili. Sed obiectum sub ratione universalis et singularis requirit duplicem rationem repraesentativam et est respectu duplicis rationis repraesentabilis formaliter. Ergo idem manens idem non repraesentat sic et sic. Ergo phantasma quod de se repraesentat obiectum sub ratione singularis, non potest ipsum repraesentare sub ratione universalis.

[Ex praesentia obiecti]

11 Ex secundo membro scilicet ex praesentia obiecti, arguo sic. Aut intellectus potest habere obiectum sibi praesens in ratione obiecti intelligibilis absque hoc quod sit praesens alicui

10 v351.352, w5bc, f447d.448a. **11** v366, w10a, f451a.

kann ein tatsächlich allgemeines Objekt von Natur aus früher in sich vollkommen in seiner Wesensbestimmung gegenwärtig haben als er erkennt‹. Daraus folgt die Behauptung, daß er in diesem Früheren das Objekt in einer vernunftbestimmten Form gegenwärtig hat, und so hat er die vernunftbestimmte Form früher als den Akt.

Der Vordersatz scheint hinreichend deutlich. Denn das Objekt ist von Natur aus früher als der Akt, also geht die Allgemeinheit, die die eigentümliche Beschaffenheit des Objekts ist, insofern es Objekt ist, dem Akt des Erkennens voraus. Und in dieser Hinsicht ist es notwendig, daß es gegenwärtig ist, weil die Gegenwart des Objekts dem Akt vorausgeht.

⟨Beweis der Folgerungsbeziehung:
Aus der Allgemeinheit des Objekts⟩

10 Die Folgerungsbeziehung beweise ich erstens von der Allgemeinheit des Objekts her, zweitens von seiner Gegenwart her. Von der Allgemeinheit des Objekts her argumentiere ich so. Die Form hat aufgrund dessen, daß sie eine bestimmte Form ist, eine bestimmte Weise des Darstellens, und zwar bezüglich des Objekts, das in dieser bestimmten Weise dargestellt wird. Also hat dieselbe Form weder zwei Weisen des Darstellens noch ist sie bezüglich der beiden Weisen im Darstellbaren wirksam. Aber das Objekt erfordert in Hinsicht auf das Allgemeine und das Einzelne eine zweifache Weise der Darstellung und ist bezüglich der zweifachen Weise des Darstellbaren formal wirksam. Also stellt ein und dasselbe nicht so und anders dar. Also kann das Phantasma, das von sich aus das Objekt in der Weise des Einzelnen darstellt, jenes nicht in der Weise des Allgemeinen darstellen.

⟨Beweis aus der Gegenwart des Objekts⟩

11 Vom zweiten Teil des Arguments her, nämlich von der Gegenwart des Objekts, argumentiere ich so. Entweder kann der Intellekt ein Objekt in sich gegenwärtig haben in der Weise

potentiae inferiori, aut non. Si non, ergo non potest habere operationem sine eis, nec esse, secundum argumentum Philosophi in prooemio libri *De anima.* Si autem potest habere obiectum praesens absque eius praesentia potentiae inferiori, ergo habet. Consequentia probatur. Quia agentia talis praesentiae obiecti scilicet phantasma et intellectus agens, sunt sufficienter approximata intellectui possibili et agunt per modum naturae, et ita causant necessario in illo illud cuius ipse est receptivus, modo obiectum non est praesens intellectui possibili in cognitione abstractiva ante actum elicitum nisi per aliquod repraesentativum quod voco speciem, et sic habeo propositum.

[Conclusio Scoti]

12 Ad quaestionem dico quod necesse est ponere in intellectu speciem intelligibilem priorem naturaliter actu intelligendi propter istas rationes positas ex parte obiecti inquantum universale et inquantum praesens intellectui. Quae duae condiciones, universalitas et praesentia, praecedunt naturaliter intellectionem.

Haec etiam videtur intentio Aristotelis qui III *De anima* volens quod anima sit quodammodo omnia, quasi probando exponit se, quod est per sensum sensibilia et per intellectum intelligibilia. Quod alii exponunt quod non loquitur uniformiter hic et ibi, quia de sensu intelligit quantum ad speciem impressam, de intellectu quantum ad habitum scientiae.

3 Aristot., De anima I c.1 t.12 (403a 3–10); t.13 (lin. 10–12). *20* Aristot., De anima III c.8 t.37 (431b 21–23).

12 v370.372, w13a, f452.453.

des erkennbaren Objekts, ohne daß es irgendeinem niederen Vermögen gegenwärtig ist, oder nicht. Wenn nicht, kann er weder ohne solche Vermögen tätig sein noch überhaupt sein, entsprechend dem Argument von Aristoteles im Prooemium des Buches *Über die Seele*. – Wenn er aber ein Objekt gegenwärtig haben kann, ohne daß es einem niederen Vermögen gegenwärtig ist, kann er tätig sein. Die Folgerungsbeziehung wird bewiesen. Die tätigen Ursachen bezüglich der Gegenwart des Objekts, nämlich das Phantasma und der tätige Intellekt, sind dem möglichen Intellekt hinreichend angenähert und wirken auf natürliche Weise, und so verursachen sie in diesem auf notwendige Weise das Objekt, das er aufzunehmen fähig ist. Das Objekt ist aber dem möglichen Intellekt in einer abstraktiven Erkenntnis vor einem ausgeführten Akt nur durch etwas, das der Darstellung fähig ist, gegenwärtig. Dieses nenne ich *species*. Somit habe ich das, was zu beweisen war.

⟨Schlußfolgerung des Scotus⟩

12 Zur Frage sage ich, daß es notwendig ist, im Intellekt eine vernunftbestimmte Form anzunehmen, die von Natur aus früher ist als der Akt des Erkennens, wegen der Gründe, die vom Objekt her, insofern es allgemein und dem Intellekt gegenwärtig ist, angeführt wurden. Diese beiden Bedingungen, Allgemeinheit und Gegenwart, gehen von Natur aus dem Erkenntnisakt voraus.

Das scheint auch die Auffassung von Aristoteles zu sein, der im 3. Buch *Über die Seele*, wo er sagt, daß die Seele in gewisser Weise alles ist, sich gleichsam selbst bei der Beweisführung erklärt und sagt, daß durch das Sinnesvermögen das sinnlich Wahrnehmbare und durch den Intellekt das Erkennbare erfaßt wird. Andere erläutern das in der Weise, daß er nicht einheitlich hier und dort spricht, weil er beim Sinnesvermögen den Bezug zur eingeprägten Form meint, beim Intellekt hingegen den zum Habitus des Wissens.

13 Expressius est illud intentio Augustini. Quod probo sic. Nihil enim sufficienter natum est gignere notitiam actualem nisi ipsum habeat obiectum prius naturaliter quam actum praesens sibi in se ipso vel in aliquo ipsum repraesentante. Sed negando speciem intelligibilem tota pars intellectiva non habet ante actum intelligendi obiectum sibi praesens nec in se nec in aliquo repraesentante. Ergo negando speciem intelligibilem, nihil erit sufficienter natum gignere actum intelligendi et ita nihil in parte intellectiva erit sufficienter memoria respectu talium intellectionum, quod negat Augustinus XII *De Trinitate* capitulo 4 et XV capitulo 10.

[Ad argumentum principale]

14 Ad argumentum ⟨principale⟩. Primo apparet quod illud argumentum non cogit, quia si valeret concluderet contra omnem opinionem, quod nullo modo potest intelligi universale. Quidquid enim sit illud per quod universale repraesentatur, similiter repraesentabit sicut si esset impressum ab obiecto. Sed si imprimeretur ab obiecto, imprimeretur a singulari quia actus est singularis, sicut arguitur. – Ideo respondeo quod alia potest esse ratio agendi et alia agentis. Singularitas est condicio agentis, non ratio agendi, sed ratio agendi est ipsa forma in singulari secundum quam agit singulare. Cum ergo accipitur quod quaecumque species gignitur ab aliquo, repraesentat ipsum secundum illam rationem secundum quam gignitur ab eo: si intelligatur de ratione gignentis, falsa

11 August., De Trin. XII c.4 n.4 (PL 42, 1000) et ibidem XV c.10 n.17 (PL 42, 1070).

13 v375, w14a, f454a. **14** v379.380, w15a, f455a.

13 Deutlicher ist das die Auffassung des Augustinus. Das beweise ich so. Nichts ist nämlich von Natur aus hinreichend fähig, eine aktuelle Erkenntnis hervorzubringen, wenn es nicht ein Objekt, das von Natur aus früher als der Akt ist, sich gegenwärtig hat, in sich selbst oder in etwas, das es selbst darstellt. Aber wenn die vernunftbestimmte Form abgelehnt wird, hat der gesamte erkennende Teil der Seele vor dem Akt des Erkennens kein Objekt vor sich, weder in sich noch in etwas, das es darstellt. Wenn also die vernunftbestimmte Form abgelehnt wird, wird nichts von Natur aus hinreichend fähig sein, den Akt des Erkennens hervorzubringen, und so wird nichts im erkennenden Teil hinreichend Gedächtnis sein im Hinblick auf solche Erkenntnisse, was Augustinus im 12. Buch *Über die Dreifaltigkeit*, Kapitel 4, und im 15. Buch, Kapitel 10, ablehnt.

⟨Zum Eingangseinwand⟩

14 Zum Eingangseinwand. Zuerst scheint es, daß jenes Argument nicht zwingend ist. Denn wenn es gelten würde, würde es gegen jede Meinung erschließen, daß auf keine Weise das Allgemeine erkannt werden kann. Was immer nämlich jenes wäre, durch welches das Allgemeine dargestellt wird, es wird auf ähnliche Weise darstellen, wie wenn es vom Objekt eingeprägt wäre. Wenn es aber vom Objekt eingeprägt würde, würde es vom Einzelnen eingeprägt, weil das Tätigsein Sache des Einzelnen ist, wie argumentiert wird. – Daher antworte ich, daß das Tätigsein und der Tätige verschieden bestimmt sein können. Einzeln zu sein gehört zur Eigenart des Tätigen, nicht zur Bestimmung des Tätigseins, aber die Bestimmung des Tätigseins ist die Form selbst im Einzelnen, dergemäß das Einzelne tätig ist. Wenn also angenommen wird, daß jede beliebige Form von irgendetwas hervorgebracht wird, stellt sie dieses selbst entsprechend jener Bestimmung dar, dergemäß sie von ihm hervorgebracht wird: Wenn man das von der Eigenart des Hervorbringenden behauptet, ist das falsch; wenn von der Bestimmung des Hervorbringens, kann das zu-

est; si de ratione gignendi, concedi potest, et tunc non sequitur quod repraesentat eum sub ratione singularis, sed sub ratione naturae, quia ratio naturae est ratio gignendi.

v.2.3ae
w7, f9

Quaestio 4

1 Secundo quaero de notitia genita, quae sit causa gignens eam, et quaero utrum pars intellectiva proprie sumpta sit causa totalis gignendi notitiam actualem.

2 Et arguo quod non. Quia II *De anima* probat Philosophus sensum esse passivum, non activum, per hoc quod si esset activus, semper ageret. Sicut si combustibile esset combustivum, semper combustibile combureret. Ita arguitur in proposito. Si pars intellectiva esset activa respectu intellectionis, semper intelligeret, et ita sine obiecto, quod falsum est.

3 Ad oppositum. Avicenna IX *Metaphysicae*: Immaterialitas est causa intellectionis sicut intelligibilis. Ergo intellectus sive pars intellectiva ex immaterialitate sua se sola est activa respectu intellectionis sicut receptiva.

[Exponitur opinio attribuens totam activitatem respectu intellectionis ipsi animae]

4 In ista quaestione est una opinio quae attribuit totam activitatem respectu intellectionis ipsi animae. Et imponitur Augustino qui dicit XII *Super Genesim* quod imago corporis

8 Aristot., De anima II c.5, tt.51–52 (416b 33 – 417a 9). *14* Avicenna latinus, Liber de philosophia prima sive scientia divina, Louvain-Leiden 1980, p. 483, lin. 81–99 [Metaphysica sive prima philosophia, Venetiis 1495, f. 105ra]. *20* Petrus Olivi, Sent. II q.72 (BFS VI 6.17). *22* August., De Gen. ad litt. XII c.16 (PL 34, 466–467).

1 v401a, w1a, f479. **2** v401bc, w1a, f480ab. **3** v405, w1d, f481a. **4** v407, w2a, f482a.

gestanden werden, aber dann folgt nicht, daß sie dieses unter der Bestimmung des Einzelnen darstellt, sondern nach der Bestimmung der Natur, denn die Bestimmung der Natur ist die Bestimmung des Hervorbringens.

4. Frage

1 Zweitens frage ich bezüglich der hervorgebrachten Erkenntnis, was die Ursache ist, die sie hervorbringt, und zwar frage ich, ob der erkennende Seelenteil im eigentlichen Sinn die vollständige Ursache für das Hervorbringen aktueller Erkenntnis ist.

2 Ich argumentiere dagegen. Im 2. Buch *Über die Seele* beweist Aristoteles, daß das Sinnesvermögen passiv, nicht aktiv ist, indem er zeigt, daß es immer tätig wäre, wenn es aktiv wäre. Wäre etwa das Brennbare Ursache des Verbrennens, würde ein Brennbares immer brennen. Ebenso wird im vorliegenden Fall argumentiert. Wenn der erkennende Seelenteil hinsichtlich einer Erkenntnis aktiv wäre, würde er immer, und so ohne ein Objekt, erkennen, was falsch ist.

3 Dagegen. Avicenna sagt im 9. Traktat der *Metaphysik*: Die Materielosigkeit ist die Ursache der Erkenntnis wie auch des Erkennbaren. Also ist der Intellekt bzw. der erkennende Seelenteil aufgrund seiner Materielosigkeit von sich allein aus aktiv bezüglich der Erkenntnis wie auch aufnahmefähig.

⟨Erklärt wird die Meinung, die die vollständige Aktivität bezüglich der Erkenntnis der Seele selbst zuschreibt⟩

4 In dieser Frage wird eine Meinung vertreten, die die vollständige Aktivität bezüglich der Erkenntnis der Seele selbst zuschreibt. Und diese wird Augustinus beigelegt, der im 12. Buch *Über den Wortlaut der Genesis* sagt, daß das Abbild des Körpers im Geist ist, der vorzüglicher ist als der Körper,

est in spiritu qui est praestantior corpore, ideo »praestantior est imago corporis in spiritu quam ipsum corpus in sua substantia«.

5 Pro ista opinione arguitur per rationem sic. Effectus non excedit causam in perfectione. Melius est autem omne vivum non vivo, secundum Augustinum *De civitate Dei*; ergo operatio vitalis non potest esse nisi a principio agendi vitali vel vivo. Istae operationes cognoscendi sunt operationes vitales, ergo sunt ab ipsa anima sicut a ratione agendi.

6 Contra istam opinionem quod non sit Augustini, IX *De Trinitate* capitulo ultimo: »Liquido tenendum est quod omnis res quam cognoscimus congenerat in nobis notitiam sui; ab utroque enim paritur notitia, videlicet a cognoscente et cognito«.

7 Hoc arguitur ratione. Quia quando duae causae priores, scilicet efficiens et materia, sunt in se perfectae, sequitur effectus vel potest sequi. Ergo si anima est totalis causa activa notitiae genitae et ipsa est materia disposita sive subiectum susceptivum respectu eiusdem et ipsa est semper actu praesens, cum sit causa naturalis, semper erit intellectio actualis in ea cuius ipsa est causa de se.

[Alia opinio tenens universale ut simpliciter praesens intellectui per phantasma producere sui intellectionem]

8 Alia opinio ponit quod universale ut simpliciter praesens intellectui non per speciem intelligibilem sed per phantasma ut illustratur intellectu agente, sic simpliciter praesens est intellectui possibili ut in memoria, et ut immutat ad actum

6 August., De civ. Dei VIII c.6 (PL 41,231). *11* August., De Trin. IX c.12 (PL 42, 970). *24* Henricus Gand., Quodl. V q.25 in corp.(f.204 I–K); II q.6 in corp. (f.32A–B).

5 v409, w2c, f482c. **6** v413ab, w3a, f483a. **7** v414, w3c, f483b. **8** v450, w12ab, f486.

und »deswegen ist das Abbild des Körpers im Geist vorzüglicher als der Körper selbst in seiner Substanz«.

5 Für diese Meinung wird folgendes Vernunftargument angeführt. Die Wirkung übertrifft nicht die Ursache an Vollkommenheit. Jedes Lebendige ist vollkommener als das Nicht-Lebendige, nach Augustinus *Über den Gottesstaat.* Also kann die Lebensaktivität nur von einem vitalen oder lebendigen Tätigkeitsprinzip stammen. Nun aber sind die Erkenntnistätigkeiten Lebensaktivitäten, also stammen sie von der Seele selbst als der Ursache ihres Tätigseins.

6 Gegen diese Meinung. Daß sie nicht die Meinung des Augustinus ist, geht aus dem 9. Buch *Über die Dreifaltigkeit,* letztes Kapitel, hervor. »Es ist klarerweise festzuhalten, daß jede Sache, die wir erkennen, in uns eine Erkenntnis von sich miterzeugt. Denn von beiden wird Erkenntnis hervorgebracht, nämlich vom Erkennenden und vom Erkannten«.

7 Dafür wird ein Vernunftargument angeführt. Wenn zwei frühere Ursachen, nämlich die Wirkursache und die Materie, in sich vollkommen sind, folgt eine Wirkung oder kann folgen. Wenn daher die Seele die vollständige aktive Ursache einer hervorgebrachten Erkenntnis ist und sie selbst die disponierte Materie oder das aufnehmende Subjekt hinsichtlich desselben und sie selbst immer aktuell gegenwärtig ist, da sie eine Natursache ist, wird in dieser immer eine aktuelle Erkenntnis vorhanden sein, deren Ursache sie selbst von sich aus ist.

⟨Eine andere Meinung, die behauptet, daß das Allgemeine, insofern es dem Intellekt durch das Phantasma schlechthin gegenwärtig ist, die Erkenntnis seiner selbst hervorbringt⟩

8 Eine andere Meinung behauptet, daß das Allgemeine, wie es dem Intellekt schlechthin gegenwärtig ist, nicht durch die erkennbare Form, sondern durch das Phantasma, insofern es durch den tätigen Intellekt erleuchtet wird, so dem mögli-

intelligendi, est ibi ut intelligentia cuius notitia terminatur in ipsum obiectum. Et quantum ad ista duo intellectus est passivus videlicet inquantum memoria habens obiectum simpliciter praesens et inquantum intelligentia ab obiecto sic praesente mota ad primum actum intelligendi. Sed intellectus factus in actu primo naturali acumine suo potest suffodere in unoquoque ›quid sit‹ componendo et dividendo differentias convenientes cum diviso, et sic inquirere ›quid‹ respectu intellectus simplicis, et ›propter quid‹ respectu complexi vel respectu conclusionis scibilis. Et in isto discursu intellectus inquantum discurrit est activus, inquantum tamen concipit est passivus.

[Quid sit intellectio actualis]

9 Respondeo quod intellectio actualis est aliquid in nobis non perpetuum sed habens esse post non esse, sicut experimur. Istius oportet ponere aliquam causam activam aliquo modo in nobis. Alioquin non esset in potestate nostra intelligere cum volumus, quod est contra Philosophum II *De anima*. Apparet autem quod oportet ad hoc concurrere animam et obiectum praesens et hoc in specie intelligibili, sicut dictum est in praecedenti quaestione. Quia alio modo non est praesens ut actu intelligibile, loquendo de sensibili et de obiecto materiali. Si ergo nec anima sola nec obiectum solum est causa totalis intellectionis actualis – et ista sola videntur requiri ad intellectionem –, sequitur quod ista duo sunt una causa integra respectu notitiae genitae. Et ista est sententia Augustini

18 Aristot., De anima II c.5, t.60 (417b 24).

9 v486.487.494, w20a.ef, f493.496.

chen Intellekt wie im Gedächtnis schlechthin gegenwärtig ist, und soweit es zum Akt des Erkennens bewegt, dort ist wie im Erkenntnisvermögen, dessen Erkenntnis auf das Objekt selbst ausgerichtet ist. Und in bezug auf diese beiden ist der Intellekt passiv, nämlich insofern er als Gedächtnis das Objekt schlechthin gegenwärtig hat und insofern er als Erkenntnisvermögen von einem so gegenwärtigen Objekt zum ersten Akt des Erkennens bewegt wird. Aber der Intellekt, der im ersten Akt konstituiert wird, kann durch seine natürliche Schärfe in jedem einzelnen ergründen, was es ist, indem er dem Gegenstand die zukommenden Unterschiede zuspricht und abspricht, und kann so das ›Was‹ untersuchen hinsichtlich des einfachen Begriffs und das ›Warum‹ hinsichtlich des Urteils oder hinsichtlich der Schlußfolgerung, in der das Wissen besteht. Und in diesem Vorgang ist der Intellekt, insofern er denkt, aktiv, aber passiv, insofern er empfängt.

⟨Was ist aktuelle Erkenntnis?⟩

9 Ich antworte, daß die aktuelle Erkenntnis nichts Andauerndes in uns ist, sondern nach unserer Erfahrung zeitweilig auftritt. Dafür ist es notwendig, eine aktive Ursache auf irgendeine Weise in uns anzunehmen. Andernfalls wäre es nicht in unserer Macht zu erkennen, wenn wir wollen, was gegen die Auffassung des Aristoteles im 2. Buch *Über die Seele* ist. Es ist offensichtlich, daß es dazu notwendig ist, daß die Seele und das gegenwärtige Objekt zusammenwirken, und zwar in einer erkennbaren Form, wie in der vorhergehenden Frage gesagt wurde. Denn auf andere Weise ist es nicht gegenwärtig als aktuell Erkennbares, wenn man vom sinnlichen und materiellen Objekt spricht. Wenn also weder die Seele allein noch das Objekt allein die vollständige Ursache der aktuellen Erkenntnis ist – und diese allein scheinen für die Erkenntnis erforderlich zu sein –, dann folgt, daß diese beiden zusammen die vollständige Ursache sind bezüglich der hervorgebrachten Erkenntnis. Und das ist die Lehre des Augustinus im

IX *De Trinitate* capitulo ultimo, sicut allegatum fuit arguendo contra primam opinionem »Liquido tenendum est« etc.

[Ad argumenta principalia]

10 Ad argumentum principale dico quod argumentum Philosophi II *De anima* bene concludit quod sensus non est causa totalis respectu sensationis, quod concedo – et ita argutum est supra contra primam opinionem quod anima non est totalis causa activa ad intelligendum, et hoc concedo –, sed non concludit quin sit partialis causa, quia ex hoc non sequitur quod semper sit in actu nisi quando alia causa partialis concurrit.

11 Ad argumentum in oppositum concedo quod anima quia immaterialis, est receptiva cuiuscumque intellectionis. Ipsa etiam est activa cuiuscumque intellectionis obiecti alterius a se ut causa partialis, et activa intellectionis de se ut totalis causa, secundum Augustinum IX *De Trinitate* capitulo ultimo; sed talem intellectionem non habemus pro statu isto. Sed ex immaterialitate eius non sequitur quod ipsa sit totalis causa cuiuscumque intellectionis alterius obiecti a se.

[4.2ae]
v4.3ae
w9, f11

Quaestio 5

1 Ultimo circa partem istam distinctionis quaero utrum mens sit distincte imago Trinitatis.

2 Quod non, arguitur sic. Quia imago distincte repraesentat illud cuius est, ergo mens distincte repraesentaret Trinitatem. Hoc falsum quia tunc naturali ratione posset concludi Trinitas.

11 Supra n.3. *16* Supra n.6.

10 v547, w40a, f505a. **11** v550, w41a, f506a. **1** v569a, w1a, f513. **2** v569bc, w1a, f514a.

9. Buch *Über die Dreifaltigkeit* im letzten Kapitel, wie angeführt wurde in der Argumentation gegen die erste Meinung »Es ist klarerweise festzuhalten« usw.

⟨Zu den Eingangsargumenten⟩

10 Zum Eingangsargument sage ich, daß das Argument des Aristoteles im 2. Buch *Über die Seele* schlüssig ist, daß das Sinnesvermögen nicht die vollständige Ursache hinsichtlich der Wahrnehmung ist, dem ich beipflichte – und so wurde oben gegen die erste Meinung argumentiert, daß die Seele nicht die vollständige aktive Ursache zum Erkennen ist, dem ich ebenfalls beipflichte –, daß aber daraus nicht folgt, daß sie nicht Teilursache ist, weil daraus nicht folgt, daß sie immer aktiv ist, außer wenn eine andere Teilursache mitwirkt.

11 Zum Gegenargument. Ich stimme zu, daß die Seele, weil sie materielos ist, rezeptiv ist in bezug auf jede beliebige Erkenntnis. Sie selbst ist auch aktiv hinsichtlich einer jeden Erkenntnis eines von ihr verschiedenen Objekts als Teilursache und aktiv hinsichtlich der Erkenntnis von sich selbst als Totalursache, nach Augustinus im 9. Buch *Über die Dreifaltigkeit* im letzten Kapitel. Aber eine solche Erkenntnis haben wir nicht im gegenwärtigen Zustand. Aus ihrer Materielosigkeit folgt aber nicht, daß sie selbst Totalursache jeder beliebigen Erkenntnis eines von ihr verschiedenen Objekts ist.

5. Frage

1 Bezüglich dieses Teils der Distinktion frage ich zuletzt, ob der Geist in deutlicher Weise ein Bild der Dreifaltigkeit ist.

2 Dagegen wird folgendermaßen argumentiert. Ein Bild vergegenwärtigt in deutlicher Weise dasjenige, wovon es ein Bild ist. Also würde der Geist in deutlicher Weise die Dreifaltigkeit vergegenwärtigen. Das ist falsch, weil dann mit der natürlichen Vernunft die Dreifaltigkeit erschlossen werden könnte.

3 Ad oppositum Augustinus XIV *De Trinitate* capitulo 8: Quaerenda est imago et invenienda ubi natura nostra nihil melius habet.

[Divisio quaestionis: De ratione imaginis]

4 Hic videndum est quae sit ratio imaginis ⟨et⟩ in quo consistat imago. Quantum ad primum, sicut dictum est in quaestione de vestigio, dico quod imago est repraesentativum totius, et in hoc differt a vestigio quod est repraesentativum partis. Si enim totum corpus esset impressum pulveri, sicut pes est impressus, esset imago totius, sicut istud est imago partis et vestigium totius. Sed illa conformitas expressiva totius non sufficit, sed requiritur imitatio. Quia secundum Augustinum *83 Quaestionum* quaestione 74: Quantumcumque duo ova sunt similia, unum non est imago alterius, quia non est natum imitari ipsum. Et ideo requiritur quod imago nata sit imitari ipsum cuius est imago, et exprimere illud.

[In quo consistit in nobis imago Trinitatis]

5 Quantum ad secundum. Experimur in nobis esse actum intellectionis et volitionis, et istos actus esse aliquo modo in potestate nostra quando obiectum est praesens. Ergo oportet ponere aliquo modo istorum actuum principia activa quibus simus potentes istorum actuum. Non potest autem idem sub eadem ratione formali esse principium istorum duorum actuum secundorum quia isti actus secundi requirunt opposi-

1 August., De Trin. XIV c.8 n.11 (PL 42, 1044); Petrus Lomb., Sent. I dist. 3, c.2 n.1. *7* Supra, quaestio 2, n.7. *13* August., De div. quaest. 83 q.74 (PL 40, 86).

3 v573, w1e, f515. **4** v574.575, w2ab, f516.517. **5** v578, w3a, f519b.

3 Für das Gegenteil wird Augustinus, 14. Buch *Über die Dreifaltigkeit*, Kapitel 8, angeführt: Zu suchen und zu finden ist ein Bild dort, wo unsere Natur über nichts Besseres verfügt.

⟨Einteilung der Frage:
Über den Begriff des Bildes⟩

4 Hier ist zu fragen, was der Begriff des Bildes ist und worin ein Bild besteht. Bezüglich des ersten wiederhole ich, wie in der Frage über die Spur gesagt worden ist, daß ein Bild fähig ist, ein Ganzes zu vergegenwärtigen, und darin unterscheidet es sich von der Spur, daß diese nur einen Teil vergegenwärtigen kann. Wenn nämlich ein Körper als ganzer dem Sand so eingeprägt wäre wie etwa ein Fuß eingeprägt ist, wäre der Abdruck des Körpers ein Bild des Ganzen, wie jener Fußabdruck ein Bild des Teiles ist und die Spur des Ganzen. Aber die Gleichförmigkeit, die das Ganze zum Ausdruck bringt, ist nicht ausreichend, sondern es ist eine Nachahmung erforderlich. Denn nach Augustinus *Über die 83 Fragen*, Frage 74, gilt: Wie sehr auch immer zwei Eier einander ähnlich sind, ist das eine doch nicht ein Bild des anderen, weil es nicht fähig ist, ein Ei nachzuahmen. Und deswegen ist erforderlich, daß ein Bild fähig ist, dasjenige nachzuahmen, wovon es ein Bild ist, und dieses zum Ausdruck zu bringen.

⟨Worin in uns ein Bild der Dreifaltigkeit besteht⟩

5 Bezüglich des zweiten. Wir machen die Erfahrung, daß es in uns einen Akt des Intellekts und einen des Willens gibt und daß diese Akte auf irgendeine Weise in unserer Macht stehen, wenn ein Objekt gegenwärtig ist. Also muß man auf irgendeine Weise aktive Prinzipien dieser Akte annehmen, durch welche wir dieser Akte mächtig sind. Nun aber kann nicht dasselbe unter derselben formalen Rücksicht das Prinzip dieser beiden zweiten Akte sein, weil die zweiten Akte verschiedene Arten von Prinzipsein bei ihren Prinzipien er-

tam rationem principiandi in suis principiis. Ergo oportet habere aliquam distinctionem actuum primorum.

6 Dico ⟨tunc⟩ quod nec in actibus primis solum nec in actibus secundis solum est imago, quia et hi sunt duo tantum et illi duo tantum, ergo tantum esset imago dualitatis, non trinitatis. Ex his sequitur tertium quod imago consistit in actibus primis et secundis simul. Et hoc intelligo sic. Anima habet in se aliquam perfectionem secundum quam est actus primus respectu notitiae genitae, et habet in se aliam perfectionem secundum quam recipit notitiam genitam formaliter, et habet in se perfectionem secundum quam formaliter recipit volitionem. Istae tres perfectiones dicuntur memoria, intelligentia et voluntas, vel anima inquantum habet ipsas. Anima ergo inquantum habens actum primum totalem, aliquid scilicet animae et obiectum sibi praesens in ratione intelligibilis, dicitur memoria, et hoc memoria perfecta includendo tam intellectum quam illud quo obiectum est sibi praesens. Ipsa eadem anima inquantum recipit notitiam genitam, dicitur intelligentia, et intelligentia perfecta ut est sub illa notitia. Voluntas etiam dicitur perfecta inquantum est sub illo actu volendi perfecto.

[Proponitur dubium]

7 Sed tunc videtur esse quaternitas in imagine. Nam actus primus respectu volitionis non concurrit cum aliquo trium in imagine: non cum tertia parte, patet quia idem non est principium sui; nec cum secunda, manifestum est quia actualis intellectio non est voluntas; nec cum prima quia memoria

6 v579.580, w3b, f519cd. **7** v581b, w4a, f520a.

fordern. Also haben wir eine Unterscheidung bei den ersten Akten anzusetzen.

6 Ich sage weiter, daß weder in den ersten Akten allein noch in den zweiten Akten allein das Bild besteht, weil sowohl diese nur zwei als auch jene nur zwei sind. Also gäbe es nur ein Bild der Zweifaltigkeit, nicht der Dreifaltigkeit. Daraus folgt das Dritte, nämlich daß das Bild in den ersten und zweiten Akten zugleich besteht. Und das verstehe ich so. Die Seele hat eine Vollkommenheit in sich, der gemäß sie der erste Akt in Hinsicht auf die hervorgebrachte Erkenntnis ist; und sie hat eine andere Vollkommenheit in sich, der gemäß sie die hervorgebrachte Erkenntnis formal in sich aufnimmt; und sie hat eine Vollkommenheit in sich, der gemäß sie den Willensakt formal in sich aufnimmt. Diese drei Vollkommenheiten heißen Gedächtnis, Einsicht und Wille, oder sie heißen Seele, insofern diese jene Vollkommenheiten besitzt. Die Seele also, insofern sie den ersten vollständigen Akt hat, nämlich etwas, das der Seele auch als Objekt unter der Rücksicht des Erkennbaren gegenwärtig ist, heißt Gedächtnis, und heißt aufgrund dessen vollkommenes Gedächtnis, daß sie sowohl den Intellekt als auch dasjenige, wodurch das Objekt ihr gegenwärtig ist, einschließt. Dieselbe Seele, insofern sie die hervorgebrachte Erkenntnis in sich aufnimmt, heißt Einsicht, und vollkommene Einsicht, insofern sie jener Erkenntnis zugrundeliegt. Auch der Wille heißt vollkommen, insofern er dem vollkommenen Willensakt zugrundeliegt.

⟨Ein Einwand wird vorgebracht⟩

7 Aber dann scheint es eine Vierfältigkeit im Bild zu geben. Denn der erste Akt bezüglich des Willens fällt nicht mit einem der drei im Bild zusammen: nicht mit dem dritten Teil, wie klar ist, weil etwas nicht Prinzip seiner selbst ist; nicht mit dem zweiten, wie offenkundig ist, weil eine aktuelle Erkenntnis nicht der Wille ist; nicht mit dem ersten, weil das Gedächtnis im eigentlichen Sinn hervorbringendes Prinzip der

dicit proprie principium productivum notitiae genitae. Ergo voluntas est quartum cum istis.

[Dubium solvitur]

8 Dico quod imago potest dupliciter assignari, secundum quod eam dupliciter assignat Augustinus. Uno modo IX *De Trinitate* capitulo 5 et deinceps, »mens, notitia et amor«, alio modo sicut eam assignat X *De Trinitate* capitulo 10 et deinceps, »memoria, intelligentia et voluntas«. Et de ista duplici assignatione imaginis loquens Augustinus XV *De Trinitate* capitulo 3 dicit quod ista quae posita est in X, est evidentior. Dico tunc pertractando primam assignationem quod per ›mentem‹ possumus intelligere actum primum perfectum respectu utriusque actus secundi, scilicet fecunditatem ad gignendum et ad spirandum. Et hoc modo mens habet rationem perfecte parentis, quia includit perfecte utramque fecunditatem, et tunc ista duo scilicet notitia et amor, sunt duo producta ab anima ordine quodam. Et tunc non est quaternitas quia in parente habente perfecte rationem parentis concurrit primus actus duplex.

9 Si autem mens accipiatur praecise ut actus primus habens solummodo fecunditatem respectu notitiae genitae, hoc modo imperfecte assignatur imago quia hoc modo mens non habet rationem parentis perfecte.

10 Ita de alia assignatione quod si memoria accipiatur praecise pro parente respectu notitiae genitae, est imperfecte parens.

6 August., De Trin. IX c.5–11 (PL 42,965–972). *8* Ibidem, c.10–12 (PL 42, 980–984).

8 v583, w4b, f521ab. **9** v583.584, w5, f521c. **10** v586.587, w5, f521de.

hervorgebrachten Erkenntnis besagt. Also ist der Wille ein Viertes unter ihnen.

⟨Der Einwand wird gelöst⟩

8 Ich sage, daß das Bild in zweifacher Weise bestimmt werden kann, und dementsprechend bestimmt es Augustinus zweifach. Auf die eine Weise bestimmt er es im 9. Buch *Über die Dreifaltigkeit,* im 5. Kapitel und nachfolgend als »Geist, Erkenntnis und Liebe«, auf die andere Weise im 10. Buch *Über die Dreifaltigkeit,* im 10. Kapitel und nachfolgend als »Gedächtnis, Einsicht und Wille«. Und über diese zweifache Bestimmung des Bildes spricht Augustinus im 15. Buch *Über die Dreifaltigkeit,* im 3. Kapitel, und sagt, daß die Bestimmung im 10. Buch die einsichtigere sei. Ich sage daraufhin, indem ich die erste Bestimmung eingehend untersuche, daß wir unter ›Geist‹ den ersten vollkommenen Akt bezüglich beider zweiter Akte verstehen können, nämlich die Fruchtbarkeit des Zeugens und des Hauchens. Und auf diese Weise hat ›Geist‹ die Bestimmung des in vollkommener Weise Hervorbringenden, weil er beide Fruchtbarkeiten vollkommen einschließt, und dann sind diese beiden, nämlich Erkenntnis und Liebe, zwei in einer gewissen Ordnung durch die Seele erwirkte Hervorbringungen. Und dann ergibt sich keine Vierfältigkeit, weil in einem Hervorbringenden, das in vollkommener Weise die Bestimmung des Hervorbringenden in sich hat, der erste Akt doppelt auftritt.

9 Wenn aber Geist im ausschließlichen Sinn aufgefaßt wird, nämlich als erster Akt, der allein die Fruchtbarkeit bezüglich der gezeugten Erkenntnis besitzt, dann wird auf diese Weise das Bild in unvollkommener Weise bestimmt, weil auf diese Weise ›Geist‹ die Bestimmung des Hervorbringenden nicht vollkommen in sich hat.

10 Ähnlich ist von der anderen Bestimmung zu sagen, daß das Gedächtnis, wenn es ausschließlich als ein Hervorbringendes bezüglich der gezeugten Erkenntnis aufgefaßt wird, ein in

Parens autem perfecte non tantum habet unde generet sed unde spiret, quia non potest illud habere ab alio et oportet habere illud in toto et ideo oportet ut habeatur in parente a se. Si autem memoria accipiatur pro tota anima ut habet aptitudinaliter in actu primo fecunditatem illam duplicem, hoc modo habet perfecte rationem parentis. Sed licet memoria sit evidentior parens, sicut oportet concedere propter verba Augustini XV *De Trinitate* capitulo 3, quatenus scilicet magis exprimit habitudinem gignentis ad genitum quam mens, tamen mens videtur perfectius importare rationem parentis si accipiatur ut includit utramque fecunditatem. – Breviter ergo quomodocumque assignetur trinitas in imagine, vel sic vel sic, non est quaternitas, quia duplex concurrit habitudo fecunditatis in parente si est perfecte parens.

[Ad argumentum principale]

11 Ad argumentum principale. Cum arguis quod si esset imago, posset cognosci Trinitas per cognitionem mentis – respondeo. Ista concurrentia in mente valent ad persuadendum credenti Trinitatem quomodo possit esse, non credenti autem non concludunt eam esse, quia tota ista aggregatio plurium in mente in quibus consistit imago, posset esse et est ab una persona. Et ideo ex ipsa demonstrative non potest ostendi ipsam esse imaginem Trinitatis. De hoc Augustinus XV *De*

7 Ibidem XV c.3 n.5 (PL 42, 1060). *15* Supra, n.2.

11 v597.598, w9ab, f523b.

unvollkommener Weise Hervorbringendes ist. Ein in vollkommener Weise Hervorbringendes hat nicht nur das Prinzip in sich, aus dem es zeugt, sondern aus dem es haucht, weil es dieses nicht von einem anderen erhalten kann und es dieses in seiner Gänze haben muß, und deshalb ist es von sich aus im Hervorbringenden enthalten. Wenn aber das Gedächtnis für die Seele als ganze genommen wird, in dem Sinn, daß es seiner Eignung nach in seinem ersten Akt eine doppelte Fruchtbarkeit besitzt, erfüllt es in dieser Weise vollkommen den Begriff des Hervorbringenden. Aber wenn auch das Gedächtnis einsichtiger das Hervorbringende ist, wie man wegen der Worte des Augustinus im 15. Buch *Über die Dreifaltigkeit*, Kapitel 3, zugestehen muß, insoweit es nämlich besser den Bezug des Zeugenden zum Gezeugten zum Ausdruck bringt als der Geist, scheint dennoch der Geist vollkommener den Begriff des Hervorbringenden zu erfüllen, wenn er so aufgefaßt wird, daß er beide Fruchtbarkeiten einschließt. – Also kurz gesagt: Wie immer man auch die Dreifaltigkeit im Bild bestimmt, ob so oder anders, es entsteht keine Vierfältigkeit, weil der Bezug der Fruchtbarkeit im Hervorbringenden doppelt auftritt, wenn es ein in vollkommener Weise Hervorbringendes ist.

⟨Zum Eingangsargument⟩

11 Zum Eingangsargument. Wenn man einwendet, daß die Dreifaltigkeit, wenn es ein Bild von ihr gäbe, durch die Selbsterkenntnis des Geistes erkannt werden könnte, antworte ich. Was im Geist zusammenwirkt, vermag den Gläubigen davon zu überzeugen, wie die Dreifaltigkeit sein kann, dem Ungläubigen aber erschließt das nicht, daß die Dreifaltigkeit ist, weil die ganze Ansammlung mehrerer Teile im Geist, aus denen das Bild besteht, auch von einer Person sein könnte und ist. Und deswegen kann aus dem Bild nicht im strengen Sinn eines Beweises gezeigt werden, daß es ein Bild der Dreifaltigkeit ist. Darüber sagt Augustinus im 15. Buch *Über die*

Trinitate capitulo 24: Qui vident suam mentem et in ea Trinitatem istam, non tamen credunt eam esse imaginem Dei, speculum quidem vident sed non vident per speculum, cum nec ipsum quod vident sciant esse speculum. – Qualiter autem valeat deductio ad ostendendum tres personas ex parte intellectus et voluntatis in divinis, dictum fuit distinctione 2 quaestione de duabus productionibus.

1 August., De Trin. XV c.24 n.44 (PL 42, 1091).

Dreifaltigkeit, Kapitel 24: Wer seinen Geist betrachtet und in ihm die Dreifaltigkeit, jedoch nicht glaubt, daß dieser ein Bild Gottes ist, sieht zwar den Spiegel, sieht aber nicht im Spiegel, weil er nicht einmal weiß, daß das, was er sieht, ein Spiegel ist. – In welcher Weise aber die Beweisführung gültig ist, die drei Personen in Gott aus dem Intellekt und dem Willen aufzuzeigen, ist in der zweiten Distinktion in der Frage über die beiden Hervorgänge gesagt worden.

DISTINCTIO 8

v3.1ae
wf3

Quaestio unica

1 Quaero utrum cum simplicitate divina stet quod Deus sit in genere.

2 Quod sic. Quia Deus formaliter est ens. Ens autem dicit conceptum dictum de Deo in quid et iste conceptus non est proprius Deo sed communis sibi et creaturis sicut dictum est distinctione 3; ergo oportet quod ad hoc quod fiat proprius, quod determinetur per aliquem conceptum determinantem. Iste determinans se habet ad conceptum entis sicut conceptus qualis ad conceptum quid, et per consequens ut conceptus differentiae ad conceptum generis.

3 Contra. Magister in littera et adducit Augustinum et ostendit per eum quod removentur a Deo illa praedicamenta artis dialecticae.

[Exponuntur opiniones extremae:
Rationes pro opinione negante conceptum univocum
Deo et creaturae]

4 Hic sunt duae opiniones extremae. Una negativa quae dicit quod cum simplicitate divina non stat quod sit aliquis conceptus communis Deo et creaturae, de qua tactum est supra distinctione 3 quaestione 1.

Ad hoc ponuntur rationes quaedam prius non tactae. Prima. Illis quae sunt totaliter et immediate sub extremis contradic-

8 Supra d.3, q.1. *13* Petrus Lomb., Sent. I d.8 c.6 n.87. – August., De trin. V c.1 n.2 (PL 42, 912). *22* Supra d.3, q.1, hic n.6–8.

1 v39a, w1a, f618. **2** v39bc, w1a, f619a. **3** v43, w1e, f620. **4** v44-46.48, sv22a-ce, f621a-ce.

8. DISTINKTION

Die einzige Frage

1 Ich frage, ob es mit der Einfachheit Gottes vereinbar ist, daß er zu einer Gattung gehört.

2 Dafür spricht: Gott ist formal ein Seiendes. Seiendes aber besagt einen Begriff, der von Gott washeitlich ausgesagt wird, und dieser Begriff gilt nicht nur für Gott, sondern ist ihm und den Geschöpfen gemeinsam, wie in Distinktion 3 gesagt worden ist. Daher muß er, um für Gott allein zu gelten, durch einen näher bestimmenden Begriff eingeschränkt werden. Ein solcher bestimmender Begriff verhält sich zum Begriff des Seienden wie ein qualitativer Begriff zu einem washeitlichen Begriff und folglich wie ein Begriff, der eine Differenz besagt, zum Begriff einer Gattung.

3 Dagegen spricht, was Petrus Lombardus im Sentenzenbuch sagt, wo er Augustinus heranzieht und mit ihm zeigt, daß Gott jene Kategorien der Logik nicht zugesprochen werden.

⟨Die gegensätzlichen Ansichten werden erläutert: Gründe für die Meinung, die einen univoken Begriff für Gott und Geschöpf leugnet⟩

4 Dazu gibt es zwei gegensätzliche Meinungen. Eine ablehnende, die sagt, daß mit der göttlichen Einfachheit nicht vereinbar ist, daß irgendein Begriff Gott und dem Geschöpf gemeinsam sei, wovon oben in Distinktion 3, Frage 1, die Rede war.

Dazu werden einige Argumente angeführt, die früher nicht in Erwägung gezogen worden sind. Erstens. Solchen Dingen, die vollständig und unmittelbar den entgegengesetzten Teilen eines kontradiktorischen Gegensatzes angehören, ist nichts

tionis, nihil est commune univocum. Deus et creatura sunt totaliter et immediate sub extremis contradictionis: dependere et non dependere, causatum et non causatum, esse ab alio et non ab alio. Ergo nihil est eis commune univocum.
Confirmatio. Omnis conceptus communis est neuter respectu illorum quibus est communis. Nullus est conceptus neuter contradictoriorum quia est alter eorum, ergo etc.
Item sic. Ubi tantum est unitas attributionis, non potest esse unitas univocationis, sed oportet ponere unitatem attributionis creaturae ad Deum in ratione entis. Ergo in hoc non est univocatio.

[Solvuntur rationes pro prima opinione]

5 Ad primum. Aut intelligit quod illa sint sub extremis contradictionis totaliter, hoc est quod praecise sunt illa extrema contradictionis, et sic minor est falsa. Deus enim non est praecise ›hoc non ab alio‹ quia ista negatio dicitur de chimera, nec creatura est praecise ista negatio ›non necesse esse‹ quia hoc convenit chimerae, sed tam Deus quam creatura est aliquid cui convenit alterum extremum contradictionis. Accipe tunc maiorem quod quaecumque sunt talia quibus conveniunt extrema contradictionis, ipsa non univocantur in aliquo. Ista maior est falsa. Nam omnia dividentia per se aliquod commune sunt talia quod de ipsis dicuntur extrema

5 v80, w11a, f627a.

Univokes gemeinsam. Gott und Geschöpf fallen vollständig und unmittelbar unter die entgegengesetzten Teile eines kontradiktorischen Gegensatzes: abhängig sein und nicht abhängig sein, verursacht und nicht verursacht, von einem anderen stammen und nicht von einem anderen stammen. Also ist ihnen nichts Univokes gemeinsam.
Bestätigung. Jeder gemeinsame Begriff ist neutral in Bezug auf jene Dinge, denen er gemeinsam ist. Es gibt keinen neutralen Begriff für kontradiktorisch Entgegengesetzte, denn er gehört zu dem einen oder zu dem anderen, also usw.
Weiters so. Wo nur eine Einheit der Zuschreibung besteht, kann keine Einheit der Univokation vorliegen. Man muß aber die Einheit der Zuschreibung des Geschaffenen an Gott im Begriff des Seienden annehmen. Also liegt darin keine Univokation vor.

⟨Die Gründe für die erste Meinung werden widerlegt⟩

5 Zum ersten. Entweder nimmt die Auffassung an, daß jene vollständig zu den Gliedern eines kontradiktorischen Gegensatzes gehören, das heißt, daß sie ausschließlich jene Gegensatzpaare eines kontradiktorischen Gegensatzes sind, und dann ist der Untersatz falsch. Denn Gott ist weder ausschließlich »dieses von anderem Unabhängige«, denn diese Negation wird auch von der Chimäre gesagt, noch ist das Geschöpf ausschließlich jene Negation »nicht notwendig sein«, denn das trifft für die Chimäre zu, sondern sowohl Gott als auch das Geschöpf ist etwas, dem eine der Seiten des kontradiktorischen Gegensatzes zukommt. Nimm daher als Obersatz an, daß alle jene, für welche die Seiten eines kontradiktorischen Gegensatzes gelten, nicht in etwas univok übereinkommen. Dieser Obersatz ist falsch. Denn alles, was von sich aus eine Unterscheidung in etwas Gemeinsames einführt, ist von der Art, daß von ihm die Seiten eines kontradiktorischen Gegensatzes gesagt werden, und doch kommen sie

contradictionis et tamen univocantur in ipso diviso. Ita in proposito possunt ista secundum se tota recipere praedicationem contradictionis, et tamen possunt habere aliquid substratum illis extremis illius contradictionis, quod est commune ambobus.

6 Ad confirmationem de neutro dico quod conceptus communis duobus est neuter formaliter, et ita concedo conclusionem quod conceptus entis non est formaliter conceptus creati nec increati. Si autem intelligatur quod ille conceptus est ita neuter quod neuter contradictoriorum dicatur de eo, falsum est. Ita est in rationali et irrationali quod conceptus animalis est neuter formaliter, et tamen illud quod concipitur non est neutrum, sed vere est alterum istorum. Alterum enim contradictoriorum dicitur de quolibet et tamen non oportet quemlibet conceptum esse formaliter alterum conceptum contradictoriorum.

7 Ad aliud de attributione dico quod attributio sola non ponit unitatem, quia unitas attributionis minor est unitate univocationis, et minor non concludit maiorem. Tamen minor unitas potest stare cum maiore unitate. Sicut quae sunt unum genere, sunt unum specie, licet unitas generis sit minor quam unitas speciei. Ita hic concedo quod unitas attributionis non ponit unitatem univocationis, et tamen cum ista unitate attributionis stat unitas univocationis, licet haec formaliter non sit

6 v81, w11b, f627b. **7** v83, w12a, f627d.

gerade in dem im univoken Sinn überein, das sie dadurch unterscheiden. So können im vorliegenden Fall diese als Ganze unter einen kontradiktorischen Gegensatz fallen, und doch können sie etwas haben, das den Gliedern jenes kontradiktorischen Gegensatzes zugrunde liegt und das beiden gemeinsam ist.

6 Zur Bestätigung im Zusammenhang mit neutralen Begriffen sage ich, daß ein Begriff, der zwei Dingen gemeinsam ist, formal neutral ist, und in diesem Sinn gestehe ich die Schlußfolgerung zu, nach welcher der Begriff des Seienden nicht in definierender Weise ein Begriff des Geschaffenen ist noch auch des Ungeschaffenen. Wenn das aber so verstanden wird, daß jener Begriff in dem Sinn neutral ist, daß keiner der beiden Teile eines kontradiktorischen Gegensatzes von ihm ausgesagt wird, so ist es falsch. So ist es bei rationalen und irrationalen Lebewesen so, daß der Begriff des Lebewesens formal neutral ist, trotzdem aber ist das, was im Begriff erfaßt wird, nicht neutral, sondern wirklich eines von beiden. Eine Seite eines kontradiktorischen Gegensatzes wird nämlich von jedem ausgesagt, und doch muß deswegen nicht jeder Begriff in definierender Weise Begriff einer Seite von kontradiktorisch Entgegengesetztem sein.

7 Zum Argument aus der Zuschreibung sage ich, daß die Zuschreibung allein keine Einheit erzeugt, weil die Einheit der Zuschreibung geringer ist als die Einheit, die in der Univokation besteht, und aus dem geringeren kann man nicht auf das größere schließen. Es kann aber die geringere Einheit zusammen mit der größeren bestehen. So können etwa Dinge, die der Gattung nach eines sind, auch der Art nach eines sein, obwohl die Einheit der Gattung geringer ist als die Einheit der Art. In diesem Sinn gestehe ich hier zu, daß die Einheit der Zuschreibung nicht die Einheit der Univokation erzeugt, trotzdem aber besteht mit dieser Einheit der Zuschreibung zusammen die Einheit, die in der Univokation besteht, auch wenn diese nicht der Definition

illa. – Exemplum. Species eiusdem generis habent essentialem attributionem ad primum illius generis, ex X *Metaphysicae*, et tamen cum hoc stat unitas univocationis rationis generis in ipsis speciebus.

[Solvuntur instantiae]

8 Si autem aliqui proterviant unum esse conceptum entis et tamen nullum esse univocum isti et illi, – istud non est ad intentionem istius quaestionis. Quia quantumcumque illud quod concipitur sit secundum attributionem vel ordinem in diversis, si tamen conceptus de se unus est ita quod non habet aliam rationem secundum quam dicitur de hoc et de illo, ille conceptus est univocus.

Si etiam alio modo proterviat aliquis quod conceptus denominativus non est univocus quia ratio subiecti non est ratio praedicati, – haec videtur instantia puerilis. Quia uno modo praedicatum denominativum est medium inter praedicatum univocum et aequivocum, alio modo univocum et aequivocum sunt immediata apud logicum. Primum verum est accipiendo praedicatum univocum quod univoce praedicatur, hoc est quod scilicet ratio eius sit ratio subiecti, et isto modo denominativum non est univocum. Secundum verum est intelligendo de unitate rationis eius quod praedicatur. Sic univocum est cuius ratio est in se una, sive illa ratio sit ratio subiecti sive denominet subiectum sive per accidens dicatur de subiecto, aequivocum autem cuius ratio est alia, quomodocumque illa ratio se habeat ad subiectum. Exemplum. Animal est

3 Aristot., Metaph. X c.1 t.2 (1052 b18).

8 v88.89, w14, f629.

nach jene ist. Zum Beispiel: Die Arten derselben Gattung haben eine wesentliche Zuschreibung zum ersten jener Gattung, nach dem 10. Buch der *Metaphysik*, und doch ist damit die univoke Einheit des Gattungsbegriffs in den Arten selbst verträglich.

⟨Es werden Einwände widerlegt⟩

8 Wenn aber einige weiter einwenden, daß der Begriff des Seienden einer sei und dennoch kein Begriff für dieses und jenes univok ist, dann hat das nichts mit der Absicht dieser Frage zu tun. Denn wie sehr auch das, was als Begriff gefaßt wird, der Zuschreibung oder der Ordnung nach in verschiedenen enthalten ist, so ist doch, wenn nur der Begriff von sich aus einer ist derart, daß er nicht eine je verschiedene Definition erhält, der entsprechend er von dem einen und von dem anderen ausgesagt wird, ein solcher Begriff univok. Wenn noch in anderer Weise jemand einwendet, daß ein denominativer Begriff nicht univok ist, weil der Begriff des Subjekts nicht der Begriff des Prädikats ist, dann scheint das ein kindischer Einwand zu sein. Denn in einer Weise ist ein denominatives Prädikat etwas Mittleres zwischen einem univoken und einem äquivoken Prädikat, in anderer Weise halten die Logiker univoke und äquivoke Begriffe für ausschließlich. Das erste ist wahr, wenn man als univokes Prädikat etwas auffaßt, das univok ausgesagt wird, das heißt, daß nämlich seine Definition die Definition des Subjekts ist, und in diesem Fall ist ein denominatives Wort nicht univok. Das zweite ist wahr, wenn man es von der Einheit der Definition dessen, was ausgesagt wird, versteht. In diesem Sinn ist ein univokes Wort eines, dessen Definition in sich eine ist, ob diese Definition nun die des Subjekts ist oder das Subjekt denominativ bezeichnet oder beiläufig vom Subjekt gesagt wird, ein äquivokes Wort aber eines, das verschiedene Definitionen hat, wie auch immer jene Definition sich zum Subjekt verhalten mag.

univocum non tantum ut dicitur de speciebus suis sed ut determinatur per differentias, quia habet unum conceptum determinabilem per eas, et tamen non dicitur de differentiis univoce ita quod in quid ita quod ratio eius sit ratio differentiarum, quomodo univoce dicitur de speciebus. Ista etiam altercatio nihil est ad propositum. Quia si ens dicatur secundum unum conceptum sui de Deo et creatura, oportet dicere quod ratio entis est ratio subiecti. Dicetur enim de utroque in quid, et ita univocum utroque modo.

[Proponitur opinio tenens Deum esse in genere.
Probatur auctoritate Damasceni]

9 Alia est opinio affirmativa, in alio extremo, quae ponit Deum in genere. Et habent pro se auctoritatem Damasceni, in *Elementario* capitulo 7: »Substantia« etc.

[Proponitur sententia doctoris.
Probatur auctoritate Augustini et Avicennae]

10 Teneo opinionem mediam quod cum simplicitate Dei stat quod aliquis sit conceptus communis sibi et creaturae, non tamen aliquis conceptus communis ut generis. Prima pars probata est arguendo contra primam opinionem. Secundam partem probo per Augustinum VII *De Trinitate* capitulo 8: »Manifestum est Deum«, inquit, »abusive dici substantiam«.

14 Damascenus, Instit. element. ad dogmata c. 7 (PG 95,107). *21* August., De Trin. VII c.5 n.10 (PL 42,942).

9 v90, w15a, f630ab. **10** v95-97, w16a, f632.633a.

Zum Beispiel: ›Lebewesen‹ ist univok, nicht nur so, wie es von seinen Arten ausgesagt wird, sondern auch wie es durch die Unterschiede näher bestimmt wird, denn es hat einen Begriff, der durch diese näher bestimmt werden kann, und doch wird es von den Unterschieden nicht univok ausgesagt im Sinn von washeitlich, so daß seine Definition die Definition der Unterschiede besagte, wie das bei der univoken Prädikation für die Arten der Fall ist. Und auch dieser Einwand hat nichts mit der Fragestellung zu tun. Wenn nämlich Seiendes nach einem eigenen Begriff von Gott und vom Geschöpf ausgesagt wird, muß man sagen, daß der Begriff des Seienden der des Subjekts ist. Es wird nämlich von beiden washeitlich gesagt und so als etwas Univokes in beiden Bedeutungen.

⟨Die Meinung, Gott falle unter eine Gattung, wird vorgetragen. Beweis durch eine Belegstelle bei Damascenus⟩

9 Es gibt eine andere zustimmende Meinung auf der entgegengesetzten Seite, die annimmt, daß Gott unter eine Gattung fällt. Deren Vertreter haben auf ihrer Seite eine Belegstelle des Damascenus aus dem *Elementarium*, Kapitel 10: »Die Substanz« usw.

⟨Die Auffassung des Scotus wird vorgetragen. Beweis durch Belegstellen aus Augustinus und Avicenna⟩

10 Ich vertrete eine in der Mitte stehende Ansicht, nämlich daß es sich mit der Einfachheit Gottes verträgt, daß ein Begriff ihm und dem Geschaffenen gemeinsam ist, jedoch nicht ein gemeinsamer Begriff wie der einer Gattung. Der erste Teil ist bewiesen worden in der Argumentation gegen die erste Meinung. Den zweiten Teil beweise ich durch Augustinus im 7. Buch *Über die Dreifaltigkeit*, Kapitel 8: »Es ist offenkundig«, sagt er dort, »daß Gott mißbräuchlich eine Substanz genannt wird«. Sein Grund dafür ist an jener Stelle, daß Substanz das

Ratio sua ibi est quia substantia dicitur quae substat accidentibus. Absurdum est vero quod Deus alicui accidenti subsistat. Haec ratio sic tenet: non intelligit quod ratio substantiae sit substare accidentibus ut substantia est genus, quia praemisit ibi quod absurdum est ut substantia relative dicatur. Sed substantia ut est genus, est limitata, sicut statim post probabitur. Omnis autem substantia limitata capax est accidentis. Ergo substantia quaecumque quae est in genere, potest substare alicui accidenti; Deus non, ergo etc.

11 Item arguit Avicenna VIII *Metaphysicae* capitulo 4 quod Deus non est in genere, quia genus est pars. Deus autem simplex est non habens partem et partem. Ergo Deus non est in genere.

[Ad argumentum Damasceni pro secunda opinione]

12 Ad argumentum pro secunda opinione, ad Damascenum respondeo. Licet multa verba dicat in diversis locis quae videntur dicere Deum esse in genere, unum tamen verbum quod dicit in *Elementario* capitulo 8, solvit omnia. Ibi enim dicit sic: »Substantia quae continet supersubstantialiter increatam deitatem, cognoscibiliter autem et contentive omnem creaturam, genus generalissimum est«. Non ergo dicit substantiam quae est generalissimum continere contentive deitatem sicut continet creaturam, sed supersubstantialiter, hoc est accipiendo illud quod perfectionis est in substantia secundum quod est genus, et relinquendo illud quod est imperfectionis, quomodo dicit Avicenna IX *Metaphysicae* Deum esse ens per se.

10 Avicenna, Metaph. VIII, c.4 (402,61–64; 99rb). *17* Supra n.9. *25* Supra n.11.

11 v98, w16a, f633b. **12** v128, w24ab, f645a.

ist, was den Akzidentien zugrunde liegt. Es ist aber absurd, daß Gott irgendeinem Akzidens zugrunde liegt. Diese Begründung ist in folgendem Sinn stichhaltig: Er ist nicht der Ansicht, daß es zur Definition der Substanz gehört, den Akzidentien zugrunde zu liegen, soweit die Substanz eine Gattung ist, denn er hat dort vorausgeschickt, daß es absurd ist, die Substanz relativ auszusagen. Aber die Substanz als Gattung ist begrenzt, wie gleich im weiteren bewiesen werden wird. Jede begrenzte Substanz aber ist fähig, ein Akzidens zu haben. Also kann jede Substanz, die unter eine Gattung fällt, einem Akzidens zugrunde liegen. Das gilt nicht für Gott, also usw.

11 Gleichermaßen begründet Avicenna im 8. Traktat der *Metaphysik*, Kapitel 4, daß Gott nicht unter eine Gattung fällt, weil die Gattung ein Teil ist. Gott aber ist einfach ohne verschiedene Teile. Also fällt Gott nicht unter eine Gattung.

⟨Zum Argument des Damascenus für die zweite Meinung⟩

12 Zum Argument für die zweite Auffassung. Zu Damascenus sage ich: Obwohl er viele Worte an verschiedenen Stellen äußert, die zu besagen scheinen, daß Gott unter eine Gattung fällt, löst doch ein einziges Wort, das er im 8. Kapitel des *Elementarium* sagt, alles. Dort sagt er nämlich folgendes: »Die Substanz, die auf übersubstanzliche Weise die ungeschaffene Gottheit enthält, der Erkennbarkeit aber und dem Enthalten nach alle Geschöpfe, ist die oberste Gattung«. Er sagt also nicht, daß die Substanz, die das allgemeinste ist, umfassend die Gottheit enthalte wie sie die Geschöpfe enthält, sondern auf übersubstanzliche Weise, das heißt indem er das, was an Vollkommenheit in der Substanz enthalten ist, sofern sie Gattung ist, übernimmt, und das, was an Unvollkommenheit vorkommt, ausschließt, im gleichen Sinn wie Avicenna im 9. Traktat der *Metaphysik* sagt, Gott sei ein an sich Seiendes.

[Ad argumentum principale]

13 Ad argumentum principale concedo quod iste conceptus dictus de Deo et creatura in quid contrahitur per aliquos conceptus dicentes quale contrahentes. Sed nec iste conceptus dictus in quid est conceptus generis nec illi conceptus dicentes quale sunt conceptus differentiarum, quia iste conceptus quiditativus est communis ad finitum et infinitum quae communitas non potest esse in conceptu generis.

13 v136, w26, f647.

⟨Zum Eingangsargument⟩

13 Zum Eingangsargument räume ich ein, daß dieser Begriff, wenn er von Gott und dem Geschöpf washeitlich ausgesagt wird, durch einige die Beschaffenheit festlegende Begriffe auf eines von beiden allein bezogen wird. Aber weder ist dieser Begriff, washeitlich ausgesagt, ein Begriff der Gattung, noch sind jene Begriffe, die Beschaffenheiten aussagen, Begriffe von Differenzen, denn dieser washeitliche Begriff ist dem Endlichen und dem Unendlichen gemeinsam, und eine solche Gemeinsamkeit kann nicht in einem Gattungsbegriff vorliegen.

DISTINCTIO 26

vwf

Quaestio unica

1 Circa distinctionem vigesimam sextam quaero utrum personae constituantur per relationes.

[Exponitur sententia tenens personas divinas seipsis distingui]

2 Responsio quorundam est, sicut Praepositini, quod personae se ipsis distinguuntur. Et ita non est quaerere quo formaliter distinguuntur vel quibus constituuntur quia non habent constitutivum.

Confirmatur positio ista. Quia persona divina est aeque simplex sicut essentia. Essentia autem propter sui simplicitatem se ipsa distinguitur a quocumque, ergo et persona.

[Impugnatur]

3 Contra istud arguitur sic. Quaecumque non sunt primo diversa, aliquo sui distinguuntur. Quia quae se totis distinguuntur sunt primo diversa; si enim non sunt primo diversa sed aliquid idem entia, tunc non eo distinguuntur quo sunt idem sed aliquo sui quo non sunt idem. Sed personae divinae non sunt primo diversae quia sunt eiusdem essentiae, ergo est quaerere quo distinguuntur.

7 Praepositinus, Summa I q.17 (cod. Vat. lat. 1174, f.20).

1 v1a, w1a, f918. **2** v6.7, w2cd, f921ab. **3** v9, w2f, f922a.

26. DISTINKTION

Die einzige Frage

1 Hinsichtlich der 26. Distinktion frage ich, ob die Personen durch Relationen konstituiert werden.

⟨Es wird die Lehre erklärt, nach der die göttlichen Personen sich durch sich selbst unterscheiden⟩

2 Die Antwort einiger, wie etwa die des Praepositinus, lautet, daß die Personen sich durch sich selbst unterscheiden. Und daher erübrigt sich die Frage, wodurch sie sich formal unterscheiden oder wodurch sie konstituiert werden, weil sie kein konstitutives Prinzip haben.
Diese Auffassung wird bekräftigt. Die göttliche Person ist gleichermaßen einfach wie ihr Wesen. Das Wesen aber unterscheidet sich wegen seiner Einfachheit von jedem anderen durch sich selbst, also auch die Person.

⟨Das wird bestritten⟩

3 Dagegen wird folgendermaßen argumentiert. Dinge, die nicht erstlich verschieden sind, unterscheiden sich durch etwas von ihnen. Was sich als Ganzes unterscheidet, ist erstlich verschieden. Wenn Dinge nämlich nicht erstlich verschieden sind, sondern in etwas Gleichem übereinkommen, dann unterscheiden sie sich nicht in dem, wodurch sie gleich sind, sondern durch etwas von ihnen, wodurch sie nicht gleich sind. Nun sind aber die göttlichen Personen nicht erstlich verschieden, weil sie dasselbe Wesen haben. Also ist doch zu fragen, wodurch sie sich unterscheiden.

[Opinio communis: Auctoritatibus ostenditur personas divinas constitui relationibus]

4 Alia est opinio communis quae dicit personas constitui per relationes. Pro hac opinione allegatur auctoritas Christi in Evangelio, Matth. ultimo, sicut post tangetur infra contra tertiam opinionem.

5 Adducitur ad hoc Boethius qui multa videtur tangere de hoc. Et Augustinus similiter: V *De Trinitate* capitulo 8: »Quidquid ad se dicitur praestantissima illa sublimitas, substantialiter dicitur«. Et paulo post: »Quidquid ad se ipsos de singulis dicitur, non pluraliter in summo sed singulariter accipitur«. Et ibidem: »Quidquid ad se dicitur de singulis personis, simul dicitur«. Et ibidem capitulo 11: »Quod autem proprie singula in eadem Trinitate dicuntur, nullo modo ad se ipsa sed ad invicem vel ad creaturam dicuntur, et ideo relative, non substantialiter, ea dici manifestum est«. – In his expressissime videtur haberi quod omne dictum ›ad se‹ convenit tribus et est commune tribus, et quidquid non est commune tribus, est relativum. Constitutivum autem et distinctivum personae non est commune tribus, ergo est relativum.

6 Item, Damascenus capitulo 8: Omnia sunt unum in divinis »praeter generationem et ingenerationem et processionem; in his enim solis proprietatibus differunt ab invicem sanctae tres hypostases«. Item dicit idem capitulo 49: »In his solis

6 Matth 28,19; infra, n.11. *8* Boethius, De Trin. c.6 (PL 64,1254–1255). *9* August., De Trin. V c.8 n.9 (PL 42,916–917). *11* Ibid. col. 917. *14* Ibid. cap.11 n.12 (PL 42,918). *22* Damasc., De fide orth. c.8 [I c.8] (PG 94, 823; ed. Buytaert 40,223–226). *25* Ibid. c.49 [III c.5] (PG 94,999; ed. Buytaert 183,6–9).

4 v15.16, w4a, f923ab. **5** v17.18, w4b, f923cd. **6** v21.22, w4ef, f923g.

⟨Die allgemeine Auffassung:
Durch Belegstellen wird gezeigt, daß die göttlichen Personen durch Relationen konstituiert werden⟩

4 Anders ist die allgemeine Meinung. Sie besagt, daß die Personen durch Relationen konstituiert werden. Für diese Meinung werden die Worte Christi im letzten Kapitel des Matthäusevangeliums angeführt. Das wird weiter unten bei der Argumentation gegen die dritte Meinung behandelt werden.

5 Dazu wird Boethius herangezogen, der vieles davon behandelt hat. Ebenso Augustinus, im 8. Kapitel des 5. Buches *Über die Dreifaltigkeit*: »Was immer vorzüglichste Erhabenheit als solche genannt wird, wird in einem substantiellen Sinn ausgesagt«. Und wenig später: »Was immer über die einzelnen Personen als solche ausgesagt wird, wird nicht für alle zusammen im Plural, sondern im Singular ausgesagt«. Und ebendort: »Was immer über die einzelnen Personen als solche ausgesagt wird, wird zugleich ausgesagt«. Und ebendort im 11. Kapitel: »Wenn aber im eigentlichen Sinn Einzelnes in derselben Dreifaltigkeit ausgesagt wird, wird es auf keine Weise über sie als solche, sondern über die Personen in ihrem Verhältnis untereinander oder zur Schöpfung ausgesagt. Deshalb wird dieses offenkundig in einem relativen und nicht in einem substantiellen Sinn ausgesagt«. – An diesen Stellen wird ganz ausdrücklich daran festgehalten, daß alles, was ›ad se‹ ausgesagt wird, allen drei Personen zukommt und ihnen gemeinsam ist, und daß alles, was nicht allen drei Personen gemeinsam ist, relativ ist. Nun ist aber das Konstituierende und die Person Unterscheidende nicht allen drei gemeinsam, also ist es relativ.

6 Ebenso sagt Johannes Damascenus im 8. Kapitel: Alles ist eins in Gott »außer der Zeugung, der Ursprungslosigkeit und dem Hervorgang. Allein in diesen Besonderheiten unterscheiden sich die heiligen drei Personen voneinander«. Ebenso sagt er im 49. Kapitel: »Allein an diesen drei Besonderheiten, dem ursprungslosen Vatersein, dem gezeugten

tribus, incausabili paternali, filiali et processibili, cognoscimus«.

7 Item videtur Richardus dicere, IV *De Trinitate*, quod personae non distinguuntur in divinis nisi per modum habendi eandem naturam.

[Idem ostenditur rationibus]

8 Item per rationem. Quia absolutum et absolutum necessario facit compositionem. Sed si in absoluto conveniunt personae divinae, constat quod non eodem absoluto quo conveniunt distinguuntur personaliter, ergo absoluto alio. Ergo est ibi absolutum additum absoluto, et per consequens compositio. Hoc non sequitur de relatione quia relatio nihil addit super fundamentum nec facit compositionem cum eo.

9 Aliter confirmatur illa positio et ista ratio. Quia relatio uno modo potest transire in substantiam et per hoc non facere compositionem cum absoluto, alio modo potest manere per comparationem ad oppositum et ita distinguitur. Istae duae rationes non videntur competere absoluto. Quia absolutum vel omni modo manet vel omni modo transit. Si omni modo transit non distinguit, sicut nec essentia in quam transit. Si omni modo manet, ergo est compositio.

[Sententia tenens divinas personas esse absolutas]

10 Tertio modo ponitur aliter divinas personas esse absolutas. Et ne videatur novum et extraneum, adducitur dictum cuius-

3 Richardus a S. Victore, De Trinitate IV c.19 (PL 196, 943).

7 v23, w4g, f923h. **8** v24, w5a, f924a. **9** v25, w5b, f924b. **10** v56.57, w23, f930.

Sohnsein und dem gehauchten Hervorgehen erkennen wir den Unterschied«.

7 Ebenso sagt Richard im 4. Buch *Über die Dreifaltigkeit*, daß sich die Personen in Gott nur durch die Weise unterscheiden, wie sie an derselben Natur teilhaben.

⟨Dasselbe wird mit Vernunftgründen gezeigt⟩

8 Ebenso wird mit Vernunftgründen argumentiert. Wenn ein Absolutes mit einem anderen Absoluten zusammentritt, bilden sie notwendig eine Zusammensetzung. Wenn aber in einem Absoluten die göttlichen Personen übereinkommen, steht fest, daß sie sich nicht in dem Absoluten, in dem sie übereinkommen, der Person nach unterscheiden; also unterscheiden sie sich in dem anderen Absoluten. Also ist in Gott ein Absolutes einem anderen Absoluten hinzugefügt, folglich gibt es eine Zusammensetzung. Das folgt nicht im Fall der Relation, weil eine Relation ihrem Fundament nichts hinzufügt und keine Zusammensetzung mit ihm bildet.

9 Anders wird die allgemeine Auffassung und das obige Argument bekräftigt. Im einen Fall kann eine Relation in die Substanz eingehen und damit keine Zusammensetzung mit einem Absoluten bilden, im anderen kann sie im Hinblick auf den zweiten Bezugspunkt bestehen bleiben, und so unterscheiden sie sich. Diese beiden Argumente scheinen beim Absoluten nicht zu gelten. Denn ein Absolutes bleibt entweder in jedem Fall bestehen oder geht in jedem Fall in etwas anderes ein. Wenn es in jedem Fall in etwas anderes eingeht, dann ruft es keinen Unterschied hervor, wie auch nicht das Wesen, in das es eingeht. Wenn es in jedem Fall bestehen bleibt, kommt es somit zu einer Zusammensetzung.

⟨Die Lehre, nach der die göttlichen Personen absolut sind⟩

10 Drittens wird auf andere Weise behauptet, daß die göttlichen Personen absolut sind. Und damit das nicht neu und fremd-

dam antiqui doctoris distinguentis aliquid dici dupliciter secundum substantiam. Dicit enim sic: »Intelligendum est quod, sicut dicit Richardus de Sancto Victore, dici secundum substantiam est dupliciter: uno modo indicando substantiam secundum naturam communem, et sic dicitur homo secundum substantiam; aut indicando substantiam ut suppositum certum, ut quidam homo. Primo modo dicere substantiam, est dicere ›quid‹, secundo modo est dicere ›aliquem‹. Dico ergo quod nomen substantiae vel essentiae dicitur secundum substantiam quia indicat naturam communem, sed persona dicitur secundum substantiam quia indicat suppositum certum et distinctum. Natura enim communis non multiplicatur nec refertur. Et ideo quod dicit substantiam secundum naturam communem, ita dicitur ad se quod nullo modo potest dici secundum relationem. Suppositum autem sive hypostasis est natum plurificari et ad aliud comparari. Et quod sic dicitur secundum substantiam, nihil impedit ratione relationis superadditae dici secundum relationem. Et hoc vult dicere Richardus de Sancto Victore«.

[Instantiae ex sententia communi]

Contra istam opinionem potest obici quod ipsa non videtur
11 stare cum fide: Quia Salvator exprimens totam veritatem fidei, nominavit tres personas, Matthaeus ultimo, Patrem et Filium et Spiritum Sanctum. Et beatus Ioannes in canonica sua prima capitulo 5: »Tres sunt«, inquit, »qui testimonium

1 Bonaventura, In Sent. I d.25 a.1 q.1 in corp. (I 437a). *3* Richardus de S. Victore, De Trinitate IV c. 6,7,19 (PL 196, 933–934, 942–944). *23* Matth 28,19. *25* I Ioann 5,7.

11 v67, w25a, f931a.

artig erscheint, wird die Unterscheidung eines altehrwürdigen Doktors herangezogen, der sagt, daß etwas auf zweifache Weise gemäß der Substanz ausgesagt wird. Er sagt nämlich folgendes: »Man muß beachten, wie Richard von St. Viktor sagt, daß es eine zweifache Weise gibt, etwas gemäß der Substanz auszusagen: Erstens durch das Anzeigen der Substanz gemäß der gemeinsamen Natur, und so wird etwa ›Mensch‹ gemäß der Substanz ausgesagt; zweitens durch das Anzeigen der Substanz als eines ganz bestimmten vorliegenden Falls, wie etwa ein bestimmter Mensch. In der ersten Weise ›Substanz‹ auszusagen, heißt das ›Was‹ anzugeben, in der zweiten Weise heißt es, das ›Wer‹ anzugeben. Ich sage also, daß das Wort ›Substanz‹ oder ›Wesenheit‹ gemäß der Substanz ausgesagt wird, weil es auf die gemeinsame Natur verweist; aber ›Person‹ wird gemäß der Substanz ausgesagt, weil dieses Wort auf einen bestimmten und unterschiedenen vorliegenden Fall verweist. Denn die gemeinsame Natur wird weder vervielfacht noch weist sie Relationen auf. Und das also, was Richard über die Substanz gemäß der gemeinsamen Natur sagt, wird so als solches gesagt, daß es auf keine Weise gemäß der Relation ausgesagt werden kann. Ein vorliegender Fall aber bzw. eine Hypostase kann vervielfacht werden und Relationen aufweisen. Und was so gemäß der Substanz ausgesagt wird, hindert nichts, daß es aufgrund einer hinzugefügten Beziehung als in einer Relation stehend ausgesagt wird. Und das will Richard von St. Viktor sagen«.

⟨Einwände aufgrund der allgemeinen Lehre⟩

11 Gegen diese Meinung kann eingewandt werden, daß sie mit dem Glauben nicht verträglich erscheint: Der Erlöser, der die ganze Wahrheit des Glaubens zum Ausdruck bringt, nannte drei Personen, bei Matthäus im letzten Kapitel, den Vater und den Sohn und den Heiligen Geist. Der selige Johannes sagt in seinem 1. Brief, Kapitel 5: »Drei sind es, die Zeugnis

dant in caelo: Pater, Verbum et Spiritus Sanctus«. Et sancti tractantes de ista materia, postea fundantes se in istis verbis Canonis, videntur semper expresse dicere quod personae non distinguuntur formaliter nisi per relationes, sicut fuit argutum pro opinione secunda.

[Instantiae solvuntur]

12 Hic posset dici quod Salvator vere docuit tres personas et eas esse relativas istis relationibus et personam accipere essentiam a persona, et hoc quidem non negat ista opinio. Non sequitur tamen ›Salvator non dixit personas divinas constitui per aliquid absolutum, ergo non constituuntur sic‹ – locus enim ab auctoritate non tenet negative – sicut non sequitur ›loquor cum episcopo et officiali et archidiacono, ergo isti distinguuntur in esse personali per istas relationes‹. Et forte Salvator videns nos non posse concipere realitates proprias absolutas quibus constituuntur formaliter personae divinae in esse personali si quae sint, voluit eas nobis exprimere nominibus nobis intelligibilioribus. Possumus enim aliquo modo istas relationes concipere ex relationibus originis in creaturis.

Et forte posset assignari alia ratio quia hic plus de veritate fidei simul exprimitur quam alio modo. Si enim sint personae absolutae et proprietatibus absolutis constitutae, scilicet *A*, *B* et *C*, et possent nominari nominibus absolutis, si illa expressisset Salvator, praecise in hoc expressisset distinctionem per-

12 v68.

ablegen im Himmel: Der Vater, das Wort und der Heilige Geist«. Und die Väter, die diese Materie abhandeln, stützen sich später auf diese Worte der Schrift und scheinen immer ausdrücklich zu sagen, daß sich die Personen nur durch die Relationen formal unterscheiden, so wie für die zweite Meinung argumentiert wurde.

⟨Die Einwände werden gelöst⟩

12 Hier könnte gesagt werden, daß der Erlöser tatsächlich gelehrt hat, daß es drei Personen gibt, daß sie durch diese Relationen verbunden sind und daß eine Person ihr Wesen von einer anderen Person empfängt, und das leugnet diese Meinung nicht. Dennoch folgt nicht ›Der Erlöser hat nicht gesagt, daß die göttlichen Personen durch irgendein Absolutes konstituiert werden, also werden sie nicht auf diese Weise konstituiert‹ – ein Autoritätszitat gilt nämlich nicht negativ –, wie auch nicht folgt ›Ich spreche mit einem Bischof, einem Officialis und einem Archidiakon, also unterscheiden sich diese in ihrem Personsein durch diese Relationen‹. Und vielleicht wußte der Erlöser, daß wir die absoluten wirklich bestehenden Besonderheiten, durch welche die göttlichen Personen in ihrem Personsein formal konstituiert werden, wenn es solche gibt, nicht begreifen können, und wollte uns gegenüber diese durch für uns leichter verständliche Bezeichnungen zum Ausdruck bringen. Wir können nämlich in gewisser Weise diese Relationen aufgrund der Ursprungsrelationen in den Geschöpfen begreifen.

Vielleicht könnte auch noch ein anderer Grund angegeben werden, nämlich daß hier zugleich mehr an Glaubenswahrheit zum Ausdruck gebracht wird als auf andere Weise. Wenn nämlich die Personen absolut sind und durch absolute Besonderheiten konstituiert werden, zum Beispiel *A, B, C,* dann könnten sie auch durch absolute Namen benannt werden, – wenn der Erlöser diese zum Ausdruck gebracht hätte, dann hätte er dadurch ausschließlich den Unterschied der Perso-

sonarum et non originem personae a persona. Exprimendo autem personas istas nominibus relativis, istis utrumque expressit scilicet distinctionem et originem.

13 Quod autem possint divinae personae aliquibus nominibus absolutis nominari et exprimi, videtur posse monstrari per Scripturam. Sicut Proverbiis 30, post multas quaestiones motas de Deo quaerit Salomon: »Quod nomen eius, et quod nomen Filii eius si nosti?« Si primum nomen Filii eius est Filius, quod oportet si constituatur in esse per filiationem, illa quaestio videtur nulla esse quia omnis quaestio aliquid certum supponit et aliquid dubium quaerit, ex VII *Metaphysicae* ultimo. Illa ergo nulla esset quia idem supponeret et quaereret. Supponit enim ipsum esse Filium et quaerit quod est nomen eius. Et consimiliter per naturam relationis supponit illud cuius est relativum esse Patrem et quaerit illud nomen. Posset sibi responderi: tu quaeris nomen Patris et nomen Filii, et tu dicis nomina prima eorum.

14 Videtur ergo posse dici quod si Scriptura Nova expresse velit istas esse personas relativas, et hoc sit de substantia fidei, tamen non invenitur expressum quod relationes sint primae formae constituentes et distinguentes primo personas. Nec hoc declaravit Ecclesia: neque in *Symbolo Apostolorum* neque in *Symbolo Nicaeno* neque in concilio generali sub Innocentio III – quoad istum articulum De Trinitate ponitur *Extra De summa Trinitate* et fide catholica »Firmiter« – neque in

6 Prov 30,4. *11* Aristot., Metaph. VII c.17 t.59 (1041a 10–16). *23* Symbolum Apostolicum (Ench.Symb. n.6); Symbolum Nicaeno-Constantinopolitanum (ibid. n. 86).

13 v69, w27, f932d. **14** v70, w25b.

nen und nicht den Ursprung einer Person aus der anderen zum Ausdruck gebracht. Indem er aber die Personen durch relative Namen benannt hat, hat er durch sie beides ausgedrückt, nämlich den Unterschied und den Ursprung.

13 Daß die göttlichen Personen durch absolute Namen benannt und ausgedrückt werden können, scheint auch durch die Heilige Schrift gezeigt werden zu können. So zum Beispiel im Buch der Sprichwörter, Kapitel 30, wo Salomo nach vielen Fragen über Gott die Frage stellt: »Wie ist sein Name und wie der Name seines Sohnes, wenn du es weißt«? Wenn der erste Name seines Sohnes ›Sohn‹ ist, was notwendig ist, wenn er in seinem Sein durch die Sohnschaft konstituiert ist, dann scheint diese Frage nichtig zu sein, weil jede Frage etwas Sicheres voraussetzt und nach etwas Ungewissem fragt, nach dem letzten Kapitel des 7. Buches der *Metaphysik*. Die Frage wäre also nichtig, weil sie dasselbe voraussetzte und zu ergründen suchte. Sie setzt nämlich voraus, daß der Sohn selbst ist und fragt danach, wie denn sein Name ist. Und ähnlich setzt sie aufgrund der Natur der Relation voraus, daß das, zu dem er in Relation steht, der Vater ist, und fragt nach dessen Namen. Man könnte Salomo antworten: Du fragst nach dem Namen des Vaters und des Sohnes, und dabei nennst du selbst ihre hauptsächlichen Namen.

14 Man scheint also sagen zu können: Auch wenn das Neue Testament deutlich machen wollte, daß die Personen relativ sind und daß dies zum wesentlichen Glaubensbestand gehört, stößt man dennoch dort nicht auf den Wortlaut, daß die Relationen die ersten Formen sind, die die Personen hauptsächlich konstituieren und unterscheiden. Auch die Kirche hat das nicht erklärt: Weder im *Apostolischen* noch im *Nizänischen Glaubensbekenntnis* noch auf dem Allgemeinen Konzil unter Innozenz III. – in Bezug auf den Artikel *Über die Dreifaltigkeit* wird dort der Zusatztext ›Über die allerhöchste Dreifaltigkeit und den katholischen Glauben‹ aufgenommen, der mit »Firmiter« beginnt – noch auf dem Allgemeinen

concilio Lugdunensi generali sub Gregorio X – quod quoad istam materiam de Trinitate ponitur *Extra De summa Trinitate* et fide catholica »Fideli«, et est hodie in sexto libro *Decretalium* – neque in aliquo alio concilio, quod adhuc manifeste videatur traditum in scriptura aliqua authentica.

15 Si ergo hoc Christus non docuit nec Ecclesia declaravit scilicet personas relationibus primo distingui, non videtur tunc asserere hoc esse fidei. Quia si istud non est verum, non videtur esse reverenter dictum de personis divinis quod non sint nisi relationes subsistentes. Si tamen est verum, non tamen traditum est sicut verum certum, non videtur esse tutum asserere hoc tamquam verum certum tenendum. Et licet verum sit personas distingui relationibus et stando in hoc generali sancti laboraverunt qualiter possit stare distinctio personarum cum unitate essentiae, non tamen oportet negare quin aliqua distinctio quasi prior possit poni quae etiam concedit istam distinctionem, ita quod omnis via tenet istam affirmativam veram quod scilicet personae divinae relationibus distinguuntur licet aliqua via diceret quod istam distinctionem quasi praecederet aliqua distinctio realis. Nec oportet restringere articulum fidei traditum in generali ad unum intellectum specialem quasi non possit ille intellectus generalis esse verus nisi in isto speciali, sicut istum articulum quod Verbum Dei factum est homo, non oportet restringere ad

3 Decretales Gregorii IX lib.1 tit.1 c.1 (ed. Friedberg II 5–6). *4* Sextus Decretalium Bonifacii VIII lib. 1 tit. 1 c.un. (ed. Friedberg II 937). *19* Cf. Henricus Gand., Summa a.57 q.4 in corp. (II f.122B).

15 v71.

Konzil zu Lyon unter Gregor X. – denn in Bezug auf das vorliegende Thema *Über die Dreifaltigkeit* wird der Zusatztext ›Über die allerhöchste Dreifaltigkeit und den katholischen Glauben‹ aufgenommen, der mit »Fideli« beginnt, und dieser findet sich heute im 6. Buch der *Dekretalen* – noch auf irgendeinem anderen Konzil, so daß es bis heute in irgendeiner authentischen Schrift als ausdrücklich überliefert gelten könnte.

Wenn also Christus dies nicht gelehrt und die Kirche nicht erklärt hat, nämlich daß sich die Personen hauptsächlich durch Relationen unterscheiden, dann sollte man nicht behaupten, dies sei ein Glaubenssatz. Denn wenn das nicht wahr ist, scheint nicht in ehrfürchtiger Weise von den göttlichen Personen gesagt zu werden, daß sie nur subsistierende Relationen sind. Wenn es aber wahr ist, obgleich es nicht als etwas sicher Wahres überliefert ist, dann scheint es nicht sicher zu sein, dies gleichwohl als etwas sicher Wahres, das festgehalten werden muß, zu behaupten. Und obwohl es wahr ist, daß sich die Personen durch Relationen unterscheiden und obwohl die Väter sich von dieser allgemeinen Feststellung aus bemüht haben zu klären, wie die Unterscheidung der Personen mit der Einheit ihres Wesens verträglich sein könne, muß man dennoch nicht verneinen, daß irgendeine Unterscheidung gleichsam früher vorgenommen werden kann, die auch diese Unterscheidung zuläßt, so daß jeder Denkweg jene wahre Behauptung enthält, nämlich daß die göttlichen Personen sich durch Relationen unterscheiden, obwohl eine Argumentation sagt, daß dieser Unterscheidung irgendein realer Unterschied gleichsam vorausgeht. Und man soll den in einem allgemeinen Sinn überlieferten Glaubensartikel nicht auf ein bestimmtes Verständnis einschränken, so als ob jenes allgemeine Verständnis seine Wahrheit nur in jenem besonderen besäße. So soll man zum Beispiel den Glaubensartikel, daß das Wort Gottes Mensch geworden ist, nicht derart einschränken, daß eine bestimmte Weise an-

unum modum determinatum qui non est expressus in Canone nec ab Ecclesia ita quod non possit esse verus nisi ille modus esset verus. Hoc enim est reducere articulum fidei ad incertitudinem si aliquid sit incertum quod non est traditum sicut articulus fidei. Videtur enim incertum quod non potest sine aliquo incerto teneri.

[Explicationes quas patroni sententiae tenentis personas divinas constitui per absoluta dare possent ad auctoritates adductas pro sententia docente eas constitui relationibus]

16 Ad argumenta Augustini omnia posita pro opinione secunda ⟨respondeo⟩ per illam distinctionem illius doctoris. Quia loquitur de his quae sunt ad se simpliciter ita quod nec sunt relata nec referibilia sed sunt opposita relationi, sicut patet per exempla sua ibi. Videtur enim ipsemet dicere ibi quod aliquid est ad se licet sit referibile ad aliud, sicut expresse vult VII *De Trinitate* capitulo 4, ubi tractans quomodo graeci dicunt tres esse substantias, vult quod subsistere secundum quod competit substantiae illo modo sumptae, sit ad se. Subdit enim ibi: »Si aliud est Deo esse et aliud subsistere sicut aliud est Deum esse et aliud Patrem esse, relative ergo subsistit sicut relative gignit«. Et ex hoc infert: »Itaque substantia iam non erit substantia quia relativum«. Et infra: »Absurdum est autem ut substantia relative dicatur. Omnis enim substantia ad se subsistit. Quanto magis Deus?« – Quid expressius

11 Supra n.5. *12* Supra n.10. *17* August., De Trin. VII c.4 n.8–9 (PL 42,941–943).

16 v73, w31d, f435d.

genommen wird, die nicht in der Heiligen Schrift oder vom Lehramt der Kirche ausdrücklich festgelegt worden ist, so daß der Glaubensartikel nicht wahr sein könnte, außer jene bestimmte Weise wäre wahr. Dies aber hieße, den Glaubensartikel auf eine Unsicherheit zurückzuführen, wenn etwas unsicher ist, das nicht als Glaubensartikel überliefert ist. Es scheint nämlich unsicher zu sein, was nicht ohne etwas Unsicheres behauptet werden kann.

⟨Erklärungen, die Vertreter der Lehre, die göttlichen Personen würden durch Absoluta konstituiert, zu den angeführten Belegstellen für die Lehre, nach der sie durch Relationen konstituiert werden, geben könnten⟩

16 Auf die Argumente des Augustinus, die alle für die zweite Meinung angeführt worden sind, antworte ich mit der Unterscheidung des Richard von St. Viktor. Denn Augustinus spricht von dem, was derart schlechthin an sich besteht, daß es weder bezogen noch beziehbar, sondern der Relation entgegengesetzt ist, wie aufgrund seiner Beispiele dort offenkundig ist. Er selbst scheint nämlich dort zu sagen, daß etwas an sich besteht, obwohl es auf ein anderes beziehbar ist, wie er ausdrücklich im 4. Kapitel des 7. Buches *Über die Dreifaltigkeit* meint, wo er, darüber handelnd, auf welche Weise die Griechen sagen, es gebe drei Substanzen, ausführt, daß ›subsistieren‹, wie es der so aufgefaßten Substanz zukommt, ›an sich bestehen‹ bedeutet. Denn er fügt dort hinzu: »Wenn es für Gott verschieden ist zu sein und zu subsistieren, wie es verschieden ist, Gott zu sein und Vater zu sein, dann subsistiert er also relativ wie er relativ zeugt«. Und daraus schließt er: »Schon deshalb bedeutet ›Substanz‹ nicht mehr eine Substanz, weil das Wort relativ gebraucht wird«. Und weiter unten: »Es ist aber widersinnig, eine Substanz relativ zu nennen. Denn jede Substanz subsistiert doch an sich. Um wieviel mehr Gott«? – Was kommt hier deutlicher zum Ausdruck, als

quam quod substantia sicut graeci accipiunt eam scilicet pro persona, sit substantia prima et non secunda, sit ad se et ad se subsistat, illo subsistere quod competit substantiae sic dictae?

17 Et si obiciatur quod illa verba Augustini de substantia et de persona non debent magis accipi de personali quam de essentiali quia dicit quod eodem dicitur Deus et persona, – respondeo: eodem id est aliquo dicto ad se, distinguendo illud quod est ad se contra illud quod est ad aliud, quia Pater non est persona Filii sicut nec est Deus Filii, quemadmodum Socrates non est Socrates alicuius, sicut nec est homo alicuius intelligendo ut correlativi. Sed non oportet quod omnino eodem sit Deus et persona ita quod persona omnino ad se dicatur sicut Deus dicitur ad se vel deitas. Quia tunc sicut non sunt tres deitates et per hoc nec tres magnitudines, secundum eum, quia magnitudo omnino dicitur ad se sicut deitas, sic nec essent tres personae, quod ipse negat. Quae ergo omnino sunt ad se, non numerantur; quae omnino ad alterum, non sunt communia tribus; quae autem ad se sed non omnino ad se sed referibilia quia non repugnat eis referri, sunt communia sed numerantur aut possunt dici propria a quibus potest abstrahi aliquid commune numeratum.

18 Ad Damascenum dico quod una auctoritas eius solvit aliam. Quia capitulo 8 praecise ponit ingenerationem et capitulo 49 ponit paternalem proprietatem. Istae autem duae proprietates sunt distinctae, secundum Augustinum V *De Trinitate*

22 Supra n.6.

17 v74, w31ef, f935e. **18** v77, w32c, f935h.

daß eine Substanz, wie die Griechen sie auffassen, nämlich als Person, erste und nicht zweite Substanz ist, an sich besteht und an sich subsistiert, und zwar in jenem Sinn des Subsistierens, wie es der so bezeichneten Substanz zukommt?

17 Und wenn eingewandt wird, daß die Worte des Augustinus über Substanz und Person nicht so sehr von der Person her als vom Wesen verstanden werden müssen, weil er sagt, daß Gott und Person aufgrund desselben ausgesagt werden, – dann antworte ich: Aufgrund desselben, das heißt aufgrund von etwas, das an sich ausgesagt wird, wobei man jenes, das an sich besteht, von jenem, das auf etwas anderes bezogen ist, unterscheidet. Denn der Vater ist nicht die Person des Sohnes, wie auch nicht Gott Gott des Sohnes ist, wie ja auch Sokrates nicht Sokrates von jemandem ist und auch ein Mensch nicht Mensch von jemandem im Sinn einer Relation. Es ist aber nicht notwendig, daß aufgrund des gänzlich selben Gott ist und Person ist, so daß Person gänzlich an sich ausgesagt wird wie Gott an sich ausgesagt wird oder Gottheit. Wie es dann, nach Augustinus, nicht drei Gottheiten gibt und deswegen auch nicht drei Hoheiten, weil Hoheit gänzlich an sich ausgesagt wird ebenso wie Gottheit, so gäbe es auch nicht drei Personen, was er selbst verneint. Was also gänzlich an sich besteht, hat keine Mehrzahl. Was gänzlich auf ein anderes bezogen ist, ist nicht allen Drei gemeinsam. Was aber an sich besteht, wenn auch nicht gänzlich an sich, sondern auf etwas anderes beziehbar ist, weil es ihm nicht widerspricht, auf etwas bezogen zu werden, ist gemeinsam, besteht aber in der Mehrzahl oder kann als Besonderes ausgesagt werden, von dem etwas, das als etwas Gemeinsames in der Mehrzahl besteht, abstrahiert werden kann.

18 Zu Johannes Damascenus sage ich, daß die eine von ihm herangezogene Belegstelle die andere auflöst, denn im 8. Kapitel behauptet er ausschließlich die Ungezeugtheit und im 49. Kapitel die Besonderheit als Vater. Diese beiden Besonderheiten sind aber verschieden, nach Augustinus im

capitulo 6. Ergo excludendo omnia alia in Patre, in capitulo 8, praeter ingenerationem intelligit per ingenerationem esse personale Patris. Et ita ubicumque excludit ab aliqua proprietate alicuius suppositi omne aliud, per illam proprietatem inclusam includit omne aliud personale, et ita includeretur illa realitas absoluta si qua esset, et maxime includeretur ut videtur. Quia in creaturis incluso accidente non excluditur subiectum, et ita inclusa relatione in persona divina non excluditur illud quod refertur ea. Sicut si diceretur quod sola paternitas est, non per hoc excluderetur Pater qui paternitate est Pater.

19 Ad Richardum dico quod modus existentiae alius est, hoc pertinet ad originem. Sed ex hoc non sequitur quod originatum non sit aliquid subsistens ad se distinctum aliqua realitate personali absoluta ab originante.

[Eodem sensu explicantur rationes adductae ad ostendendum divinas personas constitui relationibus]

20 Ad rationem pro secunda opinione dici potest quod si realitas absoluta aliqualiter constituat personas, non tamen faciet compositionem cum essentia divina sicut nec relatio constituens faceret. Quod confirmatur per locum a maiore. Quia realitas propria subsistentiae in creatura non facit compositionem cum essentia, relatio autem in creaturis facit compo-

1 August., De Trin. V c.6 n.7 (PL 42,915). *12* Supra n.7. *18* Supra n.8.

19 v78, w32d, f935i. **20** v80, w33ab, f936a.

6. Kapitel des 5. Buches *Über die Dreifaltigkeit.* Wenn er also alles andere im Vater ausschließt, im 8. Kapitel, außer der Ungezeugtheit, versteht er mittels der Ungezeugtheit das Personsein des Vaters. Und überall dort, wo er alles andere von irgendeiner Besonderheit eines Suppositum ausschließt, schließt er mittels jener eingeschlossenen Besonderheit jedes andere Personsein ein, und so würde jenes absolut Bestehende, wenn es das als solches gäbe, eingeschlossen werden, ja in höchstem Maß eingeschlossen werden, wie es scheint. Denn in den Geschöpfen wird, wenn das Akzidens eingeschlossen ist, das Subjekt nicht ausgeschlossen, und so wird, wenn die Relation in der göttlichen Person eingeschlossen ist, jenes nicht ausgeschlossen, das durch die Relation auf etwas bezogen ist. Wie etwa, wenn gesagt würde, daß es nur die Vaterschaft gibt, dadurch der Vater nicht ausgeschlossen würde, der durch seine Vaterschaft Vater ist.

19 Zu Richard sage ich: Die Weise der Existenz ist jeweils eine andere, das gehört zum Ursprung. Aber daraus folgt nicht, daß das Hervorgebrachte nicht irgendein an sich Subsistierendes ist, welches aufgrund eines personal absolut Bestehenden vom Hervorbringenden verschieden ist.

⟨In demselben Sinn werden die Gründe erklärt, die zu dem Beweis angeführt worden sind, daß die göttlichen Personen durch Relationen konstituiert werden⟩

20 Zu der Argumentation für die zweite Meinung kann gesagt werden: Wenn etwas absolut Bestehendes in irgendeiner Weise die Personen konstituiert, bewirkt dieses dennoch nicht eine Zusammensetzung mit der göttlichen Wesenheit, wie das auch eine konstituierende Relation nicht vermöchte. Das wird bekräftigt durch die Argumentationsform ›vom Höheren her‹. Denn das besondere Bestehen der Subsistenz im Geschöpf bewirkt keine Zusammensetzung mit dem Wesen, wohl aber bewirkt die Relation in den Geschöpfen

sitionem cum fundamento, ut alias declarabitur. Ergo si haec relatio potest non facere compositionem cum essentia, multo magis nec realitas suppositi faciet compositionem cum realitate naturae.

21 Et cum confirmatur ratio quod absolutum aut omnino manet aut omnino transit, dico sicut dictum est declarando secundam positionem, quod relatio manet ex hoc quod eius ratio non est formaliter ratio essentiae, et transit quia secundum perfectam identitatem est essentia, ita dici potest quod realitas absoluta si constituat personam, transit quidem propter perfectam identitatem ad essentiam, manet tamen quia non est formaliter realitas essentiae.

1 Ord. II d.3. *6* Supra n.9.

21 v81, w33c, f936b.

eine Zusammensetzung mit dem Fundament, wie an anderer Stelle erklärt werden wird. Wenn es also möglich ist, daß diese Relation keine Zusammensetzung mit dem Wesen bewirkt, um wieviel weniger wird das Bestehen des Suppositum eine Zusammensetzung mit dem Bestehen der Natur bewirken.

21 Und wenn das Argument, daß ein Absolutes entweder gänzlich bestehen bleibt oder gänzlich in etwas anderes eingeht, bekräftigt wird, wiederhole ich, was zur Erklärung der zweiten Auffassung gesagt worden ist, nämlich daß die Relation bestehen bleibt, weil ihre Begriff formal nicht der Begriff des Wesens ist, und sie geht in etwas anderes ein, weil sie entsprechend vollkommener Identität das Wesen ist, so daß gesagt werden kann, daß ein absolut Bestehendes, wenn es die Person konstituiert, zwar wegen der vollkommenen Identität in das Wesen übergeht, daß es aber bestehen bleibt, weil es nicht formal das Bestehen des Wesens ist.

Liber II
DISTINCTIO 25

Quaestio unica

1 Circa distinctionem 25 quaero utrum aliquid aliud a voluntate causet effective actum volendi in voluntate.

2 Quod sic, probo. III *De anima* ponit Aristoteles ordinem moventium et motorum sic scilicet quod appetibile est movens non motum, appetitus movens et motum ab ipso scilicet obiecto appetibili, et tertio motum non movens quod scilicet movetur per actum et imperium voluntatis vel appetitus ut corpus animalis. Nec potest dici quod appetibile movet metaphorice sicut finis movet. Quia tunc Philosophus statim aequivocaret de movente in suo processu, cum dicit quod primum puta appetibile movet secundum scilicet appetitum, et secundum scilicet appetitus movet tertium quia secundum scilicet appetitus movet proprie. Et in essentialiter ordinatis videtur quod eo genere motus quo movetur ultimum a medio, moveatur medium a primo.

3 Oppositum per Augustinum XII *De civitate* capitulo 6 ubi dicit quod si duo sint aequaliter affecti animo et corpore et postea tententur eadem pulchritudine vel obiecto, unde est quod unus cadit et alius non cadit? Et dicit quod hoc solum

6 Aristot., De anima III c.10 t.54 (433b 10–19). *11* Henricus Gand., Quodl. 12 q.11 ad 3. *19* August., De civ. Dei XII c.6 (PL 41, 354).

1 w1a, f750. **2** w1a, f751a. **3** w2a, f752ab.

Zweites Buch
25. DISTINKTION

Die einzige Frage

1 Hinsichtlich der 25. Distinktion frage ich, ob etwas anderes als der Wille den Willensakt im Willen wirkursächlich hervorbringt.

2 Das beweise ich. Im 3. Buch *Über die Seele* nimmt Aristoteles die Ordnung von Bewegenden und Bewegten so an, daß das Erstrebbare ein Bewegendes ist und kein Bewegtes, daß das Streben ein Bewegendes und ein Bewegtes, nämlich durch das erstrebbare Objekt, ist und daß es drittens ein Bewegtes, das nicht bewegt, gibt, das nämlich durch den Akt und den Befehl des Willens oder Strebens bewegt wird, wie z. B. der Körper eines Lebewesens. Man kann aber nicht sagen, daß das Erstrebbare auf metaphorische Weise bewegt wie das etwa das Ziel tut. Denn dann würde Aristoteles sogleich äquivok über das Bewegende bei seiner Bewegung sprechen, wenn er sagt, daß das Erste, das heißt das Erstrebbare, das Zweite, das heißt das Streben, und das Zweite, nämlich das Streben, das Dritte bewegt, weil das Zweite, nämlich das Streben, im eigentlichen Sinn bewegt. Und bei dem wesentlich Geordneten scheint es so zu sein, daß durch die Gattung von Bewegung, durch die das Letzte vom Mittleren bewegt wird, das Mittlere vom Ersten bewegt wird.

3 Das Gegenteil wird durch Augustinus im 12. Buch des *Gottesstaates,* 6. Kapitel, bewiesen, wo er die Frage stellt, woher es kommt, daß im Fall von zwei in gleicher Weise mit Geist und Körper Ausgestatteten und danach durch dieselbe Schönheit oder dasselbe Objekt Versuchten der eine der Versuchung erliegt und der andere nicht. Er sagt, daß das allein am Willen

est a voluntate. – Idem Anselmus dicit *De conceptu virginali* capitulo 4.

[Exponitur sententia tenens phantasma esse causam effectivam volitionis]

4 Dicitur hic ab uno doctore moderno quod aliquid aliud a voluntate est effectiva causa volitionis in ipsa, et illud ponit esse phantasma. Ratio sua principalis est ista. Oportet movens et motum esse distincta subiecto. Sed in parte animae intellectiva nihil potest esse distinctum subiecto a voluntate, igitur ibi nihil est motivum ipsius. Igitur oportet esse aliquid aliud extra partem intellectivam, et illud ponitur phantasma.

5 Primam propositionem probat sic. Quia idem est ponere movens et motum non esse distincta subiecto, et idem movere se, quod est impossibile. Quia idem respectu eiusdem esset in actu et in potentia, quia III *Physicorum* dicitur quod tale est movens in actu quale est mobile in potentia.

Ad principale. Omne agens aequivocum est nobilius effectu suo; sed voluntas si causat volitionem suam, non causat nisi sicut causa aequivoca; igitur voluntas ut praecise est causa activa vel principium volitionis, cum ex hoc quod est principium productivum volitionis non sit habens volitionem, sequeretur quod esset nobilior quam ut volens formaliter. Dicit ergo ista opinio quod intellectus agens non movet intellectum possibilem nec voluntatem; sed phantasma irradiatum ab intellectu agente movet immediate intellectum possibilem. Quia quamquam ubi est phantasma ibi sit intellectus,

2 Anselmus, De conc. virg. c.4 (PL 158, 436; ed. Schmitt II 143–144). *5* Godefr. de Font., Quodl. VIII q.2 (PhB IV 19). Cf. idem, Quodl. V q.10 (PhB III, 36–38). *15* Aristot., Phys. III c.1 (201a 20–25).

4 w3a, f753a. **5** w3a.4c, f753afg.

liegt. – Dasselbe sagt Anselm im 4. Kapitel von *Über die jungfräuliche Empfängnis.*

⟨Es wird die Meinung erklärt, nach der das Phantasma die Wirkursache des Willensakts ist⟩

4 Hierzu wird von einem zeitgenössischen Doktor gesagt, daß etwas anderes als der Wille die Wirkursache des Willensakts im Willen selbst ist, und dafür nimmt er das Phantasma an. Sein hauptsächlicher Grund ist der folgende. Das Bewegende und das Bewegte müssen dem Subjekt nach verschieden sein. Nun aber kann im erkennenden Seelenteil nichts dem Subjekt nach vom Willen verschieden sein, also ist dort nichts, was ihn bewegt. Also muß es etwas anderes außerhalb des erkennenden Seelenteils geben, und dafür wird das Phantasma angenommen.

5 Den ersten Satz beweist er so. Anzunehmen, das Bewegende und das Bewegte seien nicht dem Subjekt nach verschieden, ist dasselbe, wie anzunehmen, etwas bewege sich selbst, was unmöglich ist. Denn dann wäre dasselbe bezüglich desselben in Akt und in Potenz. Im 3. Buch der *Physik* wird nämlich gesagt, daß das Bewegende im Akt dasselbe ist wie das Bewegbare in der Potenz.

Zur These. Jedes äquivok Tätige ist vorzüglicher als seine Wirkung; nun aber verursacht der Wille, wenn er seinen Willensakt verursacht, nur wie eine äquivoke Ursache; also würde folgen, daß der Wille, wenn er ausschließlich die aktive Ursache oder der Ursprung des Willensakts ist, weil er aus dem Grund, daß er der hervorbringende Ursprung des Willensakts ist, keinen Willensakt hat, vorzüglicher wäre, als wenn er formal will. Diese Meinung besagt also, daß der tätige Intellekt weder den möglichen Intellekt bewegt noch den Willen; nun aber bewegt das vom tätigen Intellekt erfaßte Phantasma den möglichen Intellekt unmittelbar. Denn wo auch immer es ein Phantasma gibt, dort gibt es auch den Intellekt; den Intellekt hingegen gibt es auch dort, wo es kein

intellectus tamen est alicubi ubi non est phantasma, et sic salvatur quod movens et motum sunt distincta subiecto. Phantasma igitur irradiatum immediate causat intellectionem et volitionem immediatione causae sed non immediatione effectus, quia prius causat intellectionem quam volitionem.

[Exponitur sententia tenens causam activam volitionis esse obiectum ut cognitum]

6 Alia est opinio doctoris antiquioris quae ponit eandem conclusionem scilicet quod voluntas movetur ab alio sed ponit illud aliud esse obiectum cognitum vel intellectum. Et hoc confirmatur per auctoritatem Averrois XII *Metaphysicae*, qui dicit quod balneum in re extra movet vires sensitivas quas scilicet movet effective, sed balneum in anima movet voluntatem, igitur obiectum ut cognitum movet effective appetitum. – Item appetitus sensitivus effective movetur ab appetibili, igitur et intellectivus ab appetibili intelligibili.

[Impugnatur conclusio utrique sententiae communis]

7 Istae duae opiniones concordant in hoc quod ponunt aliquid aliud a voluntate movere ipsam sed discordant in movente, ut patet. Contra conclusionem in se sunt rationes principales et replico eas sic deducendo. Agens naturale non potest esse per se causa contrariorum circa idem passum, ut excludatur per hoc instantia de dissolutione glaciei et constrictione luti. Sed in potestate voluntatis nostrae est habere nolle et velle

8 Thomas de Aquino, Summa theol. I q.82 a.4 in corp. (cf. Lect. n.22,54). *11* Averroes, Metaph. XII t.36 (cf. Lect. n.18).

6 w5a, f754ab. **7** w5b.6a, f755ab.

Phantasma gibt; und so kann man dabei bleiben, daß das Bewegende und das Bewegte dem Subjekt nach verschieden sind. Das erfaßte Phantasma verursacht also unmittelbar den Akt der Erkenntnis und des Willens ohne Dazwischentreten einer Ursache, aber nicht ohne Dazwischentreten einer Wirkung, weil es den Akt der Erkenntnis früher verursacht als den des Willens.

⟨Es wird die Meinung erklärt, nach der die aktive Ursache des Willensakts das Objekt als erkanntes ist⟩

6 Anders ist die Meinung eines älteren Doktors, die dieselbe Schlußfolgerung zieht, nämlich daß der Wille von etwas anderem bewegt wird, die aber annimmt, jenes andere sei das erkannte oder vom Intellekt erfaßte Objekt. Und das wird durch eine Belegstelle aus dem 12. Buch des Kommentars von Averroes zur *Metaphysik* bekräftigt, wo er sagt, daß ein wirkliches Bad die sinnlichen Kräfte bewegt, die es nämlich wirkursächlich bewegt, daß aber ein nur vorgestelltes Bad den Willen bewegt; also bewegt das Objekt als erkanntes wirkursächlich das Streben. – Weiters wird das sinnliche Streben wirkursächlich vom Erstrebbaren bewegt, also auch das vernünftige Streben vom durch die Vernunft Erstrebbaren.

⟨ Die beiden Meinungen gemeinsame Schlußfolgerung wird zurückgewiesen⟩

7 Diese beiden Meinungen stimmen darin überein, daß sie annehmen, daß etwas vom Willen Verschiedenes diesen bewegt, aber sie sind uneins darüber, was das Bewegende ist, wie offenkundig ist. Gegen die Schlußfolgerung in sich gibt es grundlegende Einwände, und ich antworte auf sie, indem ich so argumentiere. Ein auf natürliche Weise Tätiges kann nicht an sich Ursache für Entgegengesetztes hinsichtlich desselben Erleidenden sein, so daß dadurch der Einwand bezüglich des Schmelzens von Eis und des Hartwerdens von Lehm ausgeschlossen ist. Nun aber steht es in der Macht unseres Willens,

quae sunt contraria respectu unius obiecti. Ergo illa non possunt fieri in voluntate ab agente naturaliter, ergo non ab obiecto quia est agens naturale. Esto igitur quod obiectum esset causa ipsius velle, oportet tamen esse aliud quod esset causa ipsius nolle; sed illud aliud a voluntate non posset esse nisi obiectum malum. Sed malum cum sit aliquid privativum, non posset esse causa actus positivi, cuiusmodi est nolle; ergo oportet quod sit effective a voluntate.

[Impugnatur ratio aliorum]

8 Alii dicunt ad rationem quod obiectum intellectus occurrit sub duplici ratione scilicet sub ratione illiciti et sub ratione delectabilis, ut patet in obiecto fornicationis. Et tunc in potestate voluntatis est sistere intellectum in turpi dimittendo aliam partem, et tunc sequitur mala electio.

Contra quaero: Vel istae duae rationes aequaliter movent vel non. Si aequaliter, ergo causabunt simul nolle et velle in voluntate respectu eiusdem obiecti, quod est impossibile. Si inaequaliter movent, ergo alterum movet efficacius voluntatem et movet naturaliter et necessario. Et per consequens non erit illa volitio in potestate voluntatis, sed necessario etiam secundum illam movebit intellectum, non igitur poterit sistere eum in alio.

[Impugnatur specialiter prima sententia]

9 Contra illud de phantasmate. Agens aequivocum totale est nobilius effectu. Sed phantasma per ipsum est agens aequivo-

10 Cf. Lect. n.51.

8 w8cd, f755f. **9** w9a, f756ab.

nicht-wollen und wollen zu können, welche Gegensätze bezüglich ein und desselben Objekts sind. Also können diese nicht im Willen von einem in natürlicher Weise Tätigen bewirkt werden, also nicht von einem Objekt, weil es ein naturhaft Tätiges ist. Nehmen wir also an, daß das Objekt Ursache des Wollens selbst wäre, so muß es doch etwas anderes geben, das Ursache gerade des Nicht-Wollens wäre; dieses vom Willen Verschiedene könnte aber nur ein schlechtes Objekt sein. Nun aber könnte etwas Schlechtes, weil es etwas Beraubtes ist, nicht Ursache eines positiven Akts sein, wie es das Nicht-Wollen ist; also muß sie wirkursächlich vom Willen stammen.

⟨Die Begründung der anderen wird zurückgewiesen⟩

8 Andere sagen zu dieser Begründung, daß das Objekt des Intellekts unter einem zweifachen Aspekt auftritt, nämlich unter dem Aspekt des Unerlaubten und unter dem des Anziehenden, wie es beim Objekt der Wollust klar ist. Und dann steht es in der Macht des Willens, daß der Intellekt beim Verwerflichen verharrt und den anderen Aspekt beiseite läßt, und dann erfolgt eine schlechte Wahl.

Dagegen frage ich: Entweder bewegen die beiden Aspekte in gleicher Weise oder nicht. Wenn in gleicher Weise, dann würden sie im Willen zugleich Nicht-Wollen und Wollen bezüglich desselben Objekts verursachen, was unmöglich ist. Wenn sie nicht in gleicher Weise bewegen, dann bewegt etwas anderes den Willen wirksamer und bewegt ihn auf natürliche Weise und notwendig. Und folglich wäre jener Willensakt nicht in der Macht des Willens, sondern notwendigerweise bewegte das Wirksamere den Intellekt jenem Aspekt entsprechend, also könnte er ihn nicht beim anderen bleiben lassen.

⟨Insbesondere die erste Meinung wird zurückgewiesen⟩

9 Gegen die Meinung bezüglich des Phantasma. Ein vollständig äquivok Tätiges ist vorzüglicher als die Wirkung. Nun

cum totale intellectionis et volitionis, ergo est nobilius omni intellectione et volitione. Igitur phantasiatio est nobilior felicitate philosophorum quam ponebant consistere in intellectione et volitione. Nec potest solvi per lumen intellectus agentis quia illud non est distinctum subiecto a voluntate et intellectu. Ergo phantasma non potest agere in ipsam voluntatem per ipsum vel in intellectum possibilem, nec etiam intellectus agens in phantasma cum non sit distinctum subiecto ab ipso. Agens enim et patiens oportet esse distincta subiecto, secundum eum.

10 Ad rationem pro illa opinione cum dicitur movens et motum esse subiecto distincta necessario, dicitur quod verum est in corporalibus solum. Credo autem quod ibi etiam non necessario est vera. Saltem dico quod in spiritibus est simpliciter falsa. Quia Deus non posset unum angelum ita nudum in naturalibus creare quin in suis naturalibus relictus posset suam essentiam intelligere. Et sic idem esset movens et motum indistinctum subiecto.

Ad probationem suam quia ista sunt eiusdem rationis movens et motum esse indistincta subiecto et idem movere se. Patet quod alius doctor concederet voluntatem moveri ab obiecto ut apprehenso ab intellectu, et tamen obiectum ut apprehensum ab intellectu vel intellectus ut ostendens tale obiectum, illa, inquam, non subiecto sunt distincta a voluntate cum non intenderet movens et motum ibi esse idem. Sed ego dico

10 w12a–c, f757ab.

aber ist das Phantasma durch sich selbst ein vollständig äquivok Tätiges bezüglich des Erkenntnis- und Willensakts, also ist es vorzüglicher als jeder Erkenntnis- und Willensakt. Also ist der Besitz der Phantasmata vorzüglicher als das Glück im Sinn der Philosophen, das nach ihrer Auffassung im Erkenntnis- und Willensakt besteht. Dieser Einwand kann auch nicht gelöst werden durch die Berufung auf das Licht des tätigen Intellekts, weil das Phantasma nicht dem Subjekt nach verschieden ist vom Willen und vom Intellekt. Also kann das Phantasma nicht durch sich selbst auf den Willen oder den möglichen Intellekt einwirken, aber auch nicht der tätige Intellekt auf das Phantasma, weil er nicht dem Subjekt nach von diesem verschieden ist. Das Tätige und das Erleidende müssen nämlich dem Subjekt nach verschieden sein, nach der Auffassung jenes Doktors.

10 Zur Begründung dieser Meinung, nach der das Bewegende und das Bewegte notwendig dem Subjekt nach verschieden sind, wird gesagt, daß das nur für die körperlichen Wesen wahr ist. Ich glaube aber, daß sie auch dort nicht notwendig wahr ist. Zumindest aber sage ich, daß sie für die rein geistigen Wesen schlechthin falsch ist. Denn Gott könnte nicht einen einzigen Engel so rein in seiner Natürlichkeit erschaffen, daß er, seiner Natürlichkeit überlassen, nicht seine Wesenheit erkennen könnte. Und so wären das Bewegende und das Bewegte dasselbe und dem Subjekt nach nicht unterschieden.

Zu seinem Beweis, daß es dasselbe ist, daß das Bewegende und das Bewegte dem Subjekt nach nicht unterschieden sind, wie sich selbst zu bewegen: Es ist offenkundig, daß der andere Doktor zugeben würde, daß der Wille vom Objekt bewegt wird wie es vom Intellekt erfaßt ist, und dennoch sind jene, also das Objekt wie es vom Intellekt erfaßt ist oder der Intellekt wie er ein solches Objekt zeigt, nicht dem Subjekt nach vom Willen verschieden, obwohl dieser Doktor nicht behaupten würde, daß das Bewegende und das Bewegte dort

quod non indistincta subiecto sed unum et idem simplex potest esse movens et motum.

11 Cum dicis ›quale est agens in actu, tale est passum in potentia‹, dico quod si accipiatur ›actus‹ et ›potentia‹ ut sunt primae differentiae entis, sic dividunt omne ens. Unde et hoc ens idem numero dividunt, et isto modo est contradictio quod idem sit in actu et in potentia simul respectu eiusdem, quia potentia ut est differentia entis distincta contra actum, est necessario includens oppositionem vel negationem illius respectu cuius ponitur potentia, ut album in potentia non est album in actu quamdiu est in potentia. Et isto modo est impossibile quod aliquid sic existens in potentia faciat se actu, non tamen est necesse omne passum vel motum esse sic in potentia et agens suum in actu.

12 Ad aliud cum dicitur ›causa aequivoca totalis est nobilior suo effectu‹ vel ›producens aequivocum est nobilius producto‹ – verum est quod non est nobilius termino formali productionis ratione cuius productum quod est compositum unum per accidens, dicitur productum. Unde voluntas virtualiter est nobilior volitione formaliter, non tamen oportet quod sit nobilior se ipsa sub volitione existente, immo nobilior est voluntas volens actualiter ratione bonae volitionis quam voluntas solum volens virtualiter. Ponitur exemplum quod non oportet producens nobilius esse nobilius producto simpliciter nisi scilicet ratione termini formalis de accidente generato in

11 w12d, f757c. 12 w20e, f764.

dasselbe seien. Ich aber sage, daß nicht nur die dem Subjekt nach Ununterschiedenen, sondern sogar das eine und selbe Einfache bewegend und bewegt sein können.

11 Wenn man sagt ›wie das Tätige im Akt ist, so ist das Erleidende in der Potenz‹, sage ich: Wenn man ›Akt‹ und ›Potenz‹ als erste Differenzen des Seienden auffaßt, dann teilen sie alles Seiende ein. Daher teilen sie auch dieses der Zahl nach selbe ein, und in dieser Weise entsteht der Widerspruch, daß dasselbe unter derselben Rücksicht zugleich in Akt und in Potenz ist, weil die Potenz als Differenz des Seienden vom Akt unterschieden ist und notwendigerweise den Gegensatz oder die Verneinung dessen einschließt, in bezug auf das die Potenz behauptet wird, wie etwa Weißes in Potenz nicht Weißes in Akt ist, solange es in Potenz ist. Und auf diese Weise ist es unmöglich, daß etwas, das so in Potenz existiert, sich in den Akt überführt; aber dennoch ist es nicht notwendig, daß jedes Erleidende oder Bewegte so in Potenz ist und das entsprechende Tätige in Akt.

12 Zu dem anderen, wo gesagt wird ›die vollständige äquivoke Ursache ist vorzüglicher als ihre Wirkung‹ oder ›das äquivoke Hervorbringende ist vorzüglicher als das Hervorgebrachte‹: Es ist wahr, daß es nicht vorzüglicher ist als das formale Ergebnis der Hervorbringung, dessentwegen das Hervorgebrachte, das ein akzidentell Zusammengesetztes ist, ein Hervorgebrachtes genannt wird. Daher ist formal der Wille seinem Wirkvermögen nach vorzüglicher als der Willensakt. Dennoch ist es nicht notwendig, daß der Wille vorzüglicher ist als er selbst, wenn er gerade einen Willensakt vollzieht, ja im Gegenteil ist derjenige Wille vorzüglicher, der tatsächlich will, wenn der Willensakt gut ist, als der Wille, der allein seinem Wirkvermögen nach will. Als Beispiel dafür, daß nicht notwendigerweise das vorzüglicher Hervorbringende schlechthin vorzüglicher ist als das Hervorgebrachte, außer vielleicht aufgrund des formalen Ergebnisses, wird der Fall eines Akzidens herangezogen, das neu in einem Menschen von einem anderen

homine de novo ab alio accidente, quod quidem accidens non generatur, puta albedo, sed homo albus. Et tamen non oportet quod generans album sit nobilius homine albo.

[Solvuntur rationes secundae sententiae]

13 Ad illud de balneo si sustineatur quod obiectum movet potentiam effective, licet non sit causa totalis, potest tunc sustineri quod balneum intra movet ut effective et extra ut finis. Sustinendo tamen quod sit tantum causa sine qua non et nullo modo movens effective, tunc oportet glossare quod non movet effective per se sed per accidens.

14 Ad aliud de appetitu sensitivo qui movetur ab appetibili, dico quod est ad oppositum. Quia ex hoc movetur appetitus sensitivus sic quod non est liber, sed alius est liber. Unde Damascenus 42 capitulo dicit quod sensitivus ducitur et non ducit, sed intellectivus ducit et non ducitur.

[Ostenditur nihil aliud a voluntate esse causa totalis volitionis]

15 Dico ergo ad quaestionem quod nihil aliud a voluntate est causa totalis volitionis in voluntate. Una ratio praeter praedictas est ista. Aliquid evenit in rebus contingenter. Et voco contingenter evenire, evitabiliter evenire. Aliter si omnia inevitabiliter evenirent, non oporteret consiliari neque negotiari, ut dicit Aristoteles libro *Perihermenias*. Quaero ergo: Illud quod contingenter evenit, unde vel a qua causa eveniat? Non a

14 Damasc., De fide orth. c.41 (ed.cit. 153). *23* Aristot., Perihermenias c.9 (19a 8).

13 w21a, f765a. **14** w21d, f765c. **15** w22a, f766a.

Akzidens hervorgebracht wird, wobei nicht das Akzidens, etwa die Weiße, hervorgebracht wird, sondern ein weißer Mensch. Aber dennoch ist das, was das Weiße hervorbringt, nicht notwendigerweise vorzüglicher als ein weißer Mensch.

⟨Die Gründe der zweiten Meinung werden gelöst⟩

13 Zu dem Argument vom Bad: Wenn man daran festhält, daß das Objekt das Vermögen wirkursächlich bewegt, obwohl es nicht die vollständige Ursache ist, dann kann man dabei bleiben, daß das vorgestellte Bad im Sinn der Wirkursache bewegt und das wirkliche im Sinn der Finalursache. Hält man aber daran fest, daß das Objekt nur notwendige Ursache ist und in keiner Weise wirkursächlich bewegt, dann muß man das so deuten, daß es nicht an sich wirkursächlich, sondern akzidentell bewegt.

14 Zu dem Argument vom sinnlichen Streben, das vom Erstrebbaren bewegt wird, sage ich, daß es die Gegenargumentation stützt. Denn gerade deswegen wird das sinnliche Streben so bewegt, daß es nicht frei ist, aber das andere ist frei. Daher sagt Johannes Damascenus im 42. Kapitel, daß das sinnliche Streben geführt wird und nicht führt, das intellektuelle Streben aber führt und nicht geführt wird.

⟨Es wird gezeigt, daß nichts anderes als der Wille die vollständige Ursache des Willensakts ist⟩

15 Ich sage also zur Frage, daß nichts anderes als der Wille die vollständige Ursache des Willensakts im Willen ist. Ein Grund außer den schon genannten ist der folgende. Irgendetwas in der Welt geschieht auf kontingente Weise. Und ich nenne ›kontingent geschehen‹ ›vermeidlich geschehen‹. Andernfalls, wenn alles unvermeidlich geschähe, müßte man sich weder beratschlagen noch sich bemühen, wie Aristoteles im Buch *Perihermenias* sagt. Ich frage also: Woher oder aufgrund welcher Ursache geschieht, was auf kontingente Weise geschieht? Nicht aufgrund einer bestimmten Ursache, weil in

causa determinata, quia pro isto instanti pro quo est sic determinata, effectus non potest evenire contingenter, ergo a causa indeterminata ad alterutrum oppositorum. Aut igitur illa causa potest se ipsam determinare contingenter ad unum illorum cum non possit in utrumque simul, sicut dicit Aristoteles IX *Metaphysicae* de potentia rationali; vel non potest seipsam determinare sed aliud ipsam determinat ad unum illorum. Si potest seipsam determinare ad unum illorum contingenter vel non inevitabiliter, habetur propositum. Si ab alio determinatur ad unum illorum eveniendum, vel ergo necessario vel contingenter. Si necessario, effectus evenit inevitabiliter. Si determinans contingenter et evitabiliter ad unum illorum determinat ita quod posset determinare ad aliud, tale determinans non potest esse nisi voluntas, quia omnis causa naturalis activa est determinata ad unum effectum. Vel si causa naturalis est indeterminata, non potest seipsam nec aliam determinare.

[Solvitur argumentum principale]

16 Ad principale. Qui diceret quod obiectum movet voluntatem effective, non tamen ut totalis causa, sed ut aliquid ibi faciens, tunc non esset glossanda auctoritas quod movet scilicet metaphorice; et tunc auctoritas esset pro me. Vel sustinendo et dicendo quod appetibile movet appetitum tantum metaphorice, tunc vult Aristoteles intelligere quod sicut appetibile movet appetitum metaphorice, ita appetitus sic motus movet effective membra ad exsequendum, ut acquiratur illud appetibile. Et cum dicitur quod aequivocaret de movente, hoc

6 Aristot., Metaph. IX c.5 t.10 (1048a 5–10).

16 w24a, f768a.

dem Augenblick, in dem die Ursache so bestimmt ist, die Wirkung nicht kontingent eintreten kann, also aufgrund einer zu beiden Entgegengesetzten unbestimmten Ursache. Entweder also kann die Ursache sich selbst kontingent zu einem der Entgegengesetzten bestimmen, weil sie nicht beides gleichzeitig herbeiführen kann, wie Aristoteles das im 9. Buch der *Metaphysik* bezüglich des rationalen Vermögens sagt; oder sie kann nicht sich selbst bestimmen, sondern etwas anderes bestimmt sie zu einem der Entgegengesetzten. Wenn sie sich selbst zu einem der Entgegengesetzten kontingent oder nicht unvermeidlich bestimmen kann, haben wir, was wir beweisen wollen. Wenn sie von etwas anderem zum Eintreten von einem von ihnen bestimmt wird, dann geschieht das entweder notwendig oder kontingent. Wenn notwendig, tritt die Wirkung unvermeidlich ein. Wenn das Bestimmende kontingent und vermeidlich zu einem von ihnen so bestimmt, daß es zu einem anderen bestimmen könnte, so kann ein solches Bestimmendes nur der Wille sein, weil jede natürliche aktive Ursache auf eine einzige Wirkung festgelegt ist. Oder wenn die natürliche Ursache unbestimmt ist, kann sie weder sich selbst noch eine andere bestimmen.

⟨Das Eingangsargument wird gelöst⟩

16 Zum Eingangsargument. Wenn einer sagte, daß das Objekt den Willen wirkursächlich bewegt, aber nicht im Sinn einer vollständigen Ursache, sondern als irgendetwas dazu Beitragendes, dann wäre die Belegstelle nicht in dem Sinn zu deuten, daß das Objekt metaphorisch bewegt; und dann spräche die Belegstelle für mich. Oder wenn man daran festhält und sagt, daß das Erstrebbare das Streben nur metaphorisch bewegt, dann will Aristoteles sagen: Wie das Erstrebbare das Streben metaphorisch bewegt, so bewegt das in dieser Weise bewegte Streben die Glieder wirkursächlich zur Ausführung, um das Erstrebbare zu erreichen. Und wenn gesagt wird, daß er in äquivoker Weise über das Bewegende spricht, dann ist

nihil valet, quia hoc oportet quod omnia ordinata secundum rationem causandi sint ordinata in uno genere causae. Causa enim efficiens ordinatur ad finalem quae est causa alterius generis quae movet metaphorice. Unde potest dici quod Aristoteles assignat ibi ordinem causarum qualitercumque moventium. Et non est mirandum si glossatur auctoritas Aristotelis sic, quando auctoritas una dignior et superior, scilicet Scripturae, glossatur mirabilius utpote quod una pars illius auctoritatis refertur ad quemlibet Sanctum et altera solum ad Christum, quae tamen videtur apparentius loqui de uno et eodem. Sicut ista »qui potuit transgredi et non est transgressus«: »qui potuit transgredi« ad quemlibet Sanctum refertur, »et non est transgressus« ad solum Christum refertur.

11 Sir 31,10.

das ohne Belang, weil es notwendig ist, daß alles im Sinn der Ursächlichkeit Geordnete zu einer bestimmten Gattung von Ursache gehört. Eine Wirkursache wird nämlich zur Finalursache hingeordnet, die als Ursache zu einer anderen Gattung gehört und metaphorisch bewegt. Daher kann man sagen, daß Aristoteles dort die Ordnung der irgendwie bewegenden Ursachen angibt. Und es braucht keine Verwunderung hervorzurufen, wenn man die Belegstelle des Aristoteles so deutet, wenn eine ehrwürdigere und höherstehende Autorität wie die Hl. Schrift noch seltsamer gedeutet wird, nämlich daß ein Teil einer Belegstelle auf irgendeinen Heiligen bezogen wird und der andere allein auf Christus, wo doch die Belegstelle viel deutlicher über ein und dasselbe zu sprechen scheint. Wie etwa bei der Stelle »der das Gebot übertreten konnte und es nicht übertreten hat« der Teil »der das Gebot übertreten konnte« auf jeden Heiligen, der Teil »und es nicht übertreten hat« allein auf Christus bezogen wird.

ANMERKUNGEN DER HERAUSGEBER

PROLOG

Vorlesungen zu den Sentenzen des Petrus Lombardus (gest. 1159 in Paris) gehörten zu den Pflichten des Baccalars, also des Kandidaten für das Magisteramt der Theologie. Die daraus resultierenden Kommentare bildeten seit dem 13. Jahrhundert einen wesentlichen Bestandteil der theologischen Standardliteratur. Sentenzensammlungen sind keine Erfindung des Mittelalters, sondern ein klassisches Literaturgenus, dessen Ursprünge in der Antike liegen. An historischer Wirksamkeit für die Entwicklung der mittelalterlichen Theologie wird das Werk des Lombarden von keinem anderen übertroffen. Es bezieht die Sentenzen der Väter auf die Hl. Schrift, aber auf dem Weg der dialektischen Auslegung. Scotus' Scriptum zu den Sentenzen folgt dem Liber Sententiarum des Petrus Lombardus mit seiner Einteilung in vier Bücher, die wiederum in Distinktionen gegliedert sind. Die Quaestionen sind analog zur Disputation aufgebaut: Argumente pro und contra, Responsio (Solutio, Corpus), Auflösung der Gegenargumente. Die Lemmata, also die Stichworte aus dem Textbuch, zeigen den Ort der Fragen im Text an. Sentenzenkommentare sind in verschiedener Form überliefert: als Ordinatio bzw. Scriptum in abschließender Bearbeitung durch den Autor zur Veröffentlichung bestimmt oder als Reportatio (autorisierte bzw. nicht-autorisierte Schülernachschrift). Das Gleichgewicht der vier Bücher ist ab dem 14. Jahrhundert häufig zugunsten des ersten Buches verschoben. Die in diesem Buch dargestellte Gotteslehre wurde durch metaphysische, erkenntnis- und wissenschaftstheoretische Fragen erweitert. Die Bücher zwei bis vier enthalten die Schöpfungslehre, Christologie mit Tugendlehre sowie die Lehre von den Sakramenten und den Letzten Dingen. Scotus' Werk zu den Sentenzen ist kein eigentlicher Kommentar, sondern ein Bestand von Quaestionen, die selbständige Untersuchungen ohne besondere Rücksicht auf den Text des Lombarden darstellen.

Quaestio 1

1 2,3 *Pro statu isto : im jetzigen, gegenwärtigen Zustand*] Gemeint ist »im diesseitigen Leben« im Unterschied zum erwarteten Jenseits. Dieses Leben ist bestimmt durch die Erbsünde, die auch eine Verminderung der Erkenntnisfähigkeit des Menschen zur Folge hat.

2 2,7–8 *Potentia improportionata obiecto : Vermögen, das einem Objekt nicht entspricht*] Nur Gegenstände oder die Aspekte an Gegenständen, die einer Fähigkeit entsprechen, können von dieser Fähigkeit richtig behandelt werden. So ist mit dem Gesichtssinn nur Farbiges wahrnehmbar, mit dem Gehör nur Geräusche. Ein Gegenstand, der einer Fähigkeit nicht entspricht, muß zu der Fähigkeit in Entsprechung gebracht werden. So können etwa Radarpeilungen, die auf nicht sichtbaren Strahlen beruhen, durch ein entsprechendes Gerät sichtbar gemacht und damit zur Fähigkeit der Gesichtswahrnehmung in Entsprechung gebracht werden. Dazu ist in manchen Fällen eine Funktion erforderlich, die sozusagen Stellvertreterrolle (supplens vicem obiecti, vgl. n. 10) für die Einflußmöglichkeit des Gegenstandes auf die Wahrnehmungsfähigkeit übernimmt. Hier geht es um die Frage nach dem Umfang der natürlichen Erkenntnis des Menschen. Im gegenwärtigen Zustand ist der menschliche Intellekt auf die Sinneserfahrung angewiesen. Das schränkt das Vermögen auf die Erkenntnis natürlicher Objekte ein.

4 4,7 *Defectus naturae – necessitas gratiae : Mangel der Natur – Notwendigkeit der Gnade*] Nach christlicher Glaubenslehre (in der im Mittelalter üblichen Form) ist die menschliche Natur aufgrund des Sündenfalls der ersten Eltern und der daraus resultierenden Erbsünde geschädigt, so daß sie nicht zu ihrem vollen, ursprünglich in der Schöpfung angelegten Vermögen gelangen kann. Es bedarf daher der Gnade in Form der vorausgehenden Zuwendung Gottes an den Menschen, um diesen Mangel auszugleichen und dem Menschen den Weg zur Glückseligkeit in der Schau Gottes, zu der er ursprünglich bestimmt war, wieder zu eröffnen.

5 4,15–16 *Intellectus agens – intellectus possibilis : Tätiger Intellekt – aufnehmender* [*möglicher, leidender (= passibilis, wie oft für »possibi-*

lis« auch zu lesen ist)] *Intellekt*] Mit den Termini ›tätiger‹ und ›möglicher‹ bzw. ›erleidender Intellekt‹ unterscheidet Aristoteles im einheitlichen Erkenntnisakt zwei einander zugeordnete Vermögen, die im Gesamtvorgang der Erkenntnis aber nur Teilursachen sind und der Mitwirkung des Phantasma als der anderen Teilursache bedürfen. Am Anfang des gesamten Erkenntnisakts steht das gegenwärtige Objekt, entweder durch sich selbst oder durch das Phantasma, welches das Objekt in seiner sinnlichen Existenz und Singularität repräsentiert. Der tätige Intellekt verursacht zusammen mit dem Phantasma den Vorgang der Abstraktion, deren Resultat die species intelligibilis ist. Der erste Akt der abstraktiven Erkenntnis ist eine neue Vergegenwärtigung des Objekts im Intellekt unter Beschränkung auf seine gegenüber Gegenwart und Singularität indifferenten, allgemeinen und so für den Intellekt erfaßbaren Strukturen. Die aktive Hervorbringung der species intelligibilis ist die Voraussetzung für die aktuelle Erkenntnis, noch nicht die aktuelle Erkenntnis selbst. Vollendet wird die Erkenntnis in einem zweiten Akt, wenn die species im Zusammenwirken mit dem möglichen bzw. erleidenden Intellekt ihr aktuelles Erkanntsein im Intellekt hervorruft. Die teilursächliche Aktivität des möglichen Intellekts besteht in einem ›recipere‹. Etwas ist dann erkannt, wenn die Erkenntnis dem erkennenden Vermögen inhäriert. Insofern ist es zu rechtfertigen, das Haben eines Erkenntnisakts als ein gewisses Erleiden zu bezeichnen.

7 6,13 *Felicitas : Glückseligkeit*] Umschreibung dessen, was nach allgemeinem Zugeständnis Ziel des menschlichen Lebens ist. Dafür wird auch gelegentlich das Wort »beatitudo« gebraucht, griechisch εὐδαιμονία (eudaimonia). Von Aristoteles über die hellenistische Philosophie bis zu Augustinus besteht die Diskussion darin, worin diese Glückseligkeit bestehe und wie sie zu erreichen sei. Scotus übernimmt die augustinische Tradition (wie alle mittelalterlichen Theologen) und spielt auf die philosophische Auseinandersetzung zu diesem Thema an.[1] Der Aneignung des aristotelischen Eudaimonia-Begriffs stellen sich aus christ-

[1] Vgl. dazu M. Forschner, Über das Glück des Menschen, Darmstadt 1994.

licher Sicht kaum zu überwindende Hindernisse entgegen. Nach Aristoteles ist das Glück ein spezifisch menschliches Gut, das auf einer Leistung des Menschen beruht und auf äußere Güter angewiesen bleibt. Allen diesen Bestimmungen widerspricht die traditionelle, von Augustinus geprägte Auffassung von der Vollendung des Menschen. Diese ist nur in Verbindung mit Gott zu erlangen, ihr Urheber ist allein Gott, äußere Güter sind bestenfalls Gegenstände der Bewährung, mehr noch der Verachtung.

6,13–14 *Cognitio substantiarum separatarum : Erkenntnis, die den getrennten Substanzen eigen ist*] Hier ist nicht die Erkenntnis, die sich auf die getrennten Substanzen richtet (Genitivus obiectivus), gemeint, sondern jene Erkenntnis, welche die getrennten Substanzen besitzen (Genitivus subiectivus). Dies ergibt sich aus dem entsprechenden Text bei Aristoteles. Es kann aber nicht definitiv ausgeschlossen werden, daß Scotus die Textstelle im Sinn des Genitivus obiectivus auffaßt.

8 8,12 *Contingenter : Kontingent*] Wörtlich: »Weder notwendig noch unmöglich« oder »Möglich und nicht notwendig«. Normalerweise wird von den rein faktischen Vorkommnissen gesagt, sie seien möglich (weil ja eben tatsächlich der Fall), aber nicht notwendig, d. h. sie könnten auch anders sein oder es könnte überhaupt etwas anderes der Fall sein. Im Rahmen des Handelns wird die Freiheit des Willens betont, Gegensätzliches zu wählen, womit das Ergebnis einer Wahl kontingent, d. h. weder notwendig noch unmöglich ist. Für Scotus ist besonders wichtig, Gottes Wirken nach außen als rein kontingent hinzustellen: Was Gott tut, ist natürlich nicht unmöglich, sonst könnte es ja nicht geschehen, es ist aber auch nicht notwendig, d. h. Gott könnte auch etwas ganz anderes bewirken, als er tatsächlich nun einmal bewirkt. Diese Ansicht richtet sich als Theorie der Schöpfung gegen die neuplatonische Auffassung von der Emanation des Kosmos aus Gott, d. h. gegen die Auffassung, daß aus Gott alles, was direkt von ihm stammt, notwendig hervorgeht.

11 12,13 *virtualiter continetur : ist dem Vermögen nach enthalten*] »Virtus« ist wohl ursprünglich das Vermögen einer Ursache, eine von ihr verschiedene Wirkung hervorzubringen. Dann kann man sagen, daß dieses Verschiedene als mögliche Wirkung im Vermögen der Ursache enthalten ist. Übertragen auf den Habi-

tus Wissenschaft und seine Subjekte bedeutet das: Subjekte von Sätzen enthalten dem Vermögen nach jene Prädikate, die über sie sinnvoll ausgesagt werden können.

13 18,7 *Phantasma : Wahrnehmungsbild; Vorstellung*] Durch die Präsentation der Sinne vermittelte Grundlage der Erkenntnis der Dinge außerhalb der Seele sowohl in der direkten Wahrnehmung als auch in der Erinnerung. Aus den Phantasmata schafft der intellectus agens (s. o.) die allgemeinen Formen, mit diesen zusammen bildet sich im intellectus possibilis oder passibilis aus dem Phantasma die aktuelle Erkenntnis.

Quaestio 2

1 20,9–10 *subiectum primum : erstes Subjekt*] Terminus technicus der mittelalterlichen Wissenschaftslehre. Wissenschaft ist, nach Aristoteles, ein Habitus, also eine feste Grundhaltung der Seele. Diese Qualität des erkennenden Seelenvermögens wird erworben durch häufige Erkenntnis eines bestimmten Inhalts. Bestimmtheit und Einheit erhält ein Habitus durch seine formale Zuordnung zu einem Inhalt. Dieser Inhalt ist ein Satz. Ein Satz besteht aus Subjekt und Prädikat. ›Subiectum‹ ist also der Gegenstand, über den ein Prädikat ausgesagt wird. Zum Verständnis des ›ersten‹ Subjekts gelangt man, wenn man in einem weiteren Sinn den Habitus ›Wissenschaft‹ virtuell auf eine Mehrheit von Sätzen hinordnet, die in einer logischen Ordnung stehen. Diese Ordnung ist die des Syllogismus. Für die Verwendung in Syllogismen müssen Sätze in bestimmter Weise normiert sein. Sie müssen aus zwei Termini bestehen, deren Verhältnis nach Quantität (universal – partikulär) und Qualität (positiv – negativ) (alle – einige – keine – einige nicht) bestimmt ist. Der Terminus, über den ein Satz handelt, ist der Subjektterminus oder das Subjekt. Die grundlegendsten Sätze oder Prinzipien, zu deren Erläuterung und Entfaltung die Wissenschaft betrieben wird, enthalten jene Termini an Subjektstelle, über die alle weiteren Termini ausgesagt werden. Der Terminus, der seinerseits über keinen weiteren Terminus ausgesagt wird, ist das erste Subjekt der betreffenden Wissenschaft. Das erste Subjekt ist also ein be-

stimmtes Subjekt, in dem virtuell die Gesamtheit der abgeleiteten Sätze der betreffenden Wissenschaft, d. h. das ganze von diesem Subjekt erreichbare Wissen, enthalten ist.

8 22,10 *per impossibile : was unmöglich ist*] Gute Übersetzung angesichts heutiger Ausdrucksweise wäre vielleicht »kontrafaktisch«.

22,10–11 *Circumscripto omni alio : wenn man alles andere beiseiteläßt; unter Einklammerung von allem anderen*] Es wird alles, was man sonst weiß, einmal ohne es zu leugnen, unbeachtet gelassen. Diese Einklammerung dient der genauen und ausschließlichen Betrachtung eines Gesichtspunktes, den man normalerweise gar nicht isoliert betrachten kann. Wenn man etwa von Lebewesen spricht, so muß man sich unter Einklammerung allen Wissens, das man über Lebewesen hat, jedenfalls darüber im klaren bleiben, daß es sich um etwas handelt, das ein Körperwesen ist und das lebendig ist. Sonst wäre überhaupt nicht mehr von einem Lebewesen die Rede.

10 24,8 *Quiditas; ratio quiditativa : Washeit; washeitlicher Begriff*] Das, was über etwas bei der korrekten Beantwortung der »Was ist das?«-Frage zu verstehen gegeben wird. Damit etwas Subjekt einer Prädikation sein kann, muß es selbst ein ›Was‹ darstellen. Das, was etwas ist, d. h. seine Wesenheit, wird durch eine Wesensbestimmung oder durch einen washeitlichen Begriff zum Ausdruck gebracht. Dieser ist Teil seiner Definition.

16 28,13 *formale subiectum : das formale Subjekt*] Das Subjekt im Sinn der Definition von »Subjekt einer Aussage« oder »Subjekt einer Wissenschaft«, nämlich dasjenige, auf das sich letzten Endes alle Prädikationen beziehen.

28,14 *materia propria : eigentümlicher Inhalt*] Das spezielle Thema, von dem in irgendeinem Zusammenhang die Rede ist.

Quaestio 3

5 30,1–2 *Intellectus extensione fit practicus et differt a speculativo fine : der Intellekt wird praktisch, indem er über sich hinausgeht, und unterscheidet sich vom spekulativen durch das Ziel*] Der Intellekt ist, nach Aristoteles, das Vermögen, Gegenstände ihrem Wesen

bzw. ihrer Form nach zu erkennen. Indem der Intellekt so vorgeht, bildet er ein Wissen, das theoretisch genannt wird: Ziel bzw. Zweck der Tätigkeit des Intellekts ist damit das Wissen um des Wissens willen. Praktisch wird der Intellekt, wenn er über das Ziel des theoretischen Wissenserwerbs hinausgeht und nach einem solchen Wissen strebt, das handlungsleitend und lebensorientierend wirksam wird. Also: Auch der praktische Intellekt erwirbt ausschließlich Wissen. Aber dieses ist präskriptiv, nicht deskriptiv.

22 38,14 *decretalis : Rechtssammlung*] Einzelne Päpste haben Rechtssammlungen, die sogenannten Dekretalen, herausgegeben, die zusammen mit dem Decretum Gratiani die Grundlage des Corpus iuris canonici bilden. Manche dieser Sammlungen enthalten neben rein rechtlichem Material auch theologische und philosophische Äußerungen.

26 42,14 *frui/fruitio : genießen; Hingabe; Genuß*] Siehe Dist. I, Q. 1, nn. 8–11. [2]

DISTINCTIO II

Quaestio 1

6 66,21 *philosophantes : Philosophierende*] Während ›philosophi‹ die vor- und nichtchristlichen griechischen und arabischen Philosophen bezeichnet, also vor allem Aristoteles und seine maßgeblichen Kommentatoren, sind mit ›philosophantes‹ diejenigen christlichen Denker gemeint, die Philosophie treiben, aber nicht – wie die heidnischen ›philosophi‹ – in der Philosophie ihr abschließendes Weltverständnis finden müssen, weil sie, belehrt durch die Offenbarung, die Unzulänglichkeit der profanen Vernunft erkannt haben. Gelegentlich wird diese Bezeichnung pejorativ für solche verwendet, die sich nicht mit letzter

[2] Vgl. A. Eichinger, Die Untersuchung über die ›fruitio‹ im Pariser Sentenzenkommentar von Johannes Duns Scotus. Studien zur handschriftlichen Überlieferung und zur Texttradition. Dissertation (ungedr.), Innsbruck 1994.

denkerischer Konsequenz mit philosophischen Fragen beschäftigen.

14 76,1 *formae se habent sicut numeri : die Formen verhalten sich wie Zahlen*] Die Formen sind wie die Zahlen aus unteilbaren Einheiten zusammengesetzt, die zur Definition eines Wesens gehören. Sie bilden Gesamtheiten. Wie eine Zahl nicht mehr dieselbe ist, wenn man etwas hinzufügt oder wegnimmt, so wird auch die zusammengesetzte Form bzw. das in der Definition ausgedrückte Wesen von etwas nicht dasselbe bleiben, wenn man einen Bestandteil hinzufügt oder wegnimmt.

22 82,21 *colorare : färben; umfärben*] Anselms Argument muß »umgefärbt« werden, d. h. es muß anders konturiert werden, damit seine Verträglichkeit mit den skotischen Überlegungen zum Unendlichen deutlicher wird. Denn Anselm spricht nicht ausdrücklich vom Unendlichen. Wohl aber scheint Scotus als wichtig anzusehen, daß auch Anselm als Grundlage seines unum argumentum die Widerspruchsfreiheit wählt, die er selbst anstrebt, um ein falsches Unendlichkeitsverständnis abzuwehren.

Quaestio 2

10 90,13 *sophisticando : spitzfindig argumentieren*] Eine Anspielung auf die Art der Argumentation, die den Sophisten nachgesagt wurde. Hier ist nicht ein Fehlschluß (fallacia) gemeint, der auf Verstößen gegen die logische Form beruht, sondern ein logischer Kunstgriff, der in der Aussage zu einer Zweideutigkeit führt, die, ohne etwas zu beweisen, eine ›Überredung‹ bewirken soll. Die »Sophistischen Widerlegungen« des Aristoteles setzen sich mit derartigen Argumenten, aber auch mit Fehlschlüssen auseinander.

11 92,2 *demonstrare / demonstratio : beweisen / Beweis*] Grundlegende Termini der aristotelischen Logik und Wissenschaftslehre. Der ›Beweis‹ stellt eine strenge Begründung für aufgestellte Behauptungen dar. Die behauptende Verwendung von Aussagen schließt (anders als die Verwendung beispielsweise bei Erzählungen) einen Anspruch auf Geltung ein, der durch den Beweis eingelöst wird. Aristoteles sieht nur axiomatisch-deduktive Beweise

vor: jede Aussage wird durch logische Folgerung aus ›ersten‹ Sätzen bewiesen. Eine besondere Form des Beweises ist der Syllogismus: aus zwei Prämissen geht man logisch zur Konklusion über. Damit tatsächlich ein Beweis vorliegt, muß nicht nur der logische Übergang formal korrekt sein, sondern auch die Wahrheit der Prämissen feststehen. Ein Beweis »aufgrund der natürlichen Vernunft« ist ein Syllogismus, dessen Prämissen unabhängig von göttlicher Offenbarung als wahr bekannt sind.

DISTINCTIO III

Quaestio 1

4 96,2 *analogice : in analoger Weise*] Daß Gott und den Geschöpfen etwas nur in analoger Weise gemeinsam sein kann, liegt daran, daß Gott vollkommen und unendlich ist, das Geschöpf aber begrenzt und endlich. Daher hat ein Prädikat in den beiden Fällen nicht die selbe Bedeutung. Analogie ist eine Form der Äquivokation, d.h. der Doppeldeutigkeit von Prädikaten. Scotus vertritt bekanntlich die These, daß mindestens der Begriff des Seienden nicht in diesem Sinn doppeldeutig sein kann, da sonst keine Argumente möglich wären, in denen etwas über Gott aus den Geschöpfen bewiesen wird, weil es jedesmal zu einer Vervierfachung der Termini (quaternio terminorum, – fallacia aequivocationis) käme, die jeden Syllogismus ungültig macht. Als Konsequenz daraus lehnt Scotus im wissenschaftlichen Kontext die Analogie wohl grundsätzlich ab, weil ihr Ergebnis einfach Sprachverwirrung und Unverständlichkeit wäre.

Quaestio 2

13 112,12 *absolutum : das Losgelöste; das Selbständige*] Ein Absolutes ist etwas, das durch sich selbst bestimmt oder bestimmbar ist, im Gegensatz zum Relativen, welches erst durch seine Beziehung auf ein Anderes bestimmt wird. Bei der Rede vom ›Absoluten‹ ist in der Scholastik der enge Zusammenhang mit der aristoteli-

schen Kategorienlehre, nämlich mit der Kategorie der Substanz, zu beachten, neuzeitliche Spekulationen sollten eher ferngehalten werden.

112,13 *respectus : Beziehung*] Manche Fälle können nicht für sich allein auftreten, sondern treten immer an etwas oder zwischen etwas auf. So kann es, wie im vorliegenden Fall, eine Ordnung nur zwischen Dingen geben.

14 114,11 *ratitudo : das Bestehen; das Wirklichsein*] Seltene Substantivierung, abhängig vom Verb »reor« = »bestimmen«, »urteilen«. Von daher in der Rechtssprache geläufig als »ratus« = »bestehend«, »geschlossen«, »gültig«, »rechtskräftig«. Zum Beispiel »matrimonium ratum« = »rechtskräftig geschlossene Ehe«. Das Wort »ratitudo« kommt bei Thomas von Aquin beispielsweise überhaupt nicht vor, wohl aber die Formen von »ratus, -a, -um«.

16 116,7 *appropriatus – proprius : als Attribut zukommend – Besonderes*] Fachtermini im Rahmen der Trinitätstheologie, die mit der Bestimmung und den Besonderheiten der einzelnen Personen zusammenhängen. »Propria« sind jene Eigenschaften, die den einzelnen göttlichen Personen aufgrund der sie definierenden Relationen zu den anderen Personen zukommen. Man zählt traditionell fünf Proprietäten: Ursprungslosigkeit, Vaterschaft, Sohnschaft, aktive Hauchung (Vater und Sohn gemeinsam), passive Hauchung. In der Appropriation werden einer einzelnen göttlichen Person Namen, Eigenschaften oder Tätigkeiten zugesprochen, die aufgrund der Einheit des Wesens allen göttlichen Personen gemeinsam sind. So wird der Vater Gott genannt, der Sohn Herr, der Hl. Geist Tröster. Dem Vater als dem Ursprung der beiden anderen Personen wird u.a. Ewigkeit und Allmacht zugeschrieben, dem Sohn Weisheit und Wahrheit, dem Hl. Geist Heiligkeit und Güte.

Quaestio 3

1 116,12 *memoria : Gedächtnis; Erinnerung*] Von uns an dieser Stelle unübersetzt gelassen wegen der speziellen Bedeutung, die der Ausdruck im Zusammenhang der augustinischen Theorie hat. Die Frage des ›Gedächtnisses‹ tritt im Zusammenhang der intuitiven Erkenntnis des Verstandes auf. Wann immer ein sinn-

lich erfahrbarer Gegenstand den Sinnen gegenwärtig wird, kann er eine doppelte Erkenntnis verursachen: Zum ersten führt er (zusammen mit dem intellectus agens) zur abstraktiven Erkenntnis, in welcher die Washeit des Gegenstands erfaßt wird. Diese wird in der Memoria behalten. Aus dem Zusammentreffen eines sinnlichen Eindrucks mit der Form aus der Memoria entsteht die aktuelle Erkenntnis von etwas als etwas Bestimmtem. Zum anderen kann eine habituelle intuitive Erkenntnis im Gedächtnis zurückbleiben, die den Gegenstand nicht in seiner Washeit wiedergibt, sondern als einen solchen, der in der Vergangenheit existiert hat.

2 116,15 *species impressa : eingeprägte Form*] »Species« hat einmal prinzipiell eine logische und eine epistemische Bedeutung. Logisch ist die Species der letzte Prädikator, unter den eine Sache fällt. Innerhalb einer Species gibt es keine weiteren wesentlichen Unterscheidungen mehr, sondern nur noch Individuen. Epistemisch ist die Species die Form der Sache, die als Species impressa vom Erkenntnisvermögen aufgenommen wird und das Objekt, die als so geformt erfaßte Sache, vertritt.[3]

116,16 *repraesentare : etwas vertretend gegenwärtig machen; etwas mit etwas in Beziehung setzen*] In erkenntnistheoretischen Zusammenhängen dient ›repraesentare‹ dazu, die Beziehung zwischen einem sinnlich wahrgenommenen Gegenstand und seinem mentalen Gegebensein zu bestimmen. Im Hinblick auf die Frage nach der Wirkursache der Erkenntnis ist nach Scotus der endliche Intellekt im Gesamtvorgang der Erkenntnis nur eine Teilursache, die auf die Mitwirkung des Gegenstands als der anderen Teilursache angewiesen ist. Dabei ist der Gegenstand nicht unmittelbar selbst als Teilursache gegenwärtig, sondern wird durch ein Medium, das Phantasma, im Erkenntnisprozeß ›stellvertretend gegenwärtig‹, eben ›repräsentiert‹. Das Phantasma wird durch das Zusammenwirken der äußeren Sinnesvermögen mit dem sie affizierenden materiellen Einzelgegenstand hervorgerufen und repräsentiert den Gegenstand ausschließlich in seiner Materialität und Singularität. Die abstrahierende Erkenntnis

[3] Zur mittelalterlichen Diskussion vgl. K. H. Tachau, Vision and Certitude in the Age of Ockham, Leiden u.a. 1988.

des Allgemeinen, d. h. der Artnatur eines Gegenstands ist eine spezifische Leistung des Intellekts. Dazu bedarf es einer vom Phantasma unterschiedenen Form von Repräsentation, nämlich der Universalität.

9 120,23 *syllogizatio (syllogismus) : Schlußfolgerung (Syllogismus)*] Das ›Schlußfolgern‹ ist das wichtigste logische Mittel, eine Behauptung zu beweisen, d. h. eine Aussage als ›Schlußfolgerung‹ oder ›Konklusion‹ einer Schlußregel mit wahren Prämissen darzustellen. Das geschieht im Syllogismus in der Weise, daß aus genau zwei Prämissen zu einer ›Schlußfolgerung‹ oder ›Konklusion‹ gemäß einer Schlußregel übergegangen wird. Ein Schluß ist gültig, wenn im Schema der Schlußregel die Wahrheit der Prämissen auch die Wahrheit der Konklusion verbürgt.

12 124,21 *anima est quodammodo omnia : Die Seele ist gewissermaßen alles*] Zusammenfassung der Wesensbestimmungen über die Seele: Die Sinnesvermögen sind alles sinnlich Wahrnehmbare, die Vernunft mit der Wissenschaft als der ihr eigensten Form ist alles wissenschaftlich Verstehbare. Genauer gesagt sind diese Vermögen alles in Potenz, in Akt sind die erkannten Objekte. Die seelischen Vermögen, das Sinnliche und das Vernünftige, sind aufnahmefähig für alles Formale an den Objekten, nicht für die Materie.

Quaestio 4

1 128,5 *notitia genita : hervorgebrachte Erkenntnis*] Jene Erkenntnis, die man gewinnt, indem man die begegnenden Erscheinungen als Fälle einer bestimmten Art erfaßt. Die aufgeworfene Frage betrifft das Verhältnis zwischen dem, was einem erkennenden Subjekt begegnet und der geistigen Aktivität des Subjekts selbst.

Quaestio 5

8 140,12–13 *actus primus – actus secundus: erster Akt – zweiter Akt*] Als erster Akt gilt gewöhnlich die Verwirklichung von etwas überhaupt, während der zweite Akt in der Wahl einer bestimmten Aktivität besteht. Dieser ist daher auch auf Gegensätzliches ge-

richtet, d.h. er kann eine Seite einer Alternative oder einen von mehreren möglichen Akten ausführen. In Anlehnung an die aristotelische Kategorienlehre bedeutet ›erster Akt‹ die Substanz, also das Selbständig-Sein eines Seienden. Mit dem ›zweiten Akt‹ bezeichnet man die Tätigkeit (operatio) eines Seienden, wobei hier die Tätigkeiten des Intellekts von besonderem Interesse sind.

DISTINCTIO XXVI

Quaestio unica

12 168,11–12 *locus ab auctoritate non tenet negative : ein Autoritätszitat gilt nicht negativ*] Die aus der Aristotelischen Topik stammende Lehre von den »Örtern« (= τόποι = loci) stellt Sammlungen von Regeln dar, mit deren Hilfe man Argumente gewinnen und stützen kann. In den mittelalterlichen Logiktraktaten wird das Thema unterschiedlich ausführlich behandelt. Ein Autoritätsargument gilt nur für das, was es aussagt, nicht für das, was es verschweigt.

20 178,21 *confirmatur per locum a maiore : das wird bekräftigt durch die Argumentationsform ›vom Höheren her‹*] Der »locus a maiore« besagt als Regel: Wenn etwas von dem, von dem es eher zu gelten scheint, nicht gilt, dann gilt es auch von dem nicht, von dem es weniger zu gelten scheint. (»Si id quod magis videtur inesse non inest, nec id quod minus«[4]). Das Argument des Scotus sagt dann, daß die Wirklichkeit der Personen in Gott um so weniger eine Zusammensetzung erzeugt, als in Gott schon die Beziehungen nach allgemeiner theologischer Ansicht keine Zusammensetzung nach sich ziehen, was aber bei den Geschöpfen der Fall ist, bei denen andererseits das wirkliche Vorkommen des Geschöpfs keine Zusammensetzung mit seiner Natur darstellt.

[4] Petrus Hispanus, Tractatus, tr. V: De locis, ed. L.M. de Rijk, Assen 1972, S.73, l. 14f.

LITERATURVERZEICHNIS

1. Quellen

Anselm von Canterbury, Opera omnia, ed. F.S. Schmitt, Seckau u.a. 1938–1961 (Nachdruck Stuttgart 1968).

Aristoteles, Opera graece, ed. I. Becker, Berlin 1831–1870.

Les auctoritates Aristotelis, ed. J. Hamesse, Louvain-Paris 1974.

Augustinus, Opera omnia. Patrologia latina 32–47, ed. J.P. Migne, Paris 1845–1849.

Averroes, Aristotelis Opera cum Averrois Commentariis, Venetiis, apud Iunctas 1562–1574 (Nachdruck Frankfurt a.M. 1962).

Avicenna, Liber de Philosophia Prima sive Scientia divina, ed. S. Van Riet, Louvain-Leiden 1977–1980.

Boethius, De Trinitate. Patrologia latina 64, ed. J.P. Migne, Paris 1891, 1247–1256.

–, De hebdomadibus. Patrologia latina 64, ed. J.P. Migne, Paris 1891, 1311–1314.

Bonaventura, Commentaria in quatuor libros Sententiarum Magistri Petri Lombardi (Opera omnia I–IV), Quaracchi 1882–1889.

Chartularium Parisiense, s. Denifle H.

Decretales Gregorii IX., ed. Aem. Friedberg, Lipsiae 1881.

Denifle, H., Chatelain A., Chartularium Universitatis Parisiensis II, Paris 1891. (117).

Gottfried von Fontaine, Quodlibeta VIII–XIV, ed. J. Hoffmans, Les Philosophes Belges IV–V, Louvain 1924–1932.

Heinrich von Gent, Summa quaestionum ordinariarum, Paris 1520, Nachdruck St. Bonaventure, N. Y. 1953.

–, Quodlibeta, Paris 1518. Nachdruck Louvain 1961.

Hugo von St. Victor, De sacramentis christianae fidei. Patrologia latina 176, ed. J.P. Migne, Paris 1854.

Johannes Damascenus, Dialectica. Patrologia graeca 94, ed. J.P. Migne, Paris 1860. Ed. O.A. Colligan O.F.M., St. Bonaventure, N.Y. 1953.

–, De fide orthodoxa. Patrologia graeca 94, ed. J.P. Migne,

Paris 1860. Ed. L.E.M. Buytaert O.F.M., St. Bonaventure, N. Y. 1955.

–, Institutio elementaris ad dogmata. Patrologia graeca 95, ed. J.P. Migne, Paris 1860.

Ioannis Duns Scoti Ordinatio I, Cambridge, bibl. coll. Gonville et Caius, cod. 49.

Ioannis Duns Scoti Opera omnia, ed. M. Fernández García, Quaracchi 1912.

Ioannis Duns Scoti Opera omnia, ed. L. Wadding, Lyon 1639, repr. Hildesheim 1968, Bd. 5–10.

Ioannis Duns Scoti Opera omnia, ed. Com. Scotistica (praes. C. Balić), Civitas Vaticana 1950 ss.

Johannes Duns Scotus, Abhandlung über das erste Prinzip, hrsg. u. übers. v. Wolfgang Kluxen, Darmstadt 1974.

Johannes Duns Scotus, Quaestiones super Metaphysicam, 2 Bde., ed. G. Etzkorn, St. Bonaventure, N.Y. 1997 (Opera Philosophica III und IV).

Moyses Maimonides, Doctor perplexorum, Basel 1629.

Petrus Hispanus, Tractatus, ed. L.M. de Rijk, Assen 1972.

Petrus Lombardus, Sententiae in quatuor libris distinctae, Grottaferrata 1971–1981 (Spicilegium Bonaventurianum IV).

Petrus Johannes Olivi, Quaestiones in secundum librum Sententiarum, ed. B. Jansen, Quaracchi 1922–1926 (Bibliotheca Franciscana Scholastica IV–VI).

Praepositinus, Summa, Cod. Città del Vaticano, Vat. lat. 1174.

Richard von St. Victor, De trinitate. Patrologia latina 196, ed. J.P: Migne, Paris 1855.

Thomas von Aquin, Opera omnia, Parma 1852–1873.

Wilhelm von Ware, Commentarium in Sententias Petri Lombardi, Cod. Firenze, Bibl. Naz. A IV 42.

2. Sekundärliteratur

Balić, C., Les commentaires de Jean Duns Scot sur les quatre livres des Sentences, in: Bibliothèque de la Revue d'histoire ecclésiastique I, Louvain 1927, 56–87.

Barth, T., Duns Scotus und die Notwendigkeit einer übernatürli-

chen Offenbarung. Ordinatio Prolog q. 1, übersetzt und eingeleitet, in: Franziskanische Studien 40 (1958) 382–404; 42 (1960) 51–65.

Bérubé, C., La connaissance de l'individuel au moyen âge, Montréal-Paris 1964.

Courtenay, W.J., Adam Wodeham. An Introduction to his Life and Writings, Leiden 1978.

–, Scotus at Paris, in: Via Scoti. Methodologica ad mentem Joannis Duns Scoti. Atti del Congresso Scotistico Internazionale, Roma 9–11 marzo 1993, ed. L. Sileo, Rom 1995, vol. I, S. 149–163.

Eichinger, A., Die Untersuchung über die ›fruitio‹ im Pariser Sentenzenkommentar von Johannes Duns Scotus. Studien zur handschriftlichen Überlieferung und zur Texttradition. Dissertation (ungedr.), Innsbruck 1994.

Fäh, H.L., Johannes Duns Scotus: Die Erkennbarkeit Gottes. Ordinatio I, d.3, p.1, q.1–3, in: Franziskanische Studien 47 (1965) 187–299; 50 (1968) 162–223, 268–367.

–, Johannes Duns Scotus: Die Einfachheit Gottes. Ordinatio I, d.8, p.1, q.1–4, in: Franziskanische Studien 52 (1970) 137–183; 54 (1972) 109–357.

Forschner, M., Über das Glück des Menschen, Darmstadt 1994.

Gilson, É., Johannes Duns Scotus. Einführung in die Grundgedanken seiner Lehre, Düsseldorf 1959.

Hissette, R., Enquête sur les 219 articles condamnés à Paris le 7 mars 1277, Louvain-Paris 1977 (Philosophes médiévaux 22).

Hödl, L., Der Anspruch der Philosophie und der Einspruch der Theologie im Streit der Fakultäten, München 1960 (Mitteilungen des Grabmann-Instituts der Universität München, H. 4).

Hoeres, W., Der Wille als reine Vollkommenheit nach Duns Scotus, München 1962 (Salzburger Studien zur Philosophie 1).

Honnefelder, L., Ens inquantum ens. Der Begriff des Seienden als solchen als Gegenstand der Metaphysik nach der Lehre des Johannes Duns Scotus, Münster 2. Aufl. 1989 (Beiträge zur Geschichte der Philosophie und Theologie des Mittelalters, Neue Folge 16).

–, Scientia transcendens. Die formale Bestimmung von Seiendheit und Realität in der Metaphysik des Mittelalters und der Neuzeit (Duns Scotus-Suárez-Wolff-Kant-Peirce), Hamburg 1990.

Landgraf, A.M., Rezension von: Ioannis Duns Scoti Opera omnia, ed. Com. Scotistica (praes. C. Balič), Civitas Vaticana 1950ff., in: Theologische Revue 47 (1951) 215–219.

Longpré, E., La Philosophie du B. Duns Scot, Paris 1924.

Michalski, C., Die vielfachen Redaktionen einiger Kommentare zu Petrus Lombardus, in: Scritti di Storia e Paleografia. Miscellanea Francesco Ehrle Vol. 1, Rom 1924, S. 219–264.

Möhle, H., Ethik als scientia practica nach Johannes Duns Scotus. Eine philosophische Grundlegung, Münster1995 (Beiträge zur Geschichte der Philosophie und Theologie des Mittelalters, Neue Folge 44).

Pannenberg, W., Die Prädestinationslehre des Duns Scotus, Göttingen 1954.

Pelster, F., Handschriftliches zur Überlieferung der Quaestiones super libros Metaphysicorum und der Collationes des Duns Scotus, in: Philosophisches Jahrbuch 43 (1930) 474–487; 44 (1931) 79–92.

Pelzer, A., Le premier livre des Reportata Parisiensia de Jean Duns Scotus, in: Annales de l'Institut supérieur de philosophie 5 (1923) 449–491.

Richter, V., Studien zum literarischen Werk von Johannes Duns Scotus (Veröffentlichungen der Kommission für die Herausgabe ungedruckter Texte aus der mittelalterlichen Geisteswelt der Bayerischen Akademie der Wissenschaften Bd.14), München 1988.

–, Das Werk von Johannes Duns Scotus im Lichte der Literarkritik, Teil 1, in: Filosofický Casopis XL (1992) 4, S.639–648; Teil 2: 5, S. 868–886.

–, Zur Entwicklung philosophischer und theologischer Lehren bei Johannes Duns Scotus, in: Studia Mediewistyczne XXXIV (1999) 157–162.

Rodler, K., Der Prolog der Reportata Parisiensia des Johannes Duns Scotus. Untersuchungen zur Textüberlieferung und kritische Edition. Dissertation (ungedr.), Innsbruck 1991.

Schmaus M., Zur Diskussion über das Problem der Univozität im Umkreis des Johannes Duns Scotus, München 1957 (Sitzungsberichte der Bayerischen Akademie der Wissenschaften, Philosophisch-Historische Klasse, Jahrg. 1957, H. 4).

Seeberg, R., Die Theologie des Johannes Duns Scotus. Eine dogmengeschichtliche Untersuchung, Leipzig 1900 (Studien zur Geschichte der Theologie und der Kirche 5).

Söder, J.R., Kontingenz und Wissen. Die Lehre von den futura contingentia bei Johannes Duns Scotus, Münster 1999 (Beiträge zur Geschichte der Philosophie und Theologie des Mittelalters, Neue Folge 49).

van Steenberghen, F., Die Philosophie im 13. Jahrhundert, Paderborn 1977.

Tachau, K. H., Vision and Certitude in the Age of Ockham, Leiden u.a. 1988.

Werner, H.-J., Die Ermöglichung des endlichen Seins nach Johannes Duns Scotus, Bern-Frankfurt 1974.

Wetter, F., Die Trinitätslehre des Johannes Duns Scotus, Münster 1967 (Beiträge zur Geschichte der Philosophie und Theologie des Mittelalters Bd. XLI, 5).

Wolter, A.B., Duns Scotus at Oxford, in: Via Scoti. Methodologica ad mentem Joannis Duns Scoti. Atti del Congresso Scotistico Internazionale, Roma 9–11 marzo 1993, ed. L. Sileo, Rom 1995, vol. I, S. 183–192.

STICHWORTVERZEICHNIS LATEINISCH-DEUTSCH

acceptatio Annahme
accidens Akzidens,
(*per accidens* beiläufig)
actus Akt
agere handeln, tätig sein, wirken
appetitus Streben
aptitudinaliter der Eignung nach
auctoritas Autorität, Belegstelle
beatitudo Glückseligkeit
causa Ursache
causalitas Ursächlichkeit
causare bewirken, verursachen, hervorbringen
circumstantia Umstand
cognitio Erkenntnis
cognoscibilis, e erkennbar
commixtim vermischt
comparare in Beziehung setzen, vergleichen
conformiter entsprechend
consideratio Überlegung
contingens, contingenter frei, kontingent
contingentia Kontingenz
controversia Streit
decretalis zu einer Rechtssammlung gehörig
dependentia Abhängigkeit
determinatus, -e bestimmt, in feststehender Weise
discurrere argumentieren
distinctus, a, um klar
doctrina Lehre
effectus Wirkung,
(*in effectu* auf der Ebene des Bewirkens)
effectibilis bewirkbar
effectivus wirkfähig
efficax, efficaciter wirksam, wirkungsvoll
efficientia Wirkursächlichkeit
elicere hervorbringen
eminens überragend
eminentia Vorrang
essentia Wesenheit, Wesen
excellentia Vorzüglichkeit
extendi sich erstrecken, sich ausweiten
extrema relationis Relationsglieder
extensio Ausweitung
felicitas Glück
finis Ziel
formalis formal, der Definition nach
frui sich hingeben
fruitio Hingabe
frustra überflüssig
ignobilis nieder, niederes
ignorantia Unkenntnis

imprimere eingeben, einprägen
inclinari zu etwas geneigt sein
individuum Individuum
inferior, us untergeordnet
inspirare inspirieren, von Gott eingeben
intellectio Erkenntnis
intellectus Intellekt, Begriff
intellectus agens tätiger Intellekt
intellectus possibilis aufnehmender Intellekt
intelligentia Einsicht
intelligibilis, e erkennbar
interscalariter abwechselnd
maior Obersatz
memoria Memoria
minor Untersatz
moderare beeinflussen
modus principiandi Weise des Prinzipseins
natura Natur
naturaliter natürlich, von Natur aus
natus, a, um seiner Beschaffenheit (Natur) nach auf etwas ausgerichtet sein
nobilis höher, höheres
notitia Erkenntnis
notitia actualis Erkenntnisakt
obiectum Objekt
obscurus, a, um verhüllt
patet es leuchtet ein, es ist klar, offenkundig
perfectio Vollkommenheit Vervollkommnung, Vollendung
perficere vervollkommnen vollenden
phantasma Phantasma
positio Position
potentia intellectiva Erkenntnisvermögen
potentia Vermögen, Fähigkeit, Potenz, Macht
praemium Belohnung
primitas Erstheit
principiare, -ri Prinzip sein
procedere hervorgehen
processio Hervorgang
procurare Vorsorge treffen
producere hervorbringen
productio Hervorbringung
proportionatus, a, um entsprechend sein, in Entsprechung gebracht sein
propositum das, was zu beweisen war (ist); vorliegendes Problem; vorliegender Fall
ratio Grund, Begründung, Vernunftargument, Begriff, Wesen, Wesensbestimmtheit, Rücksicht, Lehre
ratitudo (fester) Bestand
receptivus, a, um aufnahmefähig
relatio Relation
respicere sich beziehen
sermo Rede

similitudo Ähnlichkeit, Vergleich
species Begriff
status Zustand, Halt
status iste das gegenwärtige Leben
substantia Substanz, etwas als solches
successio Aufeinanderfolge
supplere vicem obiecti an die Stelle eines Objekts treten
unitas Einheit, Einzigkeit
universitas Gesamtheit
universum die ganze Welt
viator der Mensch in seinem gegenwärtigen (jetzigen) Leben
virtualis, virtualiter virtuell, dem Wirkvermögen nach
virtus Wirkvermögen
visio Gottesschau

INDEX VERBORUM

INDEX AUCTORUM ET NOMINUM